역사와 지리로 만나는
바울이야기

IYAGi
Publishing & Design

역사와 지리로 만나는
바울이야기

초판 1쇄 2025년 11월 24일
지은이 김진산
펴낸이 김문선
펴낸곳 이야기books
출판등록 2018년 2월 9일 제2018-000010호
주소 경기도 안산시 상록구 부루지1길40 지층
전화 070-8876-0031
팩스 0504-254-2932
이 메일 story-books@naver.com
홈페이지 https://blog.naver.com/story-books

ISBN : 979-11-91434-03-3 [03230]
가격: 20,000원

일러두기

1. 성경 본문

이 책에 인용된 성경 본문은 [개역개정판 성경]을 따랐다.

2. 지명과 인명 표기

성경의 지명과 인명은 [개역개정판 성경]을 기준으로 하되, 독자의 이해를 돕기 위해 필요에 따라 현대식 표기와 성경 표기를 괄호 안에 병기했다. 예를 들면, 페르시아(바사), 바빌로니아(바벨론), 이집트(애굽), 수리아(시리아), 그리스(헬라), 마케도니아(마게도냐), 아테네(아덴), 이탈리아(이달리야), 서바나(스페인), 카이사르(가이사), 클라우디우스(글라우디오) 등이 있다.

3. 용어 사용

원어의 뉘앙스를 살리기 위해 일부 용어는 그대로 사용했다. 예를 들어, '복음' 혹은 '기쁜 소식'은 '유앙겔리온'(εὐαγγέλιον)으로 표기하고, 필요할 때 해설을 덧붙였다. 또한 '황제 숭배'나 '팍스 로마나'와 같은 역사적 용어도 그대로 사용하면서, 본문 안에서 그 의미를 자연스럽게 풀어 설명했다.

4. 원어 표기

문맥의 필요에 따라 그리스어·라틴어·히브리어 원어를 우리말 표기와 함께 사용했다.

5. 연대 표기

연대 표기는 BC(기원전)와 AD(기원후) 체계를 따랐다. 예를 들어, 알렉산더의 사망은 BC 323년, 바울의 로마 도착은 AD 60년경으로 기록했다.

6. 역사 자료와 고고학 참고

본문에서는 성경뿐 아니라 헤로도토스, 요세푸스, 디오도로스, 타키투스 등 고대 역사가들의 기록, 델포이 비문을 비롯한 비문 자료, 그리고 사데와 에베소 등지의 고고학 발굴 자료를 함께 참고했다.

7. 지도와 연대표

지도는 기존의 여정 지도처럼 화살표로 이동 경로를 표시하지 않았다. 대신 바울이 사역한 12개 도시를 중심으로 주변 지역의 이름을 함께 표기하여, 독자 스스로 여정의 흐름을 떠올릴 수 있도록 구성했다. 또한 본문에 등장하는 주요 왕국과 왕조의 연대표는 책의 뒤편에 수록하여, 본문 속 지리와 연대를 보다 명확하게 이해할 수 있도록 했다.

CONTENTS

목 차

Paul's story by history and geography

약속에서 복음으로,
복음에서 교회로
구원을 완성하는 여정

『역사와 지리로 만나는 성경이야기』는 구약의 광야와 신약의 갈릴리를 따라 걸으며, 하나님께서 역사를 통해 말씀하시는 방식을 탐구해 왔다. 『구약편』이 약속의 땅으로 향하는 믿음의 여정이었다면, 『신약편』은 예수의 발자취를 따라 복음이 시작된 길을 되새긴 여정이었다. 이제 『역사와 지리로 만나는 바울의 길』은 그 두 여정을 잇는 세 번째 이야기다. 이 책은 복음이 예루살렘을 넘어 제국의 길로, 광야의 장막에서 로마의 광장으로 이어지는 과정을 따라간다. 하나님의 말씀이 어떻게 제국의 언어와 문화, 도시의 질서 속으로 들어가 새로운 공동체를 세웠는지를 보여주는 여정이다. 다시 말해, 『역사와 지리로 만나는 바울의 길』은 성경의 이야기 속에서 '약속에서 복음으로, 그리고 복음에서 교회로' 이어지는 구원의 역사를 완성하는 길이다.

바울의 길은 단순한 여정이 아니다. 그것은 복음이 지리적 경계를 넘어 제국의 도로와 도시망을 따라 확산된 길이었으며, 동시에 로마 제국의 권력과 이데올로기에 맞서 하나님의 나라를 증언한 길이었다. 바울의 발걸음은 단순한 이동이 아니었다. 그의 길은 제국의 공간 속에서 새로운 정체성을 형성해 가던 교회의 탄생 과정이었다. 그 길은 과거의 사건으로 끝나지 않고, 오늘 우리의 신앙 여정을 비추는 거울로 여전히 살아 있다.

바울의 길을 이렇게 이해하기 위해서는 신앙적 고백과 함께 역사적·신학적 통찰이 필요하다. 성경의 땅 연구자 피터 워커(Peter W. L. Walker)는 바울의 여정을 "로마 제국의 가도를 따라 이동한 한 사람의 순례길이 아니라, 제국의 네트워크를 통해 복음이 새롭게 뿌리내린 역사적 행로"라고 묘사한다. 바울의 길은 단순한 내적 체험이 아니라, 고대 지중해 세계의 정치·경제·문화적 질서와 긴밀히 얽혀 있었다. 신약성경 학자 톰 라이트(N. T. Wright)는 바울을 "유대교적 정체성을 잃지 않으면서도, 메시아 예수 안에서 새로운 창조와 언약의 완성을 선포한 인물"로 이해한다. 그의 해석에 따르면 바울이 전한 '기쁜 소식' 곧 유앙겔리온(εὐαγγέλιον)은 로마 제국이 선포하던 유앙겔리온과 정면으로 충돌했다.

로마 제국은 황제의 탄생과 승리, 그리고 팍스 로마나(Pax Romana)를 유앙겔리온이라 불렀다. 황제는 '주님'(κύριος)과 '구원자'(σωτήρ)로 선포되었고, 제국의 평화는 인류에게 주어진 선물처럼 선전되었다. 그러나 바울이 전한 유앙겔리온은 전혀 다른 차원의 기쁜 소식이었다. 그것은 예수 그리스도 안에서 하나님 나라가 임했다는 선포, 곧 복음이었다. 이 소식은 황제의 권세나 군사적 평화가 아닌, 십자가와 부활을 통해 주어진 하나님의 구원과 통치를 알렸다. 따라서 "예수는 주님이시다"라는 고백은 곧 "카이사르는 주님이 아니다"라는 부정적 선언을 내포했다. 제국의 유앙겔리온과 바울의 유앙겔리온은 같은 언어를 사용하면서도 서로 다른 세계를 가리켰고, 바로 그 동일한 언어 안에서 정면충돌이 일어났다.

바울은 본래 토라의 사람이었다. 그는 율법 연구에 열심을 다했고, 회당과 산헤드린 안에서 끊임없이 자랑하며 경쟁하는 삶을 살았다. 그러나 다메섹으로 가는 길에서 예수를 만난 순간, 그의 삶은 완전히 달라졌다. 토라가 자신을 돌아보게 했다면, 유앙겔리온은 타인을 돌아보게 했다. 이제 그는 더 이상 율법의 성취 안에서 행복을 찾지 않았다. 예수의 유앙겔리온에서 비로소 참된 행복을 발견한 것이다. "우리 주 예수 그리스도로 말미암아"라는 그의 고백은 단순한 수사가 아니라, 삶 전체를 새롭게 바꾼 전환의 선언이었다.그 전환은 이름 속에서도 드러난다. 그의 본래 이름은 사울(שָׁאוּל)이었지만, 사도행전은 "바울이라고도 하는 사울"(행 13:9)이라 기록하며 그를 그리스어로 '파울로스'(Παῦλος)라 부르기 시작한다. 이 이름은 라틴어 Paulus의 그리스어 형태로, 본래 '작다'를 뜻한다. 후대에는 이 이름이 '겸손'과 '자기 비움'을 상징하는 이름으로 이해되었다. 예수를 만나기 전, 바울은 남보다 더 많이 알고 더 탁월해야 했다. 자랑해야만 율법 교사가 될 수 있었고, 산헤드린 안에서 인정받을 수 있었다. 그러나 예수를 만난 후 그는 하나님과 사람 앞에서 자랑할 것이 없다는 사실을 깨달았다. 그때 '작은 자'라는 이름은 그의 신앙 고백이 되었다. 그는 고린도 신자들에게 "내가 너희 가운데 거할 때에 약하고 두려워하고 심히 떨었노라"(고전 2:3)라고 고백했고, 또 다른 자리에서는 "내가 약한 그때에 강함이라"(고후 12:10)라고 말했다. 그의 이름은 곧 그의 신학이었고, 그의 정체성이었다.

바울의 무대는 도시였다. 다소에서 태어나 그리스와 로마 문화가 교차하는 환경에서 자란 그는 도시적 개방성과 국제적 감각을 지닌 사람이었다. 예수를 만나지 않았다면 그는 성공한 율법 교사, 산헤드린의 권력자, 기득권자의 길을 걸었을 것이다. 그러나 갈릴리 변두리 출신의 예수를 만난 순간, 그는 모든 것을 내려놓고 십자가의 길을 따랐다. 도시인 바울이 변두리 예수를 따르게 된 이 역설 속에서 복음의 능력은 더 선명하게 드러났다.

반면 예수의 길은 시골, 곧 코메(κώμη)에서 시작되었다. 농부와 어부, 가난한 이들과 함께 하나님 나라를 선포하신 예수의 사역은 마을 공동체를 배경으로 했다. 그러나 바울의 길은 도시, 곧 폴리스(πόλις)였다. 그는 로마 제국의 주요 가도를 따라 이어진 도시들을 무대로 복음을 전했다. 제국의 도로망은 총 32만km에 이르렀고, 그중 약 8만km는 국가가 직접 관리하는 주요 가도였다. 바울은 이 길을 따라 제국의 심장부로 들어가 유앙겔리온을 전했다. 이 차이를 고대 그리스의 무대 언어로 표현하면 더욱 분명하다. 희극(κωμῳδία 코모이디아)은 '코메'(시골)와 '오데'(노래)의 합성어로, 성 밖 평범한 사람들의 노래를 담아냈다. 반대로 비극(τραγῳδία 트라고이디아)은 '트라고스'(염소)와 '오데'(노래)의 합성어로, 제전에서 제물과 함께 영웅과 귀족의 운명을 노래했다. 예수의 사역이 마을의 희극 무대에서 시작되었다면, 바울의 사역은 제국의 도시라는 비극의 무대에서 펼쳐졌다. 그러나 두 사역 무대는 하나의 이야기였고, 하나님의 구원은 시골과 도시, 희극과 비극이 맞닿는 바로 그 자리에서 드러났다.

이제 바울이 걸었던 열두 도시를 간단히 둘러보자. 각 도시는 단순한 배경이 아니라, 유앙겔리온이 뿌리내리고 교회가 세워지며 제국과 부딪힌 자리였다. 이후 장마다 더 깊이 살펴보겠지만, 먼저 큰 그림을 그려 두면 전체 여정을 이해하는 데 도움이 된다.

다메섹 — 로마 제국 수리아(시리아) 속주의 중심 도시 가운데 하나였다. 오론테스강 상류의 비옥한 평야와 교역로가 만나는 이곳은 동서 문명이 오가는 관문이었다. 바울은 이 도시로 가던 길에서 부활하신 주님을 만나, 박해자에서 복음의 증인으로 부름을 받았다. 개인의 체험을 넘어 제국의 길목에서 새 역사가 열린 사건이었다. 다메섹에는 디아스포라 유대인들이 크게 자리하고 있어, 복음이 유대와 이방 세계를 동시에 향할 수 있는 통로가 되었다. 오늘날에도 이 사건은 '복음은 개인을 넘어 역사를 바꾼다'라는 진리를 상징한다.

다소 — 로마 제국 길리기아 속주의 수도로, 학문과 상업이 융성한 국제도시였다. 타우루스 산맥의 길리기아 문을 통해 동서 문명이 오가며, 그리스 철학과 로마 행정, 유대 율법이 교차했다. 바울은 이 다문화적 환경에서 언어와 제도를 익히며 자라났고, 유대인으로서의 정체성과 로마 시민으로서의 지위를 함께 지닌 인물로 형성되었다. 훗날 그는 이러한 배경을 복음의 통로로 삼아, 헬레니즘 세계 속에서 유앙겔리온을 자유롭게 선포했다. 다소는 지혜와 언어, 법과 신앙이 하나의 인물 안에서 만나 복음으로 변모한 도시였다.

안디옥 — 로마 제국의 3대 도시 가운데 하나로, 오론테스강 하구의 비옥한 평야에 자리했다. 동서 무역로와 해상로가 만나는 이곳은 다양한 민족과 문화가 뒤섞인 제국의 축소판이었다. 바로 그 한가운데서 유대인과 이방인이 함께 예배하며 새로운 공동체가 태어났다. 처음으로 "그리스도인"이라는 이름이 불린 곳이었고, 바울과 바나바를 파송한 안디옥 교회는 복음이 예루살렘을 넘어 세상으로 나아가는 출발점이 되었다. 안디옥은 복음이 국경과 민족의 경계를 넘어 교회의 보편성을 드러낸 첫 도시였다.

갈라디아 — 아나톨리아 내륙의 고원지대로, 로마 제국의 도로망이 사방으로 뻗어 나가던 교통의 중심이었다. 켈트족 이주민이 정착하며 헬레니즘 문화와 토착 신앙이 뒤섞인 이 지역에서, 바울은 "율법의 행위로써는 의롭다 함을 얻을 육체가 없느니라"(갈 2:16)라고 선포했다. 그 선언은 특정 민족의 경계를 넘어, 믿음으로 의롭다 함을 얻는 복음의 자유를 드러냈다. 복음은 혼합된 세계 한가운데서 새로운 정체성을 세웠고, 교회는 혈통이 아니라 믿음으로 하나 되는 공동체가 되었다.

사데 — 리디아 왕국의 옛 수도로, 금과 직물 산업으로 번영한 도시였다. 세계 최초의 주화가 이곳에서 주조되었고, 헬레니즘과 로마 시대에도 아시아 속주의 부와 번영을 상징했다. 그러나 그 화려함은 인간의 영적 빈곤을 가리지 못했다. 복음의 관점에서 볼 때, 사데는 세상의 부와 권세가 아니라 하나님의 의만이 사람을 살린다는 사실을 일깨워 주는 도시였다. 요한계시록이 "네가 살았다 하는 이름은 가졌으나 죽은 자"(계 3:1)로 묘사한 바로 그 긴장 속에서, 바울의 복음은 인간의 생명과 의의 근원이 어디에 있는지를 드러낸다.

에베소 — 로마 제국 아시아 속주의 수도이자, 지중해와 소아시아를 잇는 세계적 항구였다. 도시 중심에는 거대한 아르테미스 신전이 서 있었고, 황제 숭배가 도시의 제의와 행정에 깊이 스며 있었다. 바울은 이곳에서 오랜 시간 머물며 "예수만이 주님이시다"라는 선포로 제국의 신학과 충돌했다. 로마 도로망의 중심에 있던 에베소에서 복음은 빠르게 퍼져나갔고, 교회는 황제의 권세 한가운데서 신앙의 정체성을 지켜냈다. 에베소는 제국의 신전에서 하나님의 나라가 선포된 상징적 무대였다.

드로아 — 아시아와 유럽을 잇는 항구도시였다. 이곳에서 바울은 "마게도냐로 건너와서 우리를 도우라"(행 16:9)라는 환상을 보고, 복음의 발걸음을 새 대륙으로 옮겼다. 트로이 전쟁과 알렉산더 원정의 전승이 겹치는 이 땅에서, 하나님의 복음은 인간 제국의 꿈을 넘어 새로운 역사를 열었다. 드로아는 복음이 대륙의 경계를 넘어선 자리, 인류 역사의 지도가 다시 그려진 도시였다.

빌립보—마케도니아(마게도냐)의 로마 식민도시로, 에그나티아 가도와 금광 덕분에 번영한 지역이었다. 로마 은퇴 군인들이 정착하며 시민권 의식이 강했지만, 바로 그곳에서 복음은 신분과 국적의 벽을 허물었다. 루디아, 간수와 그의 가족, 노예들까지 복음을 받아들이며 하나의 공동체가 되었다. 빌립보 교회는 복음이 사회적 경계를 넘어 하나의 몸을 이루는 모습을 가장 먼저 보여준 교회였다. 바울에게 빌립보는 단순한 사역지가 아니라, 복음 안에서 기쁨을 나눈 동역의 자리였다.

데살로니가—마케도니아의 수도이자 제국의 길, 에그나티아 가도가 관통하던 교통의 중심지였다. 다양한 민족과 사상이 오가는 도시에서 "예수는 주님이시다"라는 고백은 황제 숭배와 충돌했다. 그러나 교회는 박해 속에서도 믿음과 사랑을 지켰고, '주님의 날'을 기다리는 소망으로 살았다. 바울의 데살로니가전서와 후서는 그들의 인내와 기다림을 기록한 가장 초기의 편지였다. 데살로니가는 복음이 제국의 권세 속에서도 꺼지지 않는 신앙의 불빛으로 타오른 도시였다.

아테네 — 철학과 예술의 도시, 그리스 문명의 심장이었다. 파르테논 신전이 아크로폴리스 언덕 위에 빛났고, 아레오파고스에서는 철학자들의 논쟁이 끊이지 않았다. 그곳에서 바울은 "알지 못하는 신"의 제단을 들어 창조주 하나님을 선포했다. 그의 메시지의 정점은 예수의 부활이었고, 그것은 인간의 지혜를 넘어서는 새로운 로고스의 시작이었다. 로마 시대의 아테네(아덴)는 정치적 중심은 아니었지만, 여전히 사상의 수도였다. 복음은 바로 그 지성의 광장에서 인간 철학의 한계를 드러내며, 생명의 부활을 말하는 하나님의 지혜로 울려 퍼졌다.

고린도 — 에게해와 이오니아해를 잇는 지협 위의 도시로, 동서 해상로와 남북 육상로가 만나는 교역의 중심이었다. 두 항구, 레카이온과 겐그레아를 통해 무역이 활발했고, 그 번영은 동시에 도덕적 혼란과 사회적 갈등을 낳았다. 바울은 이러한 도시의 분열 속에서 십자가를 하나님의 능력으로 선포했다. 그는 교회가 세상의 지혜로가 아니라 그리스도의 사랑으로 하나 되기를 바랐고, 그 기도와 눈물이 고린도전서와 후서에 담겨 있다. 고린도는 복음이 도시의 욕망 한가운데서 공동체를 새롭게 세운 현장이었다.

로마 — 제국의 길과 법, 그리고 권세가 모이는 세계의 중심이었다. 바울은 이 도시에 도착해 황제의 권세 아래서도 예수를 주님으로 선포했고, 쇠사슬에 매인 몸으로도 복음을 가르쳤다. 그의 순교는 끝이 아니라 새로운 확산의 시작이었다. 제국의 심장부에서 울려 퍼진 그의 마지막 고백은 하나님의 나라가 세상의 권세를 넘어 영원히 선다는 선언이 되었고, 그 고백은 교회의 역사 속에 지금도 이어지고 있다.

바울을 두고 사람들의 생각은 지금도 같지 않다. 유대인들에게 그는 오랫동안 배신자로 불렸지만, 오늘의 많은 학자들은 그를 새롭게 해석한다. 어떤 이는 그가 끝까지 유대인의 정체성을 지킨 사람이라고 말하고, 또 어떤 이는 그가 유대교와 기독교의 경계를 가르면서도 동시에 이어준 인물이라고 본다. 또 다른 이들은 그 시대 유대교가 이미 하나님의 은혜와 언약 위에 서 있었음을 강조하며, 바울이 그 안에서 복음을 새롭게 전했다고 설명한다. 이처럼 다양한 해석은 바울의 길을 더욱 입체적으로 보여준다.

그러나 분명한 것은 하나다. 바울의 길은 단순히 과거의 이야기가 아니다. 그는 사울에서 바울로, 율법의 열심 있는 사람에서 유앙겔리온의 사람으로 변했다. 마을에서 도시로, 변두리에서 제국의 중심으로 향한 그의 여정은, 스스로 '작은 자'라 부르던 한 사람이 어떻게 세상을 바꾸는 복음의 능력을 드러냈는지를 보여준다. 그의 행복은 예수 그리스도 안에서 시작해 예수 그리스도 안에서 끝났다. 그의 입술에서 흘러나온 이야기는 언제나 예수였다. 오늘 우리도 바울이 섰던 자리와 비슷한 곳에 서 있다. 부와 권력이 집중된 도시, 철학과 사상이 충돌하는 광장, 혼란과 갈등이 얽힌 현장, 그리고 제국의 심장 같은 자리에서, 바울이 전한 복음은 여전히 우리를 부른다.

이 책이 완성될 수 있었던 것은 부모님과 가족의 기도와 헌신 덕분이다. 무엇보다 묵묵히 곁을 지켜 주며 길고 깊은 여정을 함께 걸어 준 사랑하는 아내에게 마음 깊이 감사를 전한다. 또한 터치바이블선교회의 동역자들과 후원자들의 사랑과 헌신이 아니었다면, 이 길의 이야기는 결코 책으로 이어질 수 없었을 것이다. 지금도 '바울의 길' 위에서 성경을 가르치고 복음을 전하는 길 선생들에게도 깊은 감사를 드린다. 그들의 발걸음이야말로 이 책이 증언하려는 복음의 길을 지금도 이어가고 있다. 이 모든 여정 가운데 함께하신 예수 그리스도께 영광을 돌린다.

[바울의 도시들]

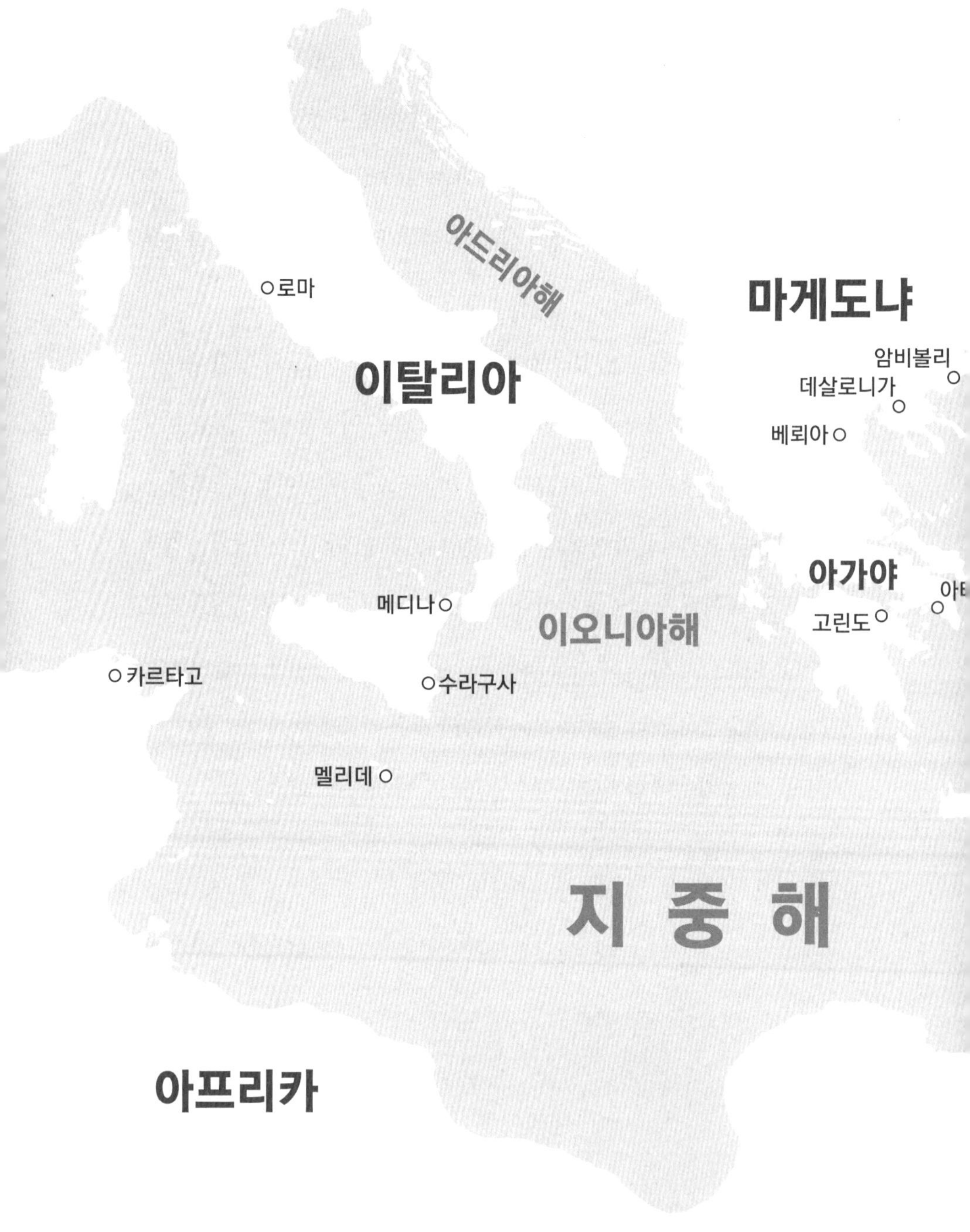
아드리아해
로마
마게도냐
암비볼리
데살로니가
베뢰아
이탈리아
아가야
메디나
이오니아해
고린도
카르타고
수라구사
멜리데
지 중 해
아프리카

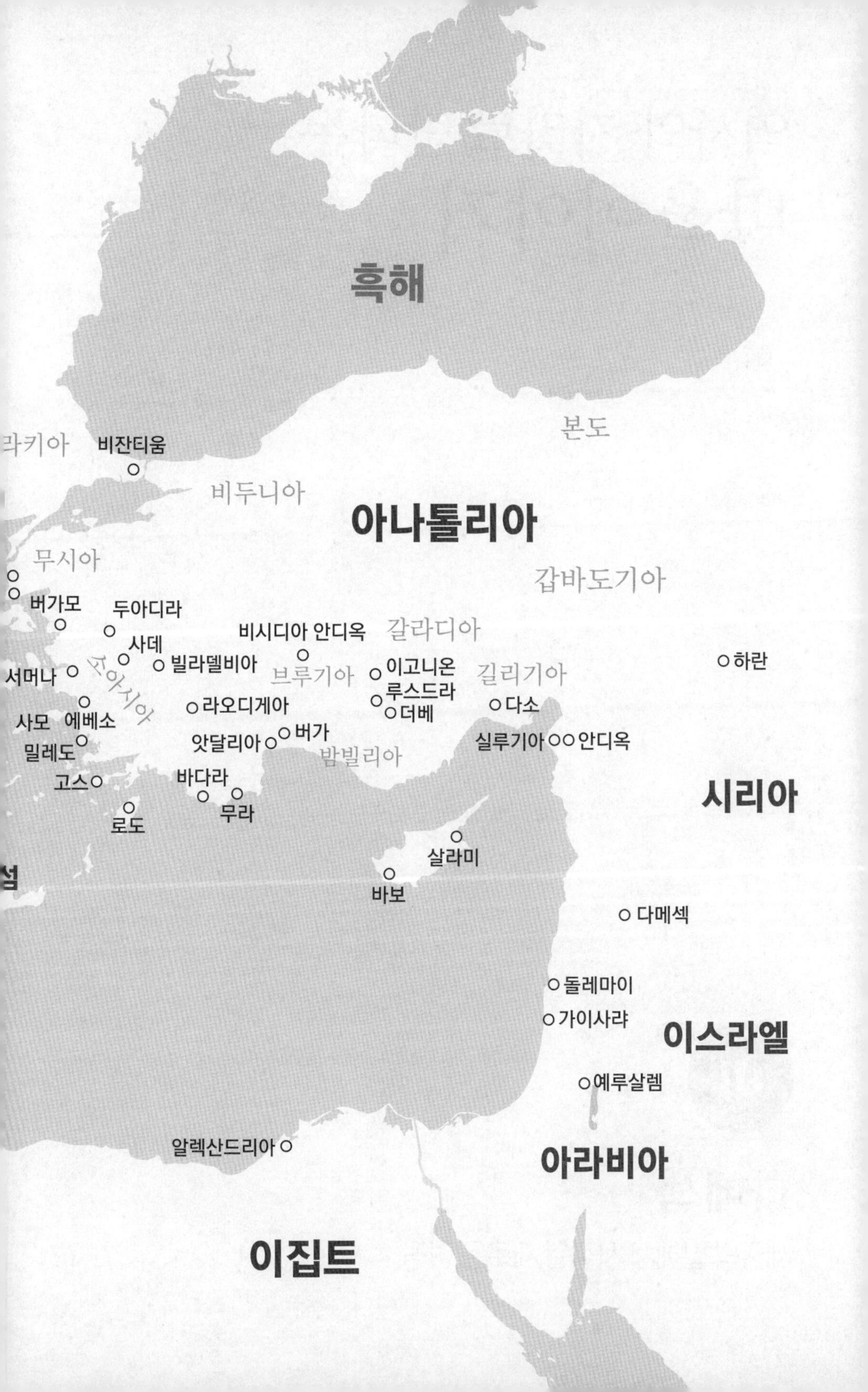

흑해
라키아
비잔티움
본도
비두니아
아나톨리아
무시아
갑바도기아
버가모
두아디라
비시디아 안디옥
갈라디아
사데
빌라델비아
아시아
서머나
브루기아
이고니온
루스드라
길리기아
하란
사모
에베소
라오디게아
더베
다소
밀레도
앗달리아
버가
밤빌리아
실루기아
안디옥
고스
바다라
무라
로도
시리아
살라미
바보
다메섹
돌레마이
가이사랴
이스라엘
예루살렘
알렉산드리아
아라비아
이집트

역사와 지리로 만나는

바울이야기

01

다메섹

제국의 길에서 시작된 새로운 여정

AD ROMANOS
PAVLVS
SERVVS IESV

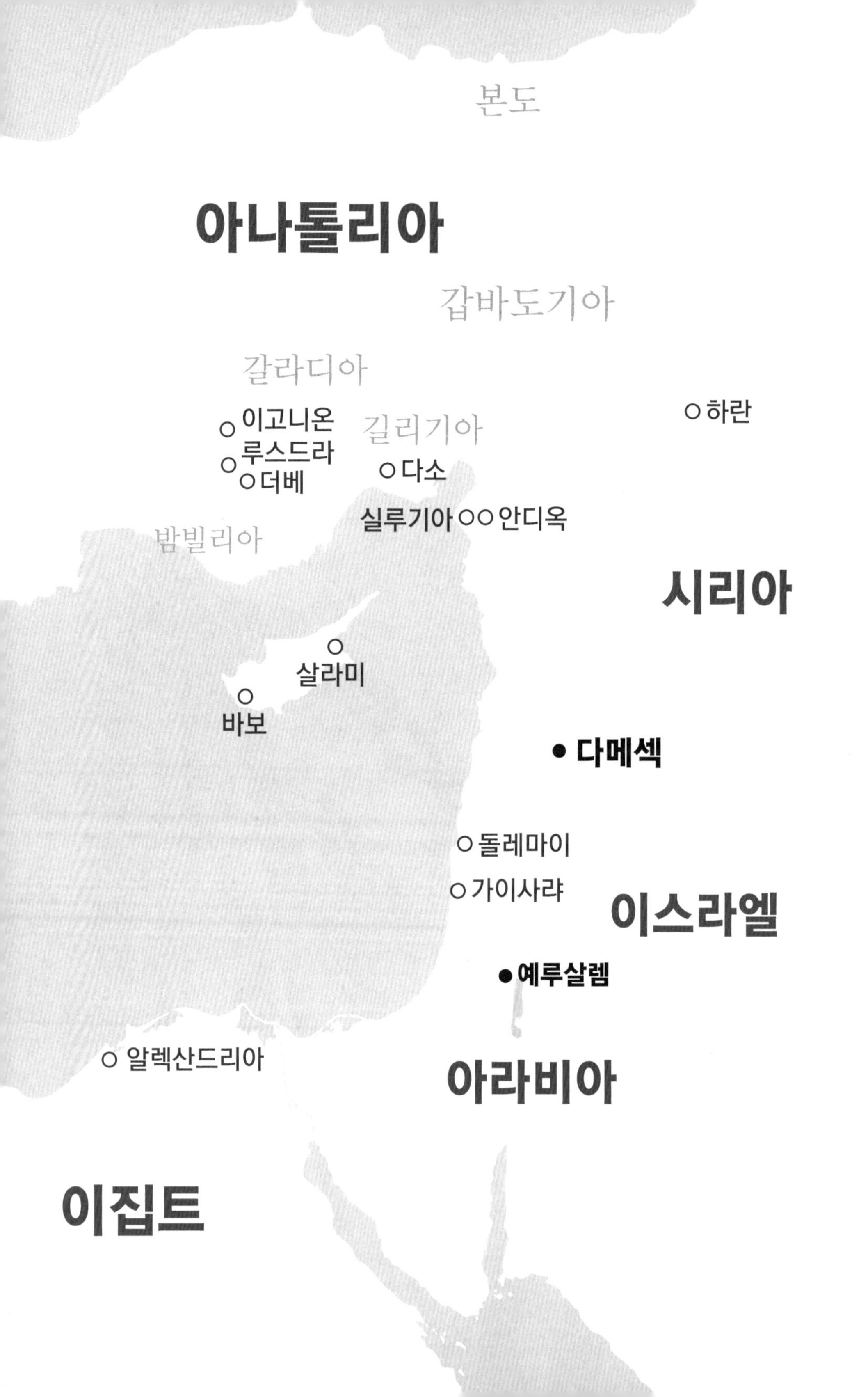
본도
아나톨리아
갑바도기아
갈라디아
하란
이고니온
루스드라
더베
길리기아
다소
실루기아
안디옥
밤빌리아
시리아
살라미
바보
다메섹
돌레마이
가이사랴
이스라엘
예루살렘
알렉산드리아
아라비아
이집트

다메섹
제국의 길에서 시작된 새로운 여정

바울의 여정은 다메섹(Damascus)으로 향하는 길에서 본격적으로 열렸다. 그 길 위에서 그는 부활하신 예수와 맞닥뜨리는 회심과 소명 사건을 경험했다. 다메섹은 예로부터 동서 문명이 교차하던 길목이었다. 수많은 제국의 행렬이 오가던 그 길에서, 하나님은 한 사람의 방향을 바꾸어 인류의 길을 새롭게 여셨다. 박해자에서 사도로 바뀌는 그 순간은, 그의 확신을 무너뜨리고 은혜 안에서 새로운 사명을 열어젖히는 전환점이 되었다. 그가 쓰러진 그 자리에서, 복음의 역사는 다시 일어나기 시작했다.

그는 본래 유대 이름으로는 사울(שָׁאוּל, 샤울)이라 불렸으나, 그리스어가 통용되는 이방 세계에서 널리 알려진 이름은 바울(Παῦλος 파울로스)이었다. 다소에서 태어나 율법과 유대 전통 속에서 성장한 젊은 바울은, 예루살렘에서 대제사장이 발급한 공문을 받아 다메섹 교회를 탄압할 임무를 띠고 있었다. 나사렛 예수를 이스라엘의 메시아이자 하나님의 아들로 고백하는 공동체를 무너뜨리고, 그 구성원들을 체포해 예루살렘으로 압송하는 것이 그의 목적이었다(행 9:1-2).

바울이 다메섹으로 향하던 길은 갈릴리에서 수리아(시리아)로 이어지는 국제 교통로에 속해 있었다. 성경은 이 길을 "해변길"이라 불렀으며(사 9:1), 라틴어 성경에서는 비아 마리스(Via Maris)로 번역되었다. 그러나 실제 이 길은 이집트 델타 지역에서 시작해 블레셋 평야와 샤론 평야, 갈릴리 호수를 지나 다메섹에 이른 뒤, 다시 상부 메소포타미아와 앗수르, 바빌로니아(바벨론), 나아가 페르시아(바사)에까지 연결되었다. 이 길 위로 이집트 전차 부대, 앗수르와 바빌로니아 군대, 페르시아 사절단, 헬레니즘 왕국의 상인들, 그리고 로마 군단까지 수많은 세력이 오가며 역사를 써 내려갔다. 로마 제국은 이 도로를 정비하여 군사 이동을 신속히 하고, 동방(Orient)과 서방(Occident)의 경제와 행정을 잇는 제국의 동맥으로 삼았다.

그 길목에 자리한 다메섹은 전략적 요충지이자 동서남북 교역로가 교차하는 중심지였다. 디아스포라 유대인 상인, 아람계 토착민, 나바테아 상인, 로마 제국의 관리, 그리고 각국에서 모여든 여행자들이 뒤섞여 살아가는 국제도시였으며, 다양한 종교와 사상이 공존하는 공간이었다. 이곳은 복음이 전파되기에 적절한 토양이었다. 다메섹의 초대 교회는 유대인과 이방인 그리스인들이 함께 어울려 다채로운 공동체로 성장하고 있었다.

그러나 다메섹에 거의 다다른 어느 순간, 바울의 계획은 전혀 예상치 못한 방향으로 꺾였다. 그는 하늘에서 내려오는 강렬한 빛에 사로잡혀 땅에 엎드렸고, 부활하신 예수의 음성을 들었다. "사울아 사울아 네가 어찌하여 왜 나를 박해하느냐 하시거늘 대답하되 주여 누구시니이까 이르시되 나는 네가 박해하는 예수라"(행 9:4-5). 주님(κύριος 퀴리오스)은 그에게 자신이 박해하던 교회와 동일시되심을 드러내셨고, 동시에 새로운 사명을 맡기셨다. 눈이 멀어 일어나지 못한 바울은 동행들의 손에 이끌려 다메섹으로 들어갔다(행 9:3-8).

도시로 들어간 바울은 주님의 지시를 받은 제자 아나니아를 만났다. 그는 바울의 시력을 회복시켜 주었을 뿐 아니라, 교제 속에서 예수 그리스도에 대한 신앙을 나누었다. 이 만남은 단순한 치유가 아니었다. 홀로 체험한 부활의 주님이 공동체 안에서 확인되고, 신앙의 고백이 관계 속에서 뿌리내리는 결정적인 순간이었다. 세례를 받은 바울은 곧바로 회당에 들어가 "예수가 하나님의 아들이시다"(행 9:20)라고 공개적으로 선포했다. 불과 며칠 전까지만 해도 예수를 부정하며 교회를 파괴하려 했던 그가, 이제는 예수를 메시아로 증언하는 증인으로 서게 된 것이다.

오늘날 학자들은 바울의 회심과 소명, 그리고 다메섹에서의 사역을 두고 다양한 해석을 내놓는다. 어떤 이는 그를 율법과 전통을 버린 배신자로 보지만, 또 다른 이는 부활하신 메시아를 재발견한 유대교 내부의 묵시적 개혁자로 평가한다. 실제로 많은 유대 학자들은 바울을 '유대교를 떠난 변절자'로 이해하며, 율법과 언약을 무너뜨린 인물로 규정한다. 반면 기독교 학자들은 바울을 '그리스도의 계시 안에서 율법을 새롭게 해석한 사도'로 이해하며, 그의 회심과 소명을 단절이 아닌 연속성 속에서 파악한다. 현대 신학에서는 특히 '바울에 대한 새 관점'이 제시되어, 당시 유대교를 단순한 율법주의가 아니라 언약 안에서 살아가는 신앙 공동체로 바라보고, 바울 역시 그 유대적 맥락 속에서 이해하려는 시도가 이어지고 있다. 이 관점에 따르면 바울의 복음은 유대교와의 단절이 아니라, 언약의 경계를 예수 그리스도 안에서 새롭게 확장한 사건이었다. 그러나 이 해석 역시 전통적 관점을 완전히 대체하기보다, 바울을 더 풍성하게 이해하기 위한 보완적 시각으로 제시된다.

따라서 우리는 바울을 단순히 변절자로 보거나, 혹은 유대교 안의 개혁자로만 이해할 수 없다. 그는 메시아(מָשִׁיחַ), 즉 그리스도 예수(Χριστὸς Ἰησοῦς) 안에서 새로운 길을 열어젖힌 복음(εὐαγγέλιον 유앙겔리온)의 사도였다. 분명한 것은, 다메섹에서의 회심과 소명 사건이 바울 개인의 내적 변화에 그치지 않고, 복음이 지중해 세계로 뻗어 나가는 거대한 여정의 출발점이 되었다는 사실이다.

다메섹으로 향한 길, 역사의 전환로

고대 서아시아에는 이집트(애굽)에서 시작해 수리아와 북메소포타미아에 이르는 거대한 국제도로가 뻗어 있었다. 이는 단순히 한 지역을 연결하는 도로가 아니라, 아프리카와 레반트, 메소포타미아와 아나톨리아를 하나로 묶는 육상 네트워크의 핵심축이었다. 그 가운데 지중해 해안을 따라 달리던 노선이 곧 “해변길”(사 9:1)로, 히브리어 성경의 ‘데레크 하얌’(דֶּרֶךְ הַיָּם, 바닷길)을 라틴어 불가타역이 ‘비아 마리스’(Via Maris), 즉 해변길로 옮긴 데서 비롯된 명칭이다. 성경은 이 길을 “블레셋 사람의 땅의 길”(출 13:17)로 언급하며, 만일 출애굽 백성이 그 길을 따라 곧장 가나안으로 들어갔다면 광야의 40년은 없었을 것이라고 전한다.

해변길은 지중해 연안을 따라 항구도시들을 이어주며 이집트, 북부 수리아, 그리고 아나톨리아 반도를 오가는 사람과 물자, 정보와 사상의 주요 통로였다. 아프리카의 금과 향료, 종교와 문화가 이 길을 통해 북쪽으로 전해졌고, 메소포타미아의 곡물과 금속, 기술은 다시 이집트와 지중해 연안으로 확산되었다. 페니키아 상인들은 해안을 따라 남하하여 이스르엘 골짜기와 사론 평야에서 교역했고, 이 길은 욥바와 아스돗 같은 블레셋 도시로 이어졌다. 유대 산지 사람들은 라기스와 같은 저지대 도시를 거쳐 이 무역망에 접속할 수 있었다. 해변길은 상업로일 뿐 아니라 전쟁로였다. 이집트, 이스라엘, 히타이트, 앗수르, 바빌로니아의 군대는 서로의 영토를 넘보기 위해 반드시 이 길을 따라 움직였다. 그 중심에는 이스라엘의 므깃도가 있었다. 갈멜산 자락에 자리한 이 도시는 이스르엘 평원을 내려다보며 북쪽의 하솔과 다메섹, 남쪽의 블레셋 평야와 이집트를 잇는 관문이었다. 므깃도에서 동쪽으로 나아가면 사마리아 산지를 지나지 않고, 넓은 이스르엘 평원을 따라 요단 계곡으로 이어졌다. 이 길은 요단강을 건너 요단 동편의 주요 국제 교역로 곧 '왕의 대로'(King's Highway)와 연결되었다.

이 왕의 대로는 요단 동쪽의 고원을 따라 남북으로 뻗어 있었으며, 다메섹에서 시작해 남쪽 아라비아와 홍해까지 이어졌다. 왕의 대로라는 이름은 구약성경 민수기 20-21장에서 처음 언급된다. 이스라엘 백성이 출애굽 후 에돔과 모압을 거쳐 가나안으로 들어가려 할 때, 모세가 에돔 왕에게 이 길을 지나게 해 달라고 요청했지만 거절당했다. 당시 이미 이 도로는 요단 동편의 여러 소왕국들이 통제하는 국제 교역로이자 군사로였으며, 각 지역의 왕들이 장악권을 행사했기에 '왕의 대로'라 불렸다. 아라비아 광야에서 채취한 향료와 유향, 동방에서 들여온 보석과 직물, 그리고 아라비아 말과 낙타들이 이 길을 통해 북쪽 다메섹으로 운송되었고, 다시 메소포타미아와 지중해 세계로 흘러 들어갔다. 로마 시대에도 이 길은 전략적 가치를 유지하여 아라비아 속주와 다메섹을 연결하는 주요 노선으로 사용되었고, '아라비아 가도'라 불리며 제국의 군사·행정 네트워크 속에 편입되었다. 따라서 므깃도는 해변길과 요단 동편 왕의 대로를 이어주는 교차 지점에 위치한 국제 교통의 요충지였으며, 이곳을 장악하는 자가 동서남북의 무역과 군사 이동을 지배할 수 있었다.

신약성경 시대에도 해변길은 로마 제국 동부 속주들을 연결하는 국제 도로망의 핵심이었다. 다메섹은 해변길 북쪽 구간과 갈릴리를 이어주는 전략적 거점이었으며, 동시에 동서로 뻗은 교역로와 요단 동편을 따라 달리는 왕의 대로가 만나는 교차의 중심지 곧 국제 도로망이 얽혀 있는 분기점이었다. 바울은 이 길을 따라 예루살렘에서 다메섹으로 향했다. 그의 임무는 예수를 메시아로 고백하는 자들을 체포해 예루살렘으로 압송하는 것이었으나, 그 여정은 부활하신 주님을 만나는 회심과 소명의 길이 되었다.

갈릴리 역시 해변길과 긴밀히 연결돼 있었다. 북부의 가버나움은 이 길과 가까워 수리아, 데가볼리, 유대, 예루살렘까지 이어지는 교통망의 요충지였다. 예수께서 나사렛을 떠나 가버나움에 거주하신 것은 복음을 갈릴리 전역뿐 아니라 이 길을 따라 더 멀리 확산시키려는 전략적 선택이었다(마 4:13-16). 해변길을 오가는 상인과 순례자, 군인들은 예수의 가르침을 듣고 각자의 지역으로 전했고, 그렇게 복음은 유대 땅을 넘어 더 넓은 세계로 흘러갔다. 정치적으로도 갈릴리는 로마 제국의 특별한 관심 지역이었다. 당시 갈릴리는 요단 서편 지역을 다스린 분봉왕 헤롯 안티파스뿐 아니라, 요단 동편 지역을 다스린 헤롯 빌립의 통치권과도 맞닿아 있었다. 두 분봉왕 모두 로마의 후원 아래 권력을 유지했으며, 실제 군사적·외교적 감독권은 수리아 속주 총독에게 있었다. 총독은 안디옥에 주재하며 유프라테스 국경 방위, 무역로 통제, 세금 징수, 치안 유지를 총괄했다. 다메섹에는 파견부대와 행정력이 배치되어 이 지역의 전략적 요충을 관리했다. 이러한 정치적 구조 속에서 갈릴리는 단순히 예루살렘 성전 체제의 영향권에만 속한 것이 아니라, 다메섹과 긴밀히 연결되어 있었다. 갈릴리의 유대인들은 경제적 교류와 군사적 질서, 그리고 국제적 교통망을 통해 예루살렘보다 오히려 다메섹의 영향력을 더 직접적으로 체감했을 것이다. 해변길과 왕의 대로 모두 제국의 전략로로 엄격히 통제되었고, 이 길목에서 벌어진 사건은 속주 전체의 정치적 시야 속에 놓여 있었다.

이처럼 해변길은 고대의 무역로이자 전쟁로였을 뿐 아니라, 예수의 복음 사역과 바울의 회심 사건을 무대 삼은 역사적 현장이었다. 제국은 이 길을 통해 군대를 이동시키고 세금을 거두며 세계를 통제했지만, 복음은 같은 길을 따라 흘러가며 사람들의 마음을 변화시키고 새로운 공동체를 세워갔다. 다메섹은 바로 그 충돌의 현장이었다. 권력과 폭력이 제국의 질서를 세우려 했던 자리에, 십자가와 부활의 복음이 새로운 질서를 열어긋난 것이다. 다메섹으로 향한 길 위에서 제국의 통제와 복음의 확산이 교차하며, 역사의 전환로가 열렸다. 더 이상 이 길은 단순히 군사와 상인의 길이 아니었다. 그 길은 "새로운 피조물"(고후 5:17)의 길, 즉 온 세상으로 흘러 들어가는 복음의 길이 되었다.

다메섹, 아람 왕국에서 앗수르 제국에 이르는 거점도시

다메섹은 구약성경 창세기부터 등장할 만큼 오랜 역사를 지닌 도시이다. 아브라함 시대에는 그의 집에서 종으로 섬기던 다메섹 사람 엘리에셀이 언급되며(창 15:2), 창세기 14장에서는 아브라함이 북방 왕들과의 전쟁에서 그들을 추격해 다메섹 근처까지 이르렀다고 기록한다(창 14:15). 민수기에 나오는 "하맛 어귀"(민 34:8) 역시 다메섹을 포함한 북부 지역을 가리키는 지리적 경계로 이해된다. 출애굽한 이스라엘이 가나안을 향해 나아가던 시기, 다메섹은 이미 주요 도시로 자리 잡고 있었으며, 이스라엘의 정착과 초기 왕국 형성 과정 속에서도 끊임없이 영향을 끼쳤다. 이스라엘과 인접한 북부 국경에서 아람족의 강력한 세력은 접촉과 충돌을 반복했다.

아람족은 본래 메소포타미아 북서부에서 기원한 셈족 유목민으로, 그들의 언어인 아람어는 후에 메소포타미아와 지중해 동부 전역에서 국제어(lingua franca)로 자리 잡았다. BC 12세기 무렵 아람족은 수리아 지역, 특히 다메섹을 중심으로 정착해 여러 도시국가를 형성했고, 시간이 지나면서 정치적으로 통합되어 BC 10세기경 '아람-다메섹 왕국'을 세웠다. 이 왕국은 북쪽 하맛에서 남쪽 길르앗까지 세력을 넓히며 요단 동편에까지 이르렀고, 이스라엘과 국경을 맞댄 정치적 완충지대이자 교역의 중심지로 자리했다. 아람-다메섹 왕국은 여러 왕조를 거치며 북이스라엘과 앗수르 사이에서 세력의 균형을 잡으려 했다. 벤하닷 1세(재위 BC 885~865년경)과 하사엘(재위 BC 842~796년경)로 이어지는 왕들은 요단 동편과 갈릴리 지역을 두고 북이스라엘과 싸웠고, 때로는 동맹을 맺어 앗수르의 팽창을 견제했다. 이 왕국은 전차와 기마대, 산악 지형을 이용한 군사력으로 강국이 되었으나 제국의 압력 앞에서 점차 쇠퇴했다. 다메섹의 길은 번영의 길이었지만, 동시에 제국의 발자국이 깊이 새겨진 길이었다. BC 8세기, 앗수르의 팽창이 시작되자 다메섹은 마지막까지 저항했지만 결국 무너졌다.

결정적인 전환은 BC 733년, 앗수르 왕 디글랏빌레셀 3세의 침공이었다. 이 사건은 단순한 제국의 정복 전쟁이 아니라, 남유다 아하스의 요청에 따른 개입이었다. 북이스라엘의 베가와 아람의 르신이 동맹하여 예루살렘을 압박하자(아람-북이스라엘 동맹 전쟁, 사 7:1-9), 아하스는 하나님을 의지하라는 이사야의 권면을 거부하고 앗수르 왕에게 사자를 보냈다. 그는 "나는 왕의 신복이요 왕의 아들이라 이제 아람과 이스라엘 왕이 나를 치니 청하건대 올라와 그 손에서 나를 구원하소서"(왕하 16:7)라고 하며 성전과 왕궁의 은금을 조공으로 바쳤다. 앗수르 왕은 그의 요청을 받아들여 다메섹을 함락시키고 르신을 죽였다(왕하 16:9). 아하스는 그 대가로 다메섹에서 본 제단을 예루살렘 성전에 재현하게 했는데(왕하 16:10-16), 이는 단순한 종교적 도입이 아니라 앗수르에 대한 정치적 복속의 상징이었다. 이어 BC 722년 사르곤 2세가 북이스라엘을 멸망시키자, 다메섹은 앗수르의 서방 통치망 속에 완전히 편입되었다. 다메섹은 제국의 여러 행정·군사 거점 가운데 하나로 기능하며, 앗수르의 서방 원정과 행정을 지원했다. 앗수르는 정복지 주민들을 강제로 이주시켜 민족 혼합 정책을 펼쳤고, 아람어를 제국 행정어로 채택하여 광범위하게 확산시켰다.

다메섹은 이렇게 아람 왕국의 수도에서 앗수르의 서방 거점으로 전환되며, 도시국가를 넘어 다문화적 제국 도시로 재편되었다. 동서 교역로가 집중되는 지리적 이점은 다메섹을 단순한 지역 거점이 아니라 제국의 행정과 군사, 경제를 아우르는 전략적 요충지로 만들었다. 아람 전통 위에 앗수르의 지배 체제가 더해지면서 이 도시는 정치적 성격뿐 아니라 문화적 성격까지 새롭게 규정되었다. 다메섹의 변화는 고대 근동의 권력

구도가 재편되는 상징이 되었고, 아람에서 앗수르로 이어지는 역사적 전환의 대표적 현장이 되었다.

다메섹, 페르시아의 길이자 헬레니즘의 문

이후 앗수르 제국의 멸망은 다메섹의 또 다른 전환점을 열었다. BC 612년 니느웨가 함락되고, 앗수르의 패권이 무너지자 서방의 여러 속주들은 잠시 혼란 속에 놓였다. 다메섹은 제국의 서방 거점으로서 한동안 독립적 행정 중심으로 남았으나, 곧 바빌로니아의 세력권 아래 편입되었다. 느부갓네살 2세(재위 BC 605~562년)는 앗수르의 옛 영토를 계승하며 유프라테스 서쪽의 길을 장악했고, 그 길목에 있는 다메섹은 그의 서방 원정을 위한 전략 거점이 되었다. 남유다의 마지막 왕 시드기야가 바빌로니아에 반기를 들었을 때, 그의 패배 소식은 다메섹의 상인들과 외교 사절을 통해 빠르게 서방 세계로 퍼져나갔다. 다메섹의 길은 다시 제국의 군대와 피난민이 오가는 길이 되었고, 제국의 흥망이 지나가는 통로가 되었다. 그러나 바빌로니아의 패권은 오래가지 못했다. BC 539년, 페르시아의 고레스 대왕(재위 BC 559~530년)이 바빌로니아를 함락시키며 새로운 제국의 시대가 열렸다. 고대 메소포타미아의 패권을 이어받은 페르시아는 다메섹을 전략적 요충으로 삼아 남쪽 이집트와 북서부 아나톨리아 방면으로 세력을 확장했다. 다메섹은 새 왕조가 등장할 때마다 다른 문화와 정치 질서 속으로 편입되었지만, 언제나 변화를 가르는 경계선, 새로운 시대가 시작되는 길목에 서 있었다.

페르시아는 광대한 제국을 통치하기 위해 사트라피(총독령) 제도를 운영했으며, 다메섹은 유프라테스강 서쪽 지역을 관할하는 행정 체계 속에서 중요한 도시로 기능했다. 이곳은 '왕의 길'(Royal Road)과 연결된 동서 무역의 분기점이었으며, 비단·향료·귀금속·농산물 등이 활발히 교역되었다. 이로써 다메섹은 국제 상업망의 핵심 도시로 번영했다. 동시에 페르시아는 군사적 요충지로서 다메섹을 요새화하고 도로망을 정비했다. 관용적 통치 속에서 아람 문화와 페르시아 행정 체계가 공존했으며, 이 시기 다메섹에서는 아람어, 페르시아어, 아카드어 등 여러 언어와 종교가 함께 살아 숨 쉬었다.

그러나 BC 4세기, 에게해 넘어 서쪽에서 새로운 정복자가 등장했다. 알렉산더 대왕(재위 BC 336~323년)의 동방 원정으로 페르시아의 패권이 흔들렸고, BC 333년 이수스 전투(Battle of Issus)에서 다리우스 3세가 패배하자 다메섹은 그리스(헬라) 제국의 손에 들어갔다. 알렉산더는 다메섹을 단순한 군사 기지가 아니라 그리스 문화 곧 헬레니즘 확산의 전초기지로 삼았다. 다메섹의 교통과 무역의 중요성은 이미 알려져 있었고, 알렉산더는 이를 활용해 헬레니즘을 확산시켰다. 그리스어가 행정 언어로 도입되었고, 도시에는 그리스식 건축물과 신전이 세워졌다. 아고라, 체육장, 극장과 같은 공공 공간이 조성되며 정치 제도와 교육 체계도 그리스식으로 정비되었다. 알렉산더 사후 다메섹은 셀레우코스 왕국(BC 312~64년)의 지배 아래 들어갔다. 셀레우코스 왕국은 수리아를 중심으로 제국을 세웠으며, 다메섹은 안디옥 보다는 위상에서 한 단계 낮았으나 중요한 도시로 성장했다. 헬레니즘 문화가 행정·종교·교육 제도를 통해 본격적으로 제도화되었으며, 다메섹은 더 이상 단순한 동방의 도시가 아니라 헬레니즘 세계 질서 속에 편입된 국제도시가 되었다.

이 시기 다메섹은 데가볼리(Decapolis)와도 긴밀히 연결되어 있었다. '열 개의 그리스 도시들'이라는 뜻을 지닌 데가볼리는 스키토폴리스, 펠라, 게라사, 가다라, 힙포스, 디온, 라파나, 필라델포이아, 카나타, 아빌라 등을 포함했으며, 일부 전승에서는 다메섹 역시 그 일원으로 언급된다. 그러나 데가볼리는 단순한 지리적 연합이 아니라, 헬레니즘적 도시 정체성을 공유한 문화 공동체였다. 이 도시들은 광장을 중심으로 도시를 계획하고, 극장과 김나지움, 신전과 같은 공공건축을 통해 헬레니즘을 드러냈다. 그들은 스스로 주변의 셈족·아람족·유대 공동체와 구별하며, 헬레니즘 세계의 시민으로 자처했다. 로마 제국은 이 도시들을 특별 행정구역으로 묶어 일정한 자치권을 부여했는데, 이는 지역 통치를 안정적으로 유지하려는 제국의 전략이었다. 따라서 데가볼리는 헬레니즘과 로마 행정 질서의 접점이자, 그리스 언어와 종교, 정치 제도가 보존·전승된 공간이었다. 다메섹이 공식적으로 데가볼리에 속했는지는 분명하지 않지만, 실제로는 이 연합체와 활발히 교류하며 경제적 네트워크와 문화적 교류의 중심 역할을 감당했다. 길르앗 고원의 농산물, 요단 계곡의 교역품, 광야 길을 따라 들어온 동방의 향신료와 낙타 무역이 이 도시들을 거쳐 지중해 세계로 흘러 들어갔고, 다메섹은 이 흐름을 조율하는 거점이 되었다.

이러한 배경은 신약성경의 무대와도 연결된다. 예수의 사역 가운데 "갈릴리와 데가볼리와 예루살렘과 유대와 요단강 건너편에서 수많은 무리"(마 4:25)가 예수를 따랐다는 기록은, 갈릴리 주변의 이방 도시들이 복음에 어떻게 반응했는지를 보여준다. 돼지 떼 사건으로 잘 알려진 거라사(막 5:1-20), 그리고 수리아-데가볼리 지역에서의 치유 사역(막 7:31-37)은 헬레니즘 세계 속으로 다가가신 예수의 모습을 드러낸다. 바울 시대에 이르러서도 데가볼리는 로마 제국 속주의 일부로, 동방과 서방을 연결하는 교역과 문화 교류의 거점이었다. 결국 복음은 이 같은 도시들을 통과하며 확산되었고, 이는 복음이 유대인의 경계를 넘어 그리스-로마 세계의 도시 문화 한가운데로 침투했음을 보여주는 상징적 사건이었다.

다메섹, 로마의 길목이자 나바테아의 그늘

로마 제국은 포에니 전쟁(Punic Wars, BC 264~146년)을 통해 지중해 패권을 장악한 뒤 동방으로 세력을 확장했다. 이 전쟁은 세 차례에 걸쳐 로마와 카르타고가 벌인 치열한 대결이었다. 제1차 전쟁(BC 264~241년)에서는 시칠리아 지배권을 두고 다투었고, 해군력을 강화한 로마가 승리하여 최초의 속주인 시칠리아를 손에 넣었다. 제2차 전쟁(BC 218~201년)에서는 카르타고의 명장 한니발(Hannibal Barca, BC 247~183년)이 알프스를 넘어 이탈리아(이달리야)를 침공하여 칸나에 전투(Battle of Cannae)에서 로마군에 치명적인 타격을 입혔으나, 결국 스키피오가 카르타고 본토를 공략해 자마 전투(Battle of Zama)에서 승리했다. 제3차 전쟁(BC 149~146년)에서 로마는 카르타고를 완전히 파괴하고 아프리카 속주로 편입했다. 이렇게 서방에서 피비린내 나는 투쟁을 치른 끝에 로마는 지중해의 절대적 강자로 부상했고, 이후 동방 헬레니즘 세계로 세력을 확장할 수 있는 토대를 마련했다.

헬레니즘 세계의 몰락 과정에서 다메섹 역시 제국 질서 안으로 편입되었다. BC 190년 마그네시아 전투(Battle of Magnesia)에서 로마는 셀레우코스 왕국을 무너뜨렸고, BC 188년 아파메아 조약(Treaty of Apamea)으로 그 영토를 크게 제한했다. 결정적인 전환은 BC 64년, 장군 폼페이우스(활동 BC 106~48년)가 수리아 일대를 정복하고 다메섹을 포함한 지역을 로마의 수리아 속주로 편입시킨 사건이었다. 이때부터 다메섹은 본격적으로 로마 제국의 동방 행정망 속에 들어갔다. 폼페이우스는 다메섹을 중심으로 데가볼리를 로마 질서 안에서 재편했는데, 이는 이미 헬레니즘 시대부터 형성된 도시 동맹이었다. 그는 이 도시들에게 일정한 자율성을 부여하여 유대 하스모니아 왕국과 나바테아 왕국의 간섭에서 벗어나게 했다.

로마 시대 다메섹은 고대 도시 기반 위에 로마식 도시 구조가 더해졌다. 남북을 관통하는 카르도(Cardo)와 동서를 잇는 데쿠마누스(Decumanus)가 정비되었고, 그 중심축을 따라 시장과 주요 건축물이 들어섰다. 도시 중앙에는 포룸(Forum)과 바실리카(Basilica)가 자리하여 상업과 행정 활동의 중심이 되었고, 장대한 주피터 신전이 세워졌다. 이 신전은 훗날 비잔틴 시대에는 교회로, 이슬람 시대에는 우마이야 모스크로 변모하여 다메섹의 역사적 연속성을 상징하게 되었다. 로마는 수도 시설과 목욕탕도 정비하여 시민 생활을 풍요롭게 했으며, 이로써 다메섹은 로마 동방의 중요한 도시로 성장했다.

그러나 다메섹이 항상 로마의 손에만 있었던 것은 아니었다. 인근의 나바테아 왕국과 유대 왕국의 지속적인 간섭을 받으며 동방 정치 질서 속에서 중요한 역할을 감당했다. 특히 나바테아는 아라비아 무역로를 장악한 강력한 세력이었고, 그 중심인물인 아레타스 4세(재위 BC 9~AD 40년)는 다메섹에 정치적 영향력을 행사했다. 바울의 사역 시기, 다메섹은 단지 로마의 행정 도시만이 아니라 나바테아의 세력권과도 긴밀히 연결되어 있었다. 사도행전 9장은 바울이 다메섹에서 복음을 전하다 유대인들의 박해를 받았음을 전한다. 고린도후서 11장 32-33절은 이렇게 기록한다. "다메섹에서 아레다 왕의 고관이 나를 잡으려고 다메섹 성을 지켰으나, 나는 광주리를 타고 들창문으로 성벽을 내려가 그 손에서 벗어났노라." 이 구절은 바울이 단순히 종교적 반대만이 아니라 정치적 위협 속에서도 사역했음을 보여준다. 학계에서는 아레다 왕이 곧 아레타스 4세로, 그가 다메섹을 직접 통치했다기보다는 로마와의 협력 속에서 일정한 행정적 권한이나 영향력을 행사했을 것으로 본다. 결국 바울은 이러한 복잡한 정치적 긴장 한가운데서, 성벽에서 광주리에 매달려 탈출해야 했던 것이다. 이 사건은 다메섹이 당시 로마와 나바테아, 그리고 유대 세력의 이해가 교차하던 도시였음을 극명하게 보여준다.

바울은 그 직전 "또 나보다 먼저 사도된 자들을 만나려고 예루살렘으로 가지 아니하고 아라비아로 갔다가 다시 다메섹으로 돌아갔노라"(갈 1:17)라고 기록했다. 성경은 그의 아라비아 체류 동안의 구체적인 활동을 밝히지 않지만, 이는 단순한 피신이 아니라 나바테아 영토와 광대한 지역 속에서 복음 사역을 준비하고 묵상하는 시간으로 이해된다. 다메섹과 아라비아(나바테아 왕국) 사이의 긴장은 곧 바울이 경험한 복음의 길이 제국과 왕국, 그리고 다양한 민족의 경계를 넘어 확장되는 역사적 배경을 잘 보여준다.

다메섹 유대인 공동체와 초기 기독교의 배경

다메섹의 유대인 공동체는 기원전 시대부터 뿌리내린 오래된 집단이었다. 그 기원에 대해서는 여러 설이 전해진다. 일부 학자들은 북이스라엘이 멸망한 BC 722년 이후 앗수르 제국의 강제 이주 정책으로 유대인들이 다메섹 일대에 정착했다고 본다. 다른 학자들은 바빌로니아 포로 시기에 바빌로니아와 수리아를 잇는 상업 경로를 따라 유대 상인 집단이 이동했다고 설명한다. 요세푸스는 '다메섹에는 많은 유대인이 살고 있었으며, 그들은 수리아 전역의 상업과 사회 구조 속에 깊이 스며들어 있었다'라고 기록한다(『유대 고대사』 2.9.2, 12.3.1).

페르시아 시대에 다메섹은 왕의 대로와 국제 무역망의 핵심 거점으로 성장했다. 유대인 상인들은 직물, 향신료, 금속, 유리 제품 등 다양한 품목의 교역에서 중요한 역할을 했으며, 메소포타미아와 이집트, 지중해 동부를 연결하는 중개자로 활동했다. 회당은 단순한 예배처를 넘어 상업

정보의 교환소이자 재정 거래의 중심지로 기능했을 가능성이 크다. 페르시아의 관용적 통치는 유대인에게 종교와 공동체 생활의 자유를 보장했고, 다메섹 유대인들은 장로회 형태의 자치 기구를 세워 독자적인 법률과 관습을 유지했다. 일부 아람어 문헌에 따르면 이들은 세금 징수와 관세 관리 같은 행정에도 관여했을 가능성이 있다.

알렉산더의 정복 이후, 다메섹은 셀레우코스 왕국의 중요한 군사·행정 중심지가 되었고, 헬레니즘이 도시 전반에 스며들었다. 일부 유대인들은 그리스어를 공용어로 사용하며 철학·수사학·행정법을 익히고 도시 행정에 참여하거나 왕실과 상업 계약을 맺었다. 다메섹의 유대 상공인들은 지중해 동부와 메소포타미아를 잇는 국제 무역에서 중개자 역할을 이어갔고, 금융과 환전업에도 관여했다는 기록이 전해진다. 그러나 전통주의 유대인들은 헬레니즘의 종교와 생활방식을 신앙의 위협으로 보았고, 토라 연구와 절기 준수를 강화하며 경계를 세웠다. 이런 내부 긴장은 후대 바리새파와 사두개파의 대립 구도와 유사한 긴장을 보여주었으며, 다메섹 회당 내부에서도 문화적·종교적 선을 긋는 움직임이 나타났다.

이 시기의 다메섹은 종교적으로 다층적이었다. 유대인 회당과 함께 그리스 신전, 각종 제의 시설, 로마 초기의 공공 제단이 나란히 존재했다. 일부 유대인은 정치적·경제적 이유로 그리스 축제나 공공 행사에 제한적으로 참여했지만, 경건한 다수는 여전히 율법과 절기를 지키며 신앙 정체성을 고수했다. 바로 이 상황 속에서 바울이 다메섹에 도착한다. 사도행전은 "즉시로 각 회당에서 예수가 하나님의 아들이심을 전파하니"(행 9:20)라고 기록한다. 바울은 구약성경의 메시아 예언을 해석하며 유대인과 논쟁했고, 동시에 그리스-로마 문화권의 이방인들에게도 복음을 전했다. 다만 그의 활동 시점에 대해서는 학문적 해석이 다양하다. 사도행전은 즉시 복음을 전했다고 기록하지만, 갈라디아서 1:17-18은 바울이 먼저 아라비아로 갔다가 다시 다메섹으로 돌아왔다고 전한다. 어느 경우든, 다메섹 회당은 헬레니즘화 된 유대인과 전통주의 유대인이 함께 모인 다문화적 공간이었고, 바울의 복음 선포가 곧바로 큰 논쟁과 갈등을 불러일으킨 것은 분명하다.

다메섹과 더불어 수리아 디아스포라 유대인을 보여주는 또 다른 사례가 유프라테스강 서안의 두라 유로포스(Dura Europos)이다. '두라'는 아람어로 '성벽' 혹은 '요새'를 뜻하며, '유로포스'는 셀레우코스 왕국 창건자 셀레우코스 1세 니카토르(재위 BC 305~281년)가 자신의 마케도니아(마게도냐) 고향을 기념해 붙인 이름이었다. 이 도시 이름에는 창건자의 출신과 헬레니즘적 뿌리가 담겨 있었다. 두라 유로포스는 BC 3세기 셀레우코스 왕국 시기부터 헬레니즘과 동방 문화가 만나는 개방된 도시로 성장했고, 이후 파르티아와 로마 제국의 국경 도시로서 군사와 상업의 핵심 거점이 되었다. 유프라테스를 따라 이어지는 무역로와 '왕의 길'(Royal Road)이 교차하는 지점에 자리 잡아 전략적 가치가 컸다. 왕의 길은 본래 페르시아 제국 다리우스 1세(재위 BC 522~486년)가 제국의 수도 수사(Susa)에서 서부 아나톨리아 사데(Sardis)까지 건설한 약 2,700km의 도로망으로, 역참제를 통해 기마 전령이 7일 만에 완주할 수 있었다. 이 길은 페르시아 제국 멸망 이후에도 헬레니즘과 로마 시대에 유지되며, 두라 유로포스를 국제 교역의 요충지로 만들었다.

고고학적 자료에 따르면 두라 유로포스의 유대인 공동체는 AD 3세기에도 뚜렷한 존재감을 보였다. 대표적인 사례가 AD 244년경 개축된 대형 회당으로, 내부 벽면 전체에 구약성경 장면을 묘사한 프레스코화가 남아 있다. 이는 언어와 문화적 다양성 속에서도 성경 이야기를 시각적으로 계승하려 한 유대인 공동체의 정체성을 보여준다. 같은 도시에서 발견된 AD 230년경의 가정교회는 초기 기독교가 소규모 모임을 통해 확산된 사실을 보여준다. 일반 가옥을 개조한 이 건물에는 세례터와 예배 공간이 마련되었고, 세례실 벽화에는 선한 목자와 물 위를 걷는 예수 등 복음서 장면이 담겨 있다. 비록 1세기 당시의 직접적 흔적은 발견되지 않았지만, 두라 유로포스에서도 유대인 회당을 기반으로 한 초기 복음 전파가 이루어졌을 가능성을 배제할 수 없다.

다메섹 유대인 공동체의 기원과 그들이 바울을 통해 예수 신앙을 접하게 된 사건은 수리아 디아스포라의 역사적 맥락 속에서 이해될 수 있다. 페르시아 시대의 무역과 회당, 헬레니즘의 문화적 긴장, 로마 시대의 다층적 종교 환경은 모두 복음이 선포될 수 있는 토양을 마련했다. 두라 유로포스에서 확인되는 회당 벽화와 가정교회 유적은 이러한 흐름이 단지 다메섹에 국한되지 않았음을 보여준다. 복음은 제국의 도로와 강을 따라 흐르며, 언어와 문화를 넘어 모든 민족을 향한 하나님의 통치로 확장되었다. 다메섹과 두라 유로포스는 그 증언의 공간이었다.

다메섹에서 아라비아로 간 바울

나바테아 왕국(Nabataean Kingdom)은 BC 4세기 무렵부터 AD 106년까지 약 500년간 존속한 아랍계 국가였다. 본래 아라비아 반도 북서부에서 유목하던 부족이었으나, BC 6~5세기 무렵 북상하여 에돔과 모압 지역을 거점으로 삼았다. 성경에 나바테아라는 이름이 직접 등장하지는 않지만, 창세기 25:13과 이사야 60:7에 나오는 느바욧(Nebaioth)이 전승적으로 나바테아와 연결되기도 한다. 느바욧은 아브라함과 하갈 사이에서 태어난 이스마엘의 장자로, 나바테아인을 이스마엘 후손으로 보는 전통은 이후 역사적 정체성을 설명하는 하나의 배경으로 자리 잡았다. 나바테아인들은 에돔과 교류하며 교역과 목축을 병행했고, 점차 광야 길목의 오아시스와 요새를 장악하면서 세력을 넓혀갔다.

BC 4세기 무렵, 그들은 아라비아-수리아-이스라엘을 잇는 교역로의 중심부에 왕국을 세웠다. 붉은 사암 절벽 속에 건설된 수도 페트라(Petra)는 그들의 부와 기술, 그리고 독창성을 보여주는 대표적 유산이었다. 왕국의 부와 영향력을 떠받친 핵심은 '왕의 대로'(King's Highway)였다. 아라비아 남단과 홍해에서 시작한 이 길은 엘랏(혹은 에시온게벨)을 거쳐 북상하며, 페트라-필라델포이아-보스트라를 지나 다메섹에 이르렀다. 단순한 도로가 아니라 아라비아와 인도, 지중해를 연결하는 향신료 무역로의 대동맥이었다. BC 2세기 이후 나바테아는 독자 왕권을 확립하고 헬레니즘 문화를 부분적으로 수용했으나, 아라비아 전통과 정치적 독립성을 지켜냈다. 특히 BC 1세기 이후로는 수리아와 요단 동편 산지 일대를 포함해 북쪽 다메섹까지 영향력을 넓혔다.

비록 다메섹은 로마 제국의 수리아 속주에 속했지만, AD 37~39년 무렵에는 나바테아 왕 아레타스 4세 곧 아레다 왕이 헤롯 안티파스와의 전쟁에서 승리한 뒤 일정한 정치적 영향력을 행사했다. 고린도후서 11:32에 언급된 "다메섹에서 아레다 왕의 고관"은 이 상황을 반영하는 것으로 이해된다. 다만 다메섹 전체가 나바테아의 공식 영토였다는 증거는 없으며, 로마 속주 체계 안에서 아레타스 4세가 제한적 권한이나 간섭을 가졌을 가능성이 크다. 이러한 정치적 맥락 속에서 갈라디아서 1:17의 "아라비아로 갔다"라는 표현은 단순히 시나이 반도나 남부 광야를 뜻하는 것이 아니라, 나바테아 왕국의 영역을 가리킨 것으로 이해된다. 1세기 세계에서 아라비아라는 명칭은 흔히 나바테아 왕국 전체를 가리키는 포괄적 용어로 사용되었다. 그러나 나바테아의 독립은 오래 지속되지 못했다. 아레타스 4세 이후 왕국은 점차 쇠퇴했고, 라벨 2세(재위 AD 70~106년) 때 로마 황제 트라야누스(재위 AD 98~117년)에 의해 아라비아 속주(Provincia Arabia Petraea)로 완전히 병합되었다.

성경 이야기에서 광야는 언제나 하나님의 부르심과 준비의 자리였다. 모세와 엘리야, 그리고 예수가 광야에서 사명을 다듬었던 것처럼, 바울 역시 회심 직후 아라비아 곧 나바테아의 광야에서 중요한 시간을 보냈다. 로마와 유대의 직접 통치가 미치지 않는 경계 지대에서 그는 복음의 보편성을 묵상하며, 유대인과 이방인을 향한 사명을 새롭게 정립했을 가능성이 크다. 바울의 아라비아 체류는 단순한 은신이 아니라, 복음 사역의 방향을 결정짓는 전환점이었다. AD 30년대 초, 바울이 아라비아라고 부른 나바테아 땅은 로마의 행정력이 완전히 뻗치지 않은 지역이었다. 이곳은 제국의 법과 질서가 느슨하게 작동하는 정치적 경계였고, 동시에 새로운 가능성이 열리는 광야였다. 바울은 바로 그 경계에서 복음의 길을 시험하며, 유대인과 이방인을 잇는 선교의 좌표를 조용히 그러나 단호하게 열어갔다. 그의 아라비아 체류는 단순한 도피가 아니라, 복음의 지평을 넓히는 출발점이자 훗날 사역을 결정짓는 준비기였다.

박해자를 넘어 박해받는 자, 바울

사도행전 9장은 다메섹 길 위에서 벌어진 극적인 전환을 전한다. 빛이 사울을 둘러 비추었고, "사울아 사울아 네가 어찌하여 나를 박해하느냐"(행 9:4)라는 부르심이 울려 퍼졌다. 이어 "나는 네가 박해하는 예수라"(행 9:5)라는 선언이 떨어지자, 그는 땅에 엎드려 아무것도 할 수 없었다. 한순간, 교회를 향한 열성적 박해자는 부활하신 주님 앞에 무너졌다.

그는 디아스포라 출신으로 예루살렘에서 바리새파 교육을 받으며 율법의 열심을 누구보다 앞세운 인물이었다. "나는 팔일 만에 할례를 받고 이스라엘 족속이요 베냐민 지파요 히브리인 중의 히브리인이요 율법으로는 바리새인이요 열심으로는 교회를 박해하고 율법의 의로는 흠이 없는 자라"(빌 3:5-6). 이 고백에서 보듯, 그는 율법 안에서만 구원이 있다고 확신했고, 그 확신은 예수의 이름을 따르는 무리를 저지하려는 행동으로 이어졌다. 다메섹은 그 표적이었다. 디아스포라 유대인과 이방인들이 어울려 모이는 회당에서 복음이 퍼져 나간다는 소식은 그를 분노하게 했다. 그래서 그는 초대 교회의 가장 적극적인 박해자 가운데 한 사람으로 다메섹으로 향했다.

그러나 초대 교회를 향한 첫 박해의 주체는 로마 제국이 아니라, 대제사장을 중심으로 한 산헤드린과 성전 귀족층이었다. 예수를 메시아로 고백하는 이들이 늘어나자 전통 유대교의 종교적·사회적 권위가 흔들렸고, 지도층은 그들을 위협 세력으로 간주했다. 요세푸스는 대제사장단과 성전 귀족층이 율법과 성전 질서를 위협한다고 판단된 집단을 산헤드린 앞에 세워 재판했다고 전한다(『유대 고대사』 20.9.1). 실제로 예수의 형제 야고보가 돌에 맞아 죽은 사건도 있었다. 이런 종교 재판과 처형은 초대 교회에 실질적인 공포를 주었다.

바울도 스데반 집사가 돌에 맞아 죽는 장면에 직접 동의하며 박해의 현장에 서 있었다(행 7:58-59). 사실 예수 운동은 처음부터 박해의 위험을 안고 있었다. “바리새인들이 나가서 곧 헤롯당과 함께 어떻게 예수를 죽일까 의논하니라”(막 3:6). 예수는 갈릴리에서 하나님 나라를 선포하시며 그 나라의 주인공을 “의를 위하여 박해를 받은 자”(마 5:10)라고 선언하셨다. 그리스어 동사 디오코(διώκω, 박해하다)는 이러한 맥락에서 반복되며, 마태복음 23:34는 예언자와 지혜자들이 회당에서 채찍질 당하고 도시마다 쫓겨날 것을 경고한다. 요한복음 5장은 안식일에 병자를 고친 예수를 박해한 유대 지도층의 모습을 전한다.

그러나 다메섹으로 향하는 길 위에서 부활하신 예수를 만난 순간, 바울은 박해자에서 박해받는 자로 전환되었다. 그 이유는 분명했다. 그가 전한 메시지, 즉 하나님의 백성이 율법 준수 여부로 구분되는 것이 아니라 예수 그리스도의 신실하심 안에서 하나님의 약속이 완성되었고, 그분을 믿는 모든 이가 언약 안에 받아들여진다는 선포였다. 과거 자신이 반대한 바로 그 복음을 이제 증언하게 되자, 유대 지도층은 그의 급격한 변화를 배신으로 간주했다. 그리하여 바울은 새로운 표적이 되었고, 박해자였던 그는 이제 박해받는 사도로 서게 되었다.

다메섹의 길은 바울 개인의 극적인 회심담으로만 읽히지 않는다. 그 길은 인간이 자신이 옳다고 믿어온 확신과 마주 서는 자리였다. 바울에게 다메섹은 단지 방향이 바뀐 길이 아니라, 자신이 걸어온 모든 길이 무너지는 지점이었다. 율법을 향한 열심, 정통에 대한 자부심, 그리고 신앙의 확신까지-그 모든 것이 한순간에 뒤집혔다. 그는 쓰러진 자리에서 처음으로 자신이 몰랐던 하나님을 만났다. 그 만남은 폭력이 아니라 침묵이었다. 강한 자가 무너지고, 보았던 자가 보지 못하게 되었을 때, 비로소 그는 진짜 '보는' 사람이 되었다. 다메섹의 빛은 눈을 멀게 했지만, 그 어둠 속에서 그는 처음으로 진실을 보았다. 인간의 열심이 아니라 하나님의 은혜가 역사를 움직인다는 사실, 신앙은 소유가 아니라 부름이라는 사실이었다.

다메섹의 길은 그래서 오늘의 우리에게도 남아 있는 질문이다. 우리는 무엇을 위해 열심히 달려가고 있는가? 믿음이라 부르는 확신 속에, 혹시 자기 자신을 숭배하고 있는 것은 아닌가? 다메섹은 그런 질문 앞에서 멈춰 서게 하는 자리다. 바울이 그 길 위에서 예수를 '대적해야 할 이름'이 아니라 '주님'으로 부르게 되었듯, 우리 역시 신앙의 방향이 바뀌는 순간을 지나야 한다. 그 길 위에서 하나님은 여전히 사람을 바꾸신다. 박해자를 사도로, 대적을 증언자로, 과거를 새로운 부르심의 시작으로 만드신다. 다메섹은 끝이 아니라 출발이다. 신념이 무너지고 은혜가 시작되는 자리, 그곳에서 인간의 길은 하나님의 길로 바뀐다. 바울이 걸었던 그 길은 결국 우리 모두가 언젠가 서야 할 길이다.

역사와 지리로 만나는

바울이야기

02

다소

철학과 신앙이 만난 사유의 도시

AD ROMANOS
SERVVS JESV

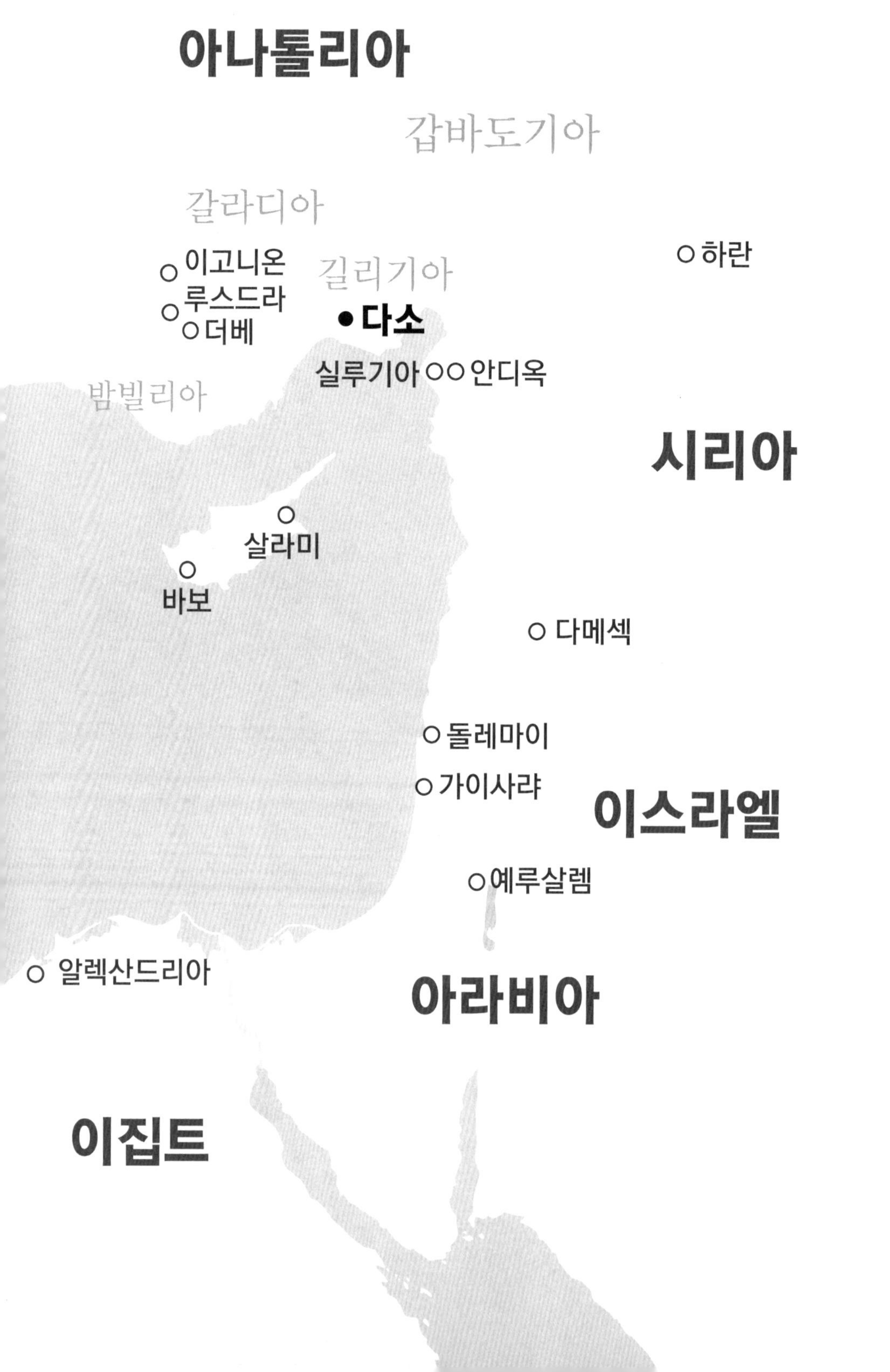

아나톨리아
갑바도기아
갈라디아
하란
이고니온
길리기아
루스드라
다소
더베
실루기아
안디옥
밤빌리아
시리아
살라미
바보
다메섹
돌레마이
가이사랴
이스라엘
예루살렘
알렉산드리아
아라비아
이집트

다소
철학과 신앙이 만난 사유의 도시

바울의 여정은 다메섹에서의 회심과 소명 사건으로 새롭게 열렸지만, 그 길은 곧장 선교 무대와 연결되지 않았다. 그는 아라비아의 3년과 다소의 10년, 겉으로는 드러나지 않는 긴 시간을 거치며 하나님께서 다듬어 가시는 준비의 과정을 밟았다. 그 숨은 세월의 무대가 바로 다소(Tarsus)였다. 회심의 빛이 내면의 사유로 깊어지는 동안, 그는 하나님께서 복음을 세상의 언어로 말하게 하실 그날을 기다렸다. 이 시기는 단순한 공백이 아니라, 바울의 신학과 사역이 형성된 결정적인 시간이었다.

바울은 AD 1세기 로마 제국 길리기아 속주(Provincia Cilicia)의 중심 도시 다소에서 태어났다(행 22:3). 다소는 당시 학문과 철학이 번성한 도시로, 아나톨리아 반도에서 스토아 철학의 중요한 거점 가운데 하나였다. 상업과 무역이 활발했고, 제국의 도로망이 교차하는 이곳은 동서 문화가 만나는 지점으로, 헬레니즘 세계의 사상과 생활방식이 자연스럽게 스며 있는 곳이었다. 바울은 이러한 헬레니즘적 환경 속에서 성장했지만, 동시에 유대교의 엄격한 율법 교육을 받으며 바리새인으로서의 정체성을 형성했다. 그는 예루살렘에 올라가 저명한 율법 교사 가말리엘

문하에서 율법을 배우며 성장했고(행 22:3), 당시 산헤드린과 관련된 일에 관여할 만큼 열심 있는 젊은 지도자로 활동했을 가능성이 크다. 그러나 다메섹으로 향하던 길에서 부활하신 예수를 만난 사건은 그의 인생을 근본적으로 바꾸어 놓았다. '박해자'에서 '전도자'로의 극적인 전환이 일어난 것이다.

회심과 소명 사건 이후 바울은 곧바로 예루살렘으로 가지 않고 아라비아로 향해 3년 동안 머물렀다. 그는 이렇게 회고한다. "아라비아로 갔다가 다시 다메섹으로 돌아갔노라 그 후 삼 년 만에 내가 게바를 방문하려고 예루살렘에 올라가서 그와 함께 십오 일을 머무는 동안"(갈 1:17-18). 그러나 사도행전은 이 시기의 구체적 상황을 전하지 않는다. 학자들은 이 기간을 단순한 도피가 아니라, 회심 이후 새롭게 열린 복음의 빛 아래에서 성경을 다시 읽고, 그 의미를 깊이 묵상하는 신학적 사색의 시간으로 본다. 바리새인으로서 율법에 정통했던 그는 이제 예수 그리스도가 이스라엘의 메시아이자 열방의 구원자임을 깨닫게 되었고, 아라비아에서 그 사명을 내면화하며 새로운 신학적 통찰을 형성해 갔다. 이 시기는 단순한 고립이 아니라, 훗날 이방 선교의 신학적 토대를 세우는 전환점이었다.

이후 다메섹으로 돌아온 바울은 예루살렘을 방문했지만, 제자들뿐 아니라 유대인들에게도 환영받지 못했다. 특히 그리스파 유대인들 곧 그리스어를 사용하는 유대인들이 그를 죽이려 했고(행 9:26-30), 예루살렘 교회는 바울을 가이사랴로 내려보낸 뒤 고향 다소로 돌려보냈다. 바울은 이곳에서 약 10년 동안 머물렀던 것으로 추정된다(대략 AD 36~46년경). 성경은 이 시기의 구체적 행적을 거의 기록하지 않지만, 그 시간이 결코 공백의 시기는 아니었다. 다소는 헬레니즘 문화와 다양한 종교가 공존하는 도시였기에, 바울은 이방 사회와의 접점을 넓히며 복음을 그들의 세계관 속에서 어떻게 전할지를 깊이 고민했을 것이다. 또한 천막 제작(행 18:3)이라는 생업을 이어가며 일상의 자리에서 인내와 자립을 배우는 훈련을 계속했을 가능성이 크다. 아라비아의 3년이 신학적 사유의 시간이었다면, 다소의 10년은 복음이 현실 속으로 스며드는 내적 훈련의 시기였다.

이 시기의 의미는 훗날 바나바가 바울을 찾아와 안디옥 교회 사역에 동참시킨 사건에서 분명히 드러난다(행 11:25-26). 다소의 시간은 단순한 침묵이 아니라, 하나님이 그의 신학과 사역을 빚으신 '숨은 시간'이었다. 아라비아에서 바울은 구약의 빛 아래 메시아를 새롭게 해석하며 이방 선교의 신학적 토대를 세웠고, 다소에서는 도시의 현실 속에서 복음이 어떻게 살아 움직일지를 구체적으로 익혀갔다. 그의 선교전략은 어느 날의 결단으로 탄생한 것이 아니라, 이러한 긴 형성과 준비의 과정을 통해 다듬어진 결과였다.

히타이트의 기억과 알렉산더의 발자취, 다소

다소는 타우루스 산맥(Taurus Mountains)을 등지고 지중해와 맞닿은 전략적 요충지였다. 바울 시대에 이 도시는 로마 제국에 속한 길리기아 속주의 중심지로서, 타우루스 산맥을 넘어 아나톨리아 내륙으로 통하는 관문 역할을 했다. 특히 길리기아 관문(Cilician Gates)이라 불린 협곡은 동서 교역로의 핵심 연결 지점이었고, 도심을 가로지르는 키드누스 강은 풍부한 수량으로 농업과 교통을 가능케 하며 도시의 번영을 뒷받침했다. 이러한 지리적 조건은 다소를 지중해와 내륙을 잇는 교역 중심지로 성장시키는 토대가 되었다.

다소라는 이름은 아나톨리아 지역 고대 언어에서 비롯된 것으로 보인다. 학자들 가운데는 히타이트 사람들이 섬겼던 폭풍의 신 '타르훈즈'(Tarhunz, 혹은 Tarhunzas)에서 도시 이름이 나왔을 가능성을 말하는 이들도 있다. 실제로 고대 기록에는 '타루'(Taru), '타르훈트'(Tarhunt)와 같은 비슷한 이름들이 전해진다. 이런 점은 다소가 단순히 경제 활동의 중심지가 아니라, 종교와 정치가 함께 자리한 특별한 도시였음을 보여준다. 앗수르 문헌에는 '타르지'(Tarzi) 또는 '타르주'(Tarzu)라는 이름이 등장하는데, 이것을 다소로 보기도 하지만 다른 지역일 수 있다는 의견도 있다. 또 바빌로니아 문헌 가운데 일부는 다소를 구리와 철을 다루는 중요한 곳으로 언급한다고 해석되며, 이는 히타이트가 남긴 철기 문화의 영향이 오래 이어졌음을 시사한다.

그러나 BC 12세기 무렵 히타이트 제국은 '바다 사람들'(the Sea Peoples)의 침입으로 급격히 무너졌다. 에게해와 서부 아나톨리아, 북아프리카와 중앙 지중해까지 활동한 이들은 함선과 무장을 갖추고 동지중해 연안 도시들을 공격했으며, 메르넵타와 람세스 3세의 비문에 그 흔적이 남아 있다. 교역망이 붕괴하면서 아나톨리아 남부의 도시들은 정치적 혼란에 빠졌고, 다소 역시 이 격변의 소용돌이에 휘말렸다. 이후 페니키아인들이 정착하여 시돈, 두로, 비블로스 같은 항구도시들과 교역하며 다소를 지중해 무역 네트워크의 중요한 거점으로 만들었다. 이때부터 다소라는 이름이 본격적으로 굳어졌으며, 도시의 정체성은 히타이트의 기억 위에 새로운 해상 교역 문화가 덧입혀지며 형성되었다.

이후 다소는 앗수르 제국, 바빌로니아 제국, 그리고 페르시아 제국의 지배를 차례로 거쳤다. 앗수르 시대에 이 도시는 제국의 서방 방어선과 교역로를 연결하는 군사·경제적 거점으로 기능했을 가능성이 크다. 사르곤 2세(재위 BC 722~705년)와 산헤립(재위 BC 705~681년)의 길리기아 원정 기록에 비추어 볼 때, 다소가 병참 거점으로 활용되었을 가능성이 제기된다. 앗수르의 비문과 경제 문서에는 길리기아 지역이 금속과 목재, 곡물의 공급지로 언급되며, 그 안에 다소도 포함되었을 것으로 추정된다. 바빌로니아 아래에서도 다소는 지중해 연안과 메소포타미아 내륙을 잇는 중계 무역의 요충지로 주목받았다. 일부 바빌로니아 문헌은 다소가 구리와 철을 비롯한 금속 가공과 관련된 중심지였음을 시사하는 것으로 해석되며, 이는 히타이트 이래 이어진 산업적 전통이 이 지역에서 오랫동안 기억되었음을 보여준다. 아케메네스 왕조의 페르시아가 부상하자 다소는 길리기아 속주의 중요한 거점 가운데 하나로 편입되었다. 이 도시는 페르시아의 내륙 교통망과 지중해 항로가 만나는 지점에 자리하여 동서 제국을 연결하는 역할을 했다. 헤로도토스에 따르면 크세르크세스 1세(재위 BC 486~465년)는 그리스 원정을 준비하는 과정에서 다소에 머물렀으며, 그의 대군은 길리기아 관문을 넘어 서쪽으로 이동했다(『Histories』 7.91-98).

제국의 흥망과 교체 속에서도 다소는 단순한 변방 도시가 아니라, 동서 교역과 제국 간 전쟁이 교차하는 전략적 요충지로 남았다. 이처럼 히타이트의 기억 위에 앗수르와 바빌로니아, 페르시아의 흔적이 겹겹이 쌓이면서, 다소는 이미 알렉산더의 시대 이전부터 고대 세계사의 흐름을 증언하는 도시로 자리매김하고 있었다. 알렉산더는 이 도시의 역사에 뚜렷한 발자취를 남겼다. BC 333년 이수스 전투를 앞두고 다소에 머물던 그는 키드누스 강의 차가운 물에 몸을 담갔다가 급성 질병에 걸려 목숨을 잃을 뻔했다. 그러나 군의관 필리포스의 치료로 회복하여 다시 원정에 나설 수 있었다는 일화는 잘 알려져 있다. 이 사건은 다소가 단순히 지나가는 도시가 아니라, 제국의 운명이 걸린 중요한 무대였음을 상징한다. 알렉산더의 체류는 다소가 헬레니즘 시대의 변화를 맞이하는 기점이 되었고, 도시의 이름은 다시 한번 세계사적 장면 속에 새겨졌다.

유대 전승에서도 다소는 의미 있는 도시로 언급된다. 『미드라쉬』는 창세기 10:4의 '달시스'를 다소로 동일시하는 전승을 전하며(Bereshit Rabbah 37:1), 탈무드에도 다소가 지역 이름으로 등장한다(『바빌로니아 탈무드』 Megillah 6a; 『예루살렘 탈무드』 Megillah 1:12). 후대 전승에서는 이를 지혜와 학문이 있는 도시로 해석하였다. 이는 후대 전승의 반영이지만, 바빌로니아 포로기 이후 유대인들이 다소에 자리 잡았다는 사실을 뒷받침한다. 역사가 요세푸스는 요나가 도망가려 한 '다시스'를 다소와 동일시했는데(『유대 고대사』 9.10.2), 이는 그의 시대적 해석으로 이해하는 것이 적절하다.

결국 다소는 히타이트 제국의 기억 위에 세워져, 앗수르와 바빌로니아, 페르시아를 거치는 제국들의 흥망 속에서도 끊임없이 생존해 온 도시였다. 알렉산더의 방문은 이 오래된 도시에 새로운 전환점을 새겼고, 다소는 헬레니즘 세계 속에서 동서 문명을 잇는 중요한 무대로 부상했다. 이후 셀레우코스 왕국과 로마 제국의 지배 아래에서도 이 도시는 철학과 학문, 상업과 정치가 활발히 교차하는 중심지로 자리 잡았다. 바울이 태어난 1세기 무렵의 다소는 이미 오랜 제국들의 기억을 간직한 동시에, 헬레니즘과 로마 질서가 교차하는 국제도시로 성장해 있었다. 바울이 이곳에서 태어나고 성장했다는 사실은, 그의 복음이 처음부터 제국과 문명의 경계 위에서 형성되었음을 보여주는 상징적인 배경이 된다.

헬레니즘과 로마가 만난 자리, 다소

다소는 바울이 태어난 도시로, 로마 제국 시대 아나톨리아 반도 동남부 길리기아 속주의 중심지였다. 그러나 이 도시의 번영은 이미 헬레니즘 시대부터 시작되었다. 알렉산더 사후, 다소는 셀레우코스 왕국의 지배하에 편입되면서 도시 재편이 본격적으로 이루어졌다. 왕국은 이곳을 군사적·행정적 요충지로 삼았고, 아고라·극장·김나지움 같은 그리스식 공공 건축물을 도입하여 도시를 헬레니즘 양식으로 정비했다. 이 시기 다소는 동서 교역의 중개 거점으로 성장했으며, 헬레니즘 문화와 토착 전통이 융합된 대표적 도시로 자리 잡았다. 이러한 유산은 이후 로마 시대에 다소가 학문과 정치의 중심지로 발전하는 데 중요한 토대가 되었다.

로마 공화정이 동방으로 세력을 확장하던 BC 1세기, 지중해와 맞닿은 길리기아 연안은 해적들의 주요 근거지였다. 이 지역은 로마가 다스리던 길리기아 속주에 속했으며, 속주의 해안 지대는 지중해 세계에서 가장 악명 높은 해적 활동의 중심으로 알려졌다. 그들은 노예무역과 해상 약탈을 통해 막대한 부를 축적하며 항구도시들의 안전과 교역을 위협했다. 다소 자체가 해적 도시였던 것은 아니지만, 그 외항 도시인 안키알레(Anchiale)와 솔리(Soli) 같은 항구도 해적의 공격에 취약해 큰 피해를 입었다. 반복된 약탈과 인구 유출은 도시의 안정을 크게 흔들었다. 로마는 이 지역의 전략적 가치를 간파하고 동지중해의 해상 질서를 회복하기 위해 해적 소탕 작전을 단행했다. BC 67년부터 시작된 작전은 BC 64년에 이르러 폼페이우스가 해상과 육상에서 동시 공세를 벌이며 마침내 해적 세력을 굴복시킴으로써 마무리되었다. 이 승리는 단순한 치안 회복을 넘어, 로마의 동방 팽창과 무역로 확보를 위한 결정적 계기가 되었다. 해적이 축출되자 페니키아 무역 집단과 동방 상인들이 다시 유입되었고, 다소는 곧 지중해와 메소포타미아를 잇는 교역의 관문이자 상업 중심지로 부상했다. 안키알레와 솔리 같은 외항 도시들도 다소의 상업망 속에서 재건과 성장을 경험하며 내륙과 해안을 잇는 출구로 기능했다.

경제적으로 다소는 로마 시대에 섬유 산업으로 명성을 떨쳤다. 특히 이곳에서 생산된 실리키움(cilicium) 직물은 거친 염소털로 짠 천막과 방수포, 작업복의 원료로 널리 사용되었다. 군사용과 민간용 모두에 쓰였으며, 로마 사회 전반에 공급된 실용적 직물이었기에 도시의 경제적 위상을 강화했다. 타우루스 산맥에서 발원해 지중해로 흐르는 키드누스 강 덕분에, 해안에서 약 20km 떨어진 입지임에도 내륙과 해안을 연결하는 요충지로서 무역과 제조업이 함께 번성할 수 있었다. 경제적 번영은 학문과 철학의 성장으로 이어졌다. 다소는 헬레니즘 시대부터 학술 활동의 중심지로 알려졌으며, 로마 초대 황제 아우구스투스의 스승이었던 스토아 철학자 아테노도루스가 설립한 철학 아카데미는 도시의 지적 명성을 대표하는 상징이었다. 이로써 다소는 단순한 상업 도시를 넘어 로마 제국 안에서 철학과 학문이 집약된 도시로 자리매김했다.

정치적으로도 다소는 중요한 무대였다. 길리기아 속주의 행정 수도였던 이 도시는 로마의 동방 통치에서 핵심적 위치를 차지했다. 특히 BC 41년에는 이집트의 클레오파트라와 로마 장군 마르쿠스 안토니우스가 이곳에서 회동해 정치·군사 동맹을 맺었다. 전승에 따르면 클레오파트라는 화려한 함대를 이끌고 키드누스 강을 거슬러 입항했으며, 안토니우스는 그녀를 맞이하기 위해 도시 입구까지 나아갔다고 한다. 이 만남은 로마 공화정 말기의 권력 재편에 중대한 영향을 끼쳤고, 오늘날 '클레오파트라 문'이라 불리는 유적은 이 사건을 기념한다고 전해지지만,

실제로 당시와 직접 연결되는지는 학자들 사이에서 논쟁이 있다.

오늘날 다소는 오랜 역사를 간직한 고고학적 현장으로 남아 있다. 그 중 가장 상징적인 장소 중 하나가 바울의 집터로 전해지는 유적이다. 시내 중심에는 바울의 우물(St. Paul's Well)이라 불리는 깊은 석조 우물이 남아 있는데, 전승에 따르면 바울의 가족이 사용하던 집 안 시설이었다고 한다. 현재는 소규모 보존 구역으로 정비되어 있으며, 후대 전승에서 바울의 생가터로 여겨지는 석벽과 함께 공개되고 있다. 확증된 고고학적 증거는 아니지만, 이 유적은 로마 시대 도시 주거형태와 생활 문화를 보여주는 중요한 흔적이다. 다소는 로마의 도시화 정책에 따라 체계적인 도로망, 수로, 아고라와 같은 공공 공간이 정비되었고, 중산층 이상의 주택에는 개인 우물이나 정원이 포함되었다. 바울의 집터에 남은 우물은 당시 시민들이 공공 급수시설 외에도 독립적인 수자원 체계를 운영했음을 보여준다.

이 석조 구조물과 평면 배치는 헬레니즘과 로마 양식이 혼합된 도시 주거형태를 드러내며, 다소가 변방 도시가 아니라 제국의 생활양식이 구현된 중심지였음을 입증한다. 바울의 우물과 주거지 유적은 도시의 상업과 철학적 유산뿐 아니라, 로마 시대의 생활 기반과 구조적 특징을 보여주는 상징적 장소로 남아 있다. 이는 바울이 태어난 도시의 정체성을 보여주는 동시에, 오늘날에도 전 세계 순례자와 연구자들에게 깊은 인상을 남기는 살아 있는 기억의 현장이라 할 수 있다.

이처럼 다소는 헬레니즘과 로마 세계가 교차하는 도시였고, 철학과 상업, 정치와 종교가 얽혀 있는 제국의 축소판과도 같았다. 바울은 바로 이곳에서 태어나 성장하며 헬레니즘 문화와 유대적 전통을 동시에 체득했고, 그것은 훗날 그의 복음 사역의 독특한 배경이 되었다. 그는 제국의 언어와 사상을 이해할 수 있었고, 동시에 율법에 뿌리내린 유대인으로서 복음을 선포할 수 있었다. 다소는 바울을 빚어낸 도시였으며, 그의 사역이 지중해 세계 속에서 보편적 복음으로 뻗어갈 수 있었던 토대였다.

로마 시민권을 지닌 유대인, 사울

바울은 본래 유대 이름으로 사울이라 불렸으며, 길리기아 속주의 중심도시 다소에서 태어나 성장했다. 그의 출생 연대는 확정할 수 없지만, 일반적으로 AD 5~10년경으로 추정된다. 다소는 타우루스 산맥의 험준한 길리기아 관문을 지나 지중해와 아나톨리아 내륙을 잇는 교통의 요지였다. 이 길을 따라 로마의 군대와 상인, 사상과 문화가 오갔고, 도시는 자연스럽게 헬레니즘과 로마 문명이 융합된 국제도시로 발전했다. 이러한 환경 속에서 자란 바울은 유대 신앙의 뿌리를 지닌 동시에, 제국의 질서 안에 속한 시민으로 성장했다. 그의 내면에는 유대와 헬레니즘, 신앙과 철학, 회당과 도시가 교차하는 두 세계가 공존했으며, 그 긴장과 융합이 훗날 복음의 언어와 신학의 토대가 되었다.

사도행전은 바울이 태어날 때부터 로마 시민권을 지니고 있었다고 전한다(행 22:28). 로마 시민권(civitas Romana)은 단순한 명예가 아니라, 고문 금지와 공정한 재판, 황제에 대한 상소권을 포함한 강력한 법적 지위를 보장했다. 당시 제국 전체 인구 가운데 시민권자는 10%도 되지 않았으며, 속주민 특히 유대인에게 시민권이 부여되는 일은 극히 드물었다. 그러므로 바울이 시민권자였다는 사실은 그 자체로 특권적 신분이자, 제국의 도로와 항구를 따라 복음이 이동할 수 있었던 실질적 기반이었다. 로마 시민권은 제국 안에서 보호와 이동의 자유를 보장하는 일종의 '정치적 여권'과 같았고, 바울은 그 권리를 복음의 통로로 삼았다.

그가 시민권을 얻게 된 경위는 명확하지 않다. 일반적으로 시민권은 군 복무, 국가 공헌, 노예 해방, 금전 지불 등을 통해 부여되었다. 다소는 BC 64년 폼페이우스의 개편으로 로마의 길리기아 속주에 편입되었는데, 이때 일부 유력 가문이 시민권을 받은 것으로 알려져 있다. 바울의 조상 역시 로마군과의 관계나 천막 제조업을 통한 공헌으로 시민권을 얻었을 가능성이 크며, 시민권이 세습되었다면 그는 그 혜택을 이어받은 2세 대 시민이었을 것이다. 그러나 유대인이 시민권을 가졌다고 해서 언제나 모든 권리를 온전히 행사할 수 있었던 것은 아니다. 그들은 로마법 아래 시민으로 살아가면서도, 율법과 회당의 질서에 속한 신앙 공동체의 일원이었다. 바울에게 이 두 정체성은 충돌이 아니라, 복음을 세상 속에서 실현하기 위한 두 축이었다.

바울은 시민권을 단순히 신분의 보장으로 여기지 않았다. 그는 복음의 길이 막힐 때마다 시민권을 전략적으로 사용했다. 빌립보에서 불법적으로 매를 맞았을 때(행 16:37), 예루살렘에서 사형 위협을 받았을 때(행 22:25), 가이사랴에서 황제에게 상소했을 때(행 25:11), 바울은 제국의 법이 허용한 절차를 따라 자신을 변호했고, 그 과정에서 복음이 로마로 향할 수 있는 길을 열었다. 시민권은 그의 방패이자 복음의 문이었다. 그러나 동시에, 그 시민권은 그를 제국의 권력과 맞닥뜨리게 했다. 그는 로마의 법에 기대어 복음을 전했지만, 그 법의 한계 속에서 그리스도의 자유를 증언했다. 나중에 그는 “우리의 시민권은 하늘에 있는지라”(빌 3:20)라고 고백하며, 로마 시민으로서의 정체성을 복음의 신학으로 전환시켰다.

디아스포라 유대인들은 대개 유대 이름과 로마 이름을 함께 사용했다. 바울 역시 유대 이름 ‘사울’과 로마 이름 ‘바울’을 병행했다. 흔히 회심 이후 개명했다고 알려져 있지만, 사도행전은 구브로 섬 바보에서 "바울이라고 하는 사울"(행 13:9)이라 언급하며, 이후 바울이 주로 사용된다고 전한다. 이는 개명이 아니라, 이방 선교에 더 적합한 이름을 전략적으로 택한 것이다. 로마 사회에서 활동하기 위해 로마식 이름을 사용하는 것은 매우 일반적이었으며, 복음이 제국의 언어로 전해지기 위해서는 필연적인 선택이었다.

후대의 교부들은 바울의 가문과 출신에 대해 다양한 전승을 남겼다. 예를 들어, 제롬(AD 347~420년)은 바울의 아버지가 마르쿠스 안토니우스(BC 83~30년)를 섬기며 헤롯의 정치적 부상에 기여했다고 기록하고, 어떤 전승은 그의 가족이 갈릴리 기샬라에서 전쟁을 피해 다소로 이주했다고 전한다. 그러나 이러한 기록들은 역사적 사실이라기보다 바울의 유대적 뿌리와 신앙적 배경을 강조하려는 신학적 해석으로 보는 것이 타당하다.

결국 바울은 다소라는 도시적 환경, 로마 시민권이라는 법적 지위, 유대 신앙이라는 영적 전통을 함께 지니고 성장했다. 그는 제국의 도로를 따라 움직이되 제국의 논리를 따르지 않았고, 로마법의 보호 아래서 복음을 전했지만 그 법을 넘어선 자유를 증언했다. 그의 시민권은 제국의 질서 속에서 복음을 세상의 중심으로 이끌기 위한 하나님의 섭리였다.

다소와 예루살렘이 길러낸 바울

바울의 어린 시절과 성장 배경을 살펴보면, 그는 단순히 시골 마을의 출신이 아니라 로마 제국 속에서 발달한 도시 문화와 교육 환경을 경험한 인물이었음을 알 수 있다. 교부 제롬은 바울의 부모가 갈릴리 출신이었다고 전하면서, 그의 가족이 다소로 이주했다고 기록했다. 그러나 이는 후대 교회의 전승에 가까운 설명으로, 역사적 사실로 단정하기는 어렵다. 분명한 것은 바울이 유년기와 청소년기를 길리기아의 수도 다소에서 보냈다는 점이며, 이 도시는 다민족과 다문화가 교차하는 제국의 도시였다. 다소는 헬레니즘과 로마 문화가 융합된 교역 중심지였고, 바울은 그 속에서 다양한 민족과 언어, 생활방식을 접하며 자랐다. 그는 어린 시절부터 제국 사회의 개방성과 유연성을 체득했을 가능성이 크다.

다소는 고대 세계에서 아테네와 알렉산드리아에 견줄 만큼 학문과 교육의 중심지로 알려졌다. 그러한 전통은 도시 곳곳의 공공도서관, 아고라의 토론장, 김나지움, 수사학 학교로 이어졌고, 로마 시대에도 그 열기는 식지 않았다. 시민 사회의 상류층 자녀들은 그리스어(헬라어) 문법과 고전 문학, 철학·수사학·정치학을 배우며 인문적 소양을 쌓았다. 고대 지리학자 스트라보는 '다소는 철학과 학문에 대한 열정으로 아테네나 알렉산드리아를 능가했다'라고 기록했다(『Geographica』 14.5.13). 다소는 특히 스토아 철학의 중심지로 유명했으며, 로마 황제 아우구스투스의 스승 아테노도루스가 이곳 출신이었다. 아고라와 강당에서는 스토아 철학자들이 활발히 토론했고, 그들이 강조한 이성·자연·덕의 사상은 바울의 언어와 사유 속에서도 희미한 흔적으로 남아 있었다. 바울이 직접 수사학 교육을 받았다는 명확한 증거는 없지만, 그는 이러한 지적 분위기 속에서 논리적 사고와 표현 능력을 자연스럽게 익혀갔다. 일부 학자들은 로마 시민권자였던 바울이 다소에서 일정 수준의 헬레니즘 교육을 접했을 가능성을 제시하며, 그가 예루살렘으로 유학하기 전 이미 그리스어와 철학적 소양을 갖추었을 것이라 본다.

로마 제국의 도시 사회는 위계가 뚜렷했지만 상호작용이 활발했다. 귀족과 기사 계급에서부터 상인, 장인, 자유민, 노예에 이르기까지 다양한 계층이 시장과 광장에서 어울렸고, 무역과 면직 산업으로 번성한 다소는 다문화·다계층의 도시였다. 바울은 이 복잡한 사회적 환경 속에서 성장하며, 훗날 여러 도시를 다니며 다양한 집단을 넘나드는 사역을 감당할 수 있는 사회적 감수성을 길렀다. 그러나 그의 내면은 여전히 유대 신앙의 뿌리에 깊이 닿아 있었다. 디아스포라 유대인들은 헬레니즘 교육을 접하면서도 율법의 전통을 병행했으며, 바울 역시 그러한 이중적 세계 속에서 신앙 정체성을 지켜냈다. 다소가 바울에게 남긴 유산은 단순한 지식이 아니었다. 그것은 제국의 도시 사회 속에서 당당히 말하고 설득하며, 다른 세계의 언어로 진리를 전할 수 있는 언어적·철학적 기반이었다. 그는 이 도시의 공공성과 지적 활력을 통해, 복음을 공적 공간 속에서 선포할 수 있는 내적 준비를 이미 갖추고 있었다.

바울이 예루살렘에서 본격적으로 율법 교육을 받은 시기는 대체로 AD 20~30년경으로 추정된다. 당시 예루살렘은 유대교 학문의 중심지였으며, 바리새파는 율법 연구와 교육에 헌신했다. 바울은 그 가운데서도 산헤드린의 수장이자 당대 최고의 율법학자 중 한 명이었던 가말리엘 1세의 문하에서 수학했다. 가말리엘은 바리새적 전통 안에서도 비교적 온건한 해석을 시도했던 인물로, 바울은 그의 지도 아래 율법과 할라카(Halakhah, 행위 규범)의 전통을 철저히 배웠다. 율법 교육은 주로 암송과 토론으로 진행되었으며, 짝을 지어 질문하고 논박하는 하브루타(Ḥavruta) 방식은 바울을 논리적이고 치열한 해석가로 길러내는 토대가 되었다.

신약성경 학자 톰 라이트(N. T. Wright)는 바울의 서신과 신학 속에 그의 바리새적 교육이 깊이 배어 있다고 분석한다. 그는 바울을 단순한 율법 전문가가 아니라, 유대 전통의 해석 방식과 헬레니즘 논증 구조를 함께 익힌 사상가로 평가한다. 라이트에 따르면 바울은 예루살렘에서 구전 율법 전승과 성경 해석—후대의 용어로 미쉬나와 미드라쉬라 불리는 전통—을 익혔으며, 성경 본문을 현재의 사건과 인물에 적용하는 페쉐르적 해석을 통해 구약을 예수 그리스도의 복음 안에서 새롭게 읽을 수 있는 틀을 마련했다. 이러한 교육은 단지 신학적 지식을 쌓는 과정이 아니라, 율법과 현실을 연결하는 사고 훈련이었다. 동시에 바울은 다소에서 습득한 수사학과 철학적 논증 방식을 통해, 율법의 언어를 제국의 공적 공간에서도 설득력 있게 전할 수 있었다. 그는 스스로 "나는 팔일 만에 할례를 받고 이스라엘 족속이요 베냐민 지파요 히브리인 중의 히브리인이요 율법으로는 바리새인이요 열심으로는 교회를 박해하고 율법의 의로는 흠이 없는 자라"(빌 3:5-6)라고 고백했다. 이는 그가 단순히 바리새적 교육을 받은 사람이 아니라, 율법의 전통 속에서 자신의 정체성과 열심을 형성한 인물이었음을 보여준다.

결국 바울은 다소에서 제국의 언어와 철학을 배우고, 예루살렘에서 율법과 신앙의 전통을 체득했다. 다소가 그에게 세상의 논리를 이해할 지성을 주었다면, 예루살렘은 하나님의 말씀을 해석할 영적 깊이를 더해주었다. 이 두 도시의 결합은 바울을 유대인과 이방인 모두에게 복음을 전할 수 있는 독보적인 사도로 빚어냈다. 그는 율법의 언어와 제국의 언어, 신앙의 전통과 공적 담론의 세계를 동시에 구사할 수 있었고, 바로 그 지점에서 바울의 복음은 제국의 중심을 향해 나아갔다.

율법의 열심에서 그리스도의 열심으로

바울은 자신의 삶을 돌아보며 스스로 '하나님을 향한 열심'을 가진 사람이었다고 고백한다. 그의 자전적 증언은 역사적 바울을 이해하는 중요한 열쇠다. "내가 이전에 유대교에 있을 때에 행한 일을 너희가 들었거니와 하나님의 교회를 심히 박해하여 멸하고 내가 내 동족 중 여러 연갑자보다 유대교를 지나치게 믿어 내 조상의 전통에 대하여 더욱 열심이 있었으나"(갈 1:13-14). 여기서 '열심'이라는 표현은 바울이 유대교 전통을 어떻게 이해하고 실천했는지를 보여주는 핵심 개념이다. 그는 조상들이 전해준 율법을 철저히 준수했을 뿐 아니라, 그 전통에서 벗어난 동족을 고발하고 배척하는 일에도 주저하지 않았다. 이 점에서 그는 평범한 유대인이라기보다, 바리새인 가운데서도 강경한 성향을 띠었던 인물로 보인다.

바리새파는 본질적으로 정결을 강조하는 율법 공동체였다. 에스라 시대부터 이어진 율법 준수 전통을 계승했고, 하스모니아 왕국 시대에는 현실 속에서 이를 적극 실천했다. 헤롯 시대에 이르러서는 정치적 영향력까지 확보하여, 산헤드린의 일부를 차지하거나 때로는 산헤드린의 수장인 '나시'(נָשִׂיא) 자리까지 오르기도 했다. 사두개파가 성전과 제사 제도를 중심으로 활동했다면, 바리새파는 회당을 중심으로 율법을 재해석하고 일상에 적용하는 데 집중했다. 그 과정에서 '할라카'(הֲלָכָה, 법적 전통)와 '하가다'(הַגָּדָה, 이야기 전통)가 발전했고, 구성원들은 '하베르'(חָבֵר, 동료)라 불리며 경건 공동체로서의 정체성을 공유했다.

바울이 속했던 학문적 전통을 둘러싼 논쟁은 지금도 이어진다. 바빌로니아 디아스포라 출신 힐렐(Hillel)은 예루살렘에 학문 전통을 정착시키며 '베이트 미드라쉬'(בֵּית מִדְרָשׁ)를 열었다고 전해진다. 이는 오늘날의 학교라기보다는 율법을 연구하고 토론하는 모임이었다. 반면 샴마이 학파는 별도의 학당을 세우고 율법 해석에서 강경한 노선을 고수했다. 바울의 스승 가말리엘은 힐렐 학파에 속했지만, 비교적 온건하고 개방적인 해석을 시도한 인물이었다(행 5:34-39). 따라서 일부 학자들은 바울을 힐렐 학파와 연결짓기도 하지만, 그가 보여준 과격한 율법 열심과 초기의 교회 박해는 샴마이 학파와 유사한 성향을 드러낸다고 해석하기도 한다. 바울이 어느 학파에 속했는지 직접적인 증거는 없지만, 그의 초기 행적은 샴마이 학파의 강경한 특징과 일정 부분 겹쳐 보인다.

현대에도 극단적 열심의 사례를 찾아볼 수 있다. 1995년 이스라엘 총리 이츠하크 라빈(Yitzhak Rabin)이 평화 정책을 추진하다가 극우 유대 청년 이갈 아미르(Yigal Amir)에 의해 암살당한 사건이 그것이다. 아미르는 단순한 법학도가 아니라 '율법을 배우는 학생'이었으며, 하나님의 율법을 수호하고 이스라엘을 이방의 지배에서 해방하는 것이 자신의 사명이라 믿었다. 물론 바울과 아미르를 동일시할 수는 없다. 역사적 상황과 결과는 전혀 다르다. 그러나 두 경우 모두 율법적 열심이 극단적 행동으로 이어질 수 있다는 점에서, 당시 유대교적 열심의 성격을 이해하는 참고가 된다.

무엇보다 주목할 점은 바울이 말한 열심은 단순한 성격적 기질이 아니라, 유대 신학 속에 뿌리내린 개념이라는 것이다. 히브리어 '카나'(קָנָא)는 '질투하다', '열정적으로 헌신하다'라는 뜻으로, 하나님의 영광과 율법을 수호하는 뜨거운 마음을 가리킬 때 사용되었다. 구약성경에서 비느하스는 하나님의 질투심을 대신해 우상 숭배를 척결한 인물로 칭송받았고(민 25:11), 엘리야도 "내가 만군의 하나님 여호와께 열심이 유별하오니"(왕상 19:10)라고 고백했다. 제2성전기(BC 516~AD 70년) 유대교는 이 전통을 계승하여 '율법과 언약을 위해 목숨까지 내거는 열심'을 이상으로 삼았고, 신약성경 시대의 '열심당원'(Zelotes)이라는 명칭에도 반영되었다. 이는 직접적 조직적 연결이라기보다, 같은 어근에서 비롯된 개념적 연관으로 이해하는 것이 적절하다. 바울이 "내 조상의 전통에 대하여 더욱 열심이 있었으나"(갈 1:14)라고 회고한 것도 바로 이 '카나' 전통을 염두에 둔 표현이다.

바울은 본래 이러한 전통 속에서 강경한 신념을 따라 율법을 철저히 지켰고, 교회를 박해하는 것도 정당한 열심이라 여겼다. 그러나 다메섹에서 부활하신 예수를 만난 후, 그의 열심은 완전히 다른 방향으로 전환되었다. 이제는 '율법을 위한 열심'이 아니라 '그리스도를 위한 열심'이었다. 구약성경의 '카나'가 우상과 죄를 척결하는 열심이었다면, 바울의 열심은 복음을 위해 자신을 내어주는 헌신으로 변모했다. 율법을 위한 폭력이 아니라, 그리스도의 사랑과 복음을 전하는 선교적 에너지로 바뀐 것이다.

더 나아가 그의 열심은 십자가와 부활의 사건 속에서 새롭게 자리매김했다. 십자가는 율법이 드러내는 저주와 한계를 끝내는 자리였고(갈 3:13), 부활은 새로운 생명의 시작이었다. 바울은 이 전환의 중심에서 자신의 과거 열심을 재해석했다. 그는 더 이상 조상들의 전통을 지키는 열심으로 스스로 의롭게 만들려 하지 않았다. 대신 십자가의 은혜를 따라, 복음을 모든 민족에게 전하고 교회를 세우는 일에 자신의 생명을 바쳤다. 따라서 바울의 열심은 단순한 기질이나 종교적 열정이 아니었다. 그것은 구약성경에서 이어진 '카나' 전통이 예수 그리스도의 십자가와 부활 안에서 새롭게 변형된 것이었다. 그의 열심은 이제 율법 수호의 무기가 아니라, 온 세상을 향한 하나님의 선교를 이끄는 능력이자, 복음을 위해 자신을 기꺼이 소모하는 사랑의 헌신이었다. 바울의 삶은 '율법의 열심에서 그리스도의 열심으로' 옮겨간 전환의 증거였으며, 이 열심은 교회를 세우고 복음을 확장하는 원동력이 되었다.

다소, 침묵 속에 빚어진 비전

바울이 다소로 돌아왔을 때 그는 더 이상 예루살렘에서 명성을 얻으려 율법을 수호하던 청년 사울이 아니었다. 다메섹으로 가는 길에서 부활하신 예수를 만난 그는, 율법의 열심만을 좇던 바리새인에서 복음을 위해 살아가는 전도자로 완전히 변모해 있었다. 갈라디아서 2:1의 "십사 년 후에"라는 기록에 따르면, 바울은 회심 이후 아라비아에서 3년을 보낸 뒤 고향 다소에서 약 10년간 머물렀던 것으로 보인다. 이 시간은 고향 사람들에게는 변절자로 비쳤을지 모르지만, 바울 자신에게는 복음을 묵상하고 사명에 대한 확신을 다져가는 중요한 준비기였다.

바울의 다소 체류 기간을 10여 년으로 추정하는 근거는 갈라디아서 2:1의 "십사 년"이라는 표현이다. 그는 이때 바나바와 함께 예루살렘에 올라갔는데, 이는 안디옥 교회가 모은 구제 헌금을 전달하기 위해서였다 (행 11:27-30, 갈 2:1). 사도행전은 바울이 바나바의 권유로 다소를 떠나 안디옥으로 가서 1년 동안 제자들을 가르쳤다고 기록한다. 따라서 "십사 년"을 회심 시점부터 계산한다면, 아라비아에서의 3년과 안디옥에서의 1년을 제외한 나머지 약 10년이 바로 다소에서의 시간으로 추정된다.

그가 돌아온 다소는 예전의 사울에게는 자랑스러운 고향이었다. 예루살렘에서 율법 교사가 되겠다는 꿈을 품고 떠났던 그는, 바리새인 중에서도 가장 열성적인 청년으로 성장하여 동족의 자부심이 되었다. 그러나 이제 그는 '나사렛 예수가 이스라엘의 메시아'라는 고백을 품고 돌아온 변절자로 비쳤다. 예수께서 고향 나사렛에서 환영받지 못하셨던 것처럼(눅 4:24), 바울 역시 따뜻한 환대를 기대하기 어려웠을 것이다. 율법을 수호하던 청년이 하루아침에 예수의 추종자가 되었으니, 고향 사람들의 실망과 분노는 컸을 것이다.

톰 라이트는 바울이 이 시기에 다메섹 체험을 바탕으로 구약성경을 깊이 묵상했을 것이라 말한다. 반면 성경의 땅 연구자인 피터 워커(Peter Walker)는 바울이 다소에서 흔히 볼 수 있는 천막 제작 일을 하며 노동과 자립의 길을 걸었을 가능성을 강조한다. 실제로 바울이 훗날 선교 여정에서 보여준 노동과 자급(살전 2:9, 살후 3:6-11)은 아마도 이 시기부터 시작되었을 것이다. 그는 아라비아에서의 3년 '숨겨진 시간'에 이어 이번에는 고향 다소에서 또 다른 '숨겨진 시간'을 보냈다. 그러나 이번은 광야가 아닌, 자신이 태어나고 자란 공동체 한복판이었다. 유대 율법 아래서 자란 사울이 이제는 '그리스도 예수 안에 있다'라는 사실을 붙들었으니, 그 시간은 곧 율법의 굴레에서 벗어남의 체험이자 곤경과 해답을 동시에 마주하는 시간이었을 것이다. 그는 가족과 이웃, 함께 자란 유대인 공동체와의 갈등 속에서 복음 전파의 어려움을 온몸으로 겪으며, 깊은 성찰과 기도 속에서 자신의 사명을 명확히 했을 것이다. 또한 헬레니즘 철학과 유대교, 다양한 이방 종교가 교차하는 도시 다소에서 그는 이후 지중해 전역을 향한 선교전략을 구체적으로 다듬어갔을 가능성이 크다.

학자들은 이 10년을 단순한 침묵기로 보지 않는다. 톰 라이트, F. F. 브루스, 랄프 마틴, 폴 바넷 등은 바울이 수리아와 길리기아 속주에서 이미 복음을 전했을 가능성을 제기한다. 사도행전 15:41과 갈라디아서 1:21은 이 지역 교회의 흔적을 보여주는데, 이는 아마도 이 시기에 뿌려진 복음의 열매일 것이다. 또한 바울이 고린도후서 12:2에서 언급한 "삼층천"의 환상 체험 역시 이 시기 다소에서 있었을 가능성이 크다. 톰 라이트는 바울이 이 체험을 오랫동안 내면에 간직하다가 고린도 교회에만 언급한 것은, 그것이 초기의 개인적이고 깊은 영적 경험이었기 때문이라고 분석한다. 결국 다소의 시간은 복음 사역을 멈춘 휴식기가 아니라, 갈등과 고독 속에서 복음의 본질을 새롭게 깨닫는 영적 준비기였다.

당시 다소의 유대인들에게 바울은 분명 배신자로 보였을 것이다. 그러나 바울 자신에게는 그 시간은 복음을 향한 헌신을 다지고, 이후 세계 선교의 큰 비전을 준비하는 결정적 과정이었다. 다소는 단순한 고향이 아니라 동서 문화가 만나는 국제도시였으며, 철학과 종교, 상업과 정치가 교차하는 제국의 축소판과도 같았다. 바로 그 자리에서 바울은 유대 율법 전통을 넘어 이방 세계에 복음을 어떻게 전할 것인지 구체적으로 모색할 수 있었다. 그의 '숨겨진 시간'은 공백기가 아니라, 도시적 맥락 속에서 선교전략을 구상하고 사도적 정체성을 다져가는 훈련장이었다. 바울은 다소에서 복음이 유대인과 이방인 모두에게 열려 있다는 사실을 더욱 확신하게 되었고, 이 확신은 훗날 지중해 세계 전역을 향한 선교의 불길로 이어졌다.

무엇보다 이 시기는 인간의 눈에는 침묵처럼 보였지만, 하나님의 계획 안에서는 복음이 열방으로 뻗어갈 선교 비전이 잉태된 시간이었다. 바울의 다소 시절은 오늘 우리에게도 깊은 신학적 통찰을 준다. 신앙의 길에는 눈에 띄는 열매와 성취의 시간만 있는 것이 아니라, 고독과 기다림, 그리고 내적 훈련의 시간이 반드시 필요하다. 그러나 그 침묵의 시간은 결코 헛되지 않다. 하나님은 그 시간을 통해 우리의 열심을 비우고, 복음의 본질에 더욱 깊이 뿌리내리게 하신다. 바울이 다소에서 배운 것은 율법의 열심이 아니라 은혜의 충만함이었고, 자신의 계획이 아니라 하나님의 선교적 비전이었다. 우리 또한 삶의 다소 같은 자리에서, 눈에 보이지 않는 침묵과 기다림 속에서 하나님이 준비하시는 부르심을 새롭게 발견해야 한다. 그것이야말로 바울이 보여준 결단이자, 오늘 우리가 붙들어야 할 신앙의 자리다. 그러므로 우리의 멈춤과 공백처럼 보이는 시간도 하나님 안에서는 결코 헛되지 않다. 숨은 시간 속에서도 하나님은 선교의 길을 준비하신다.

역사와 지리로 만나는

바울이야기

03

안디옥

그리스도인이라 불린 자리

AD ROMANOS
SERVVS JESV

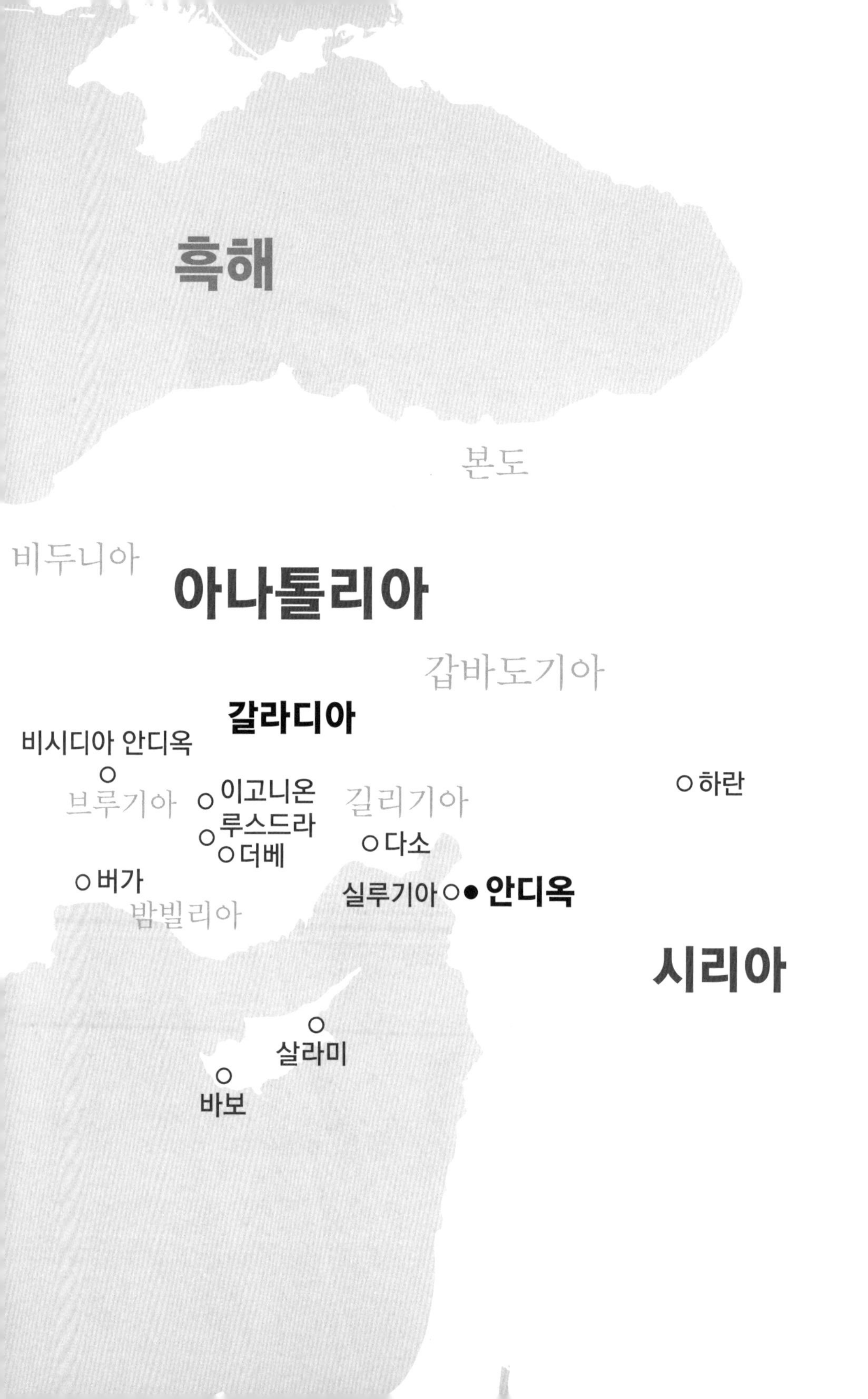
흑해
본도
비두니아
아나톨리아
갑바도기아
갈라디아
비시디아 안디옥
브루기아
이고니온
길리기아
하란
루스드라
더베
다소
버가
실루기아
안디옥
밤빌리아
시리아
살라미
바보

안디옥
그리스도인이라 불린 자리

바울의 본격적인 선교 여정은 수리아(시리아) 지역의 안디옥(Antioch)에서 성령의 파송을 받으면서 시작되었다. 안디옥은 단순한 출발지가 아니라, 복음이 새로운 이름과 정체성을 얻고 세계 선교를 향해 나아간 결정적 관문이었다. 바로 이곳에서 제자들이 처음으로 "그리스도인"이라 불렸고(행 11:26), 유대인과 이방인이 함께 예배하는 공동체가 형성되었다. 경계가 허물어지고 복음의 보편성이 드러난 이 순간은, 이후 바울의 모든 길을 바꾸어 놓은 전환점이었다.

안디옥은 BC 4세기 말, 알렉산더의 후계자 중 한 사람인 셀레우코스 1세 니카토르(재위 BC 305~281년)가 아버지 안티오코스(Antiochus)의 이름을 따 세운 헬레니즘 도시였다. 이후 셀레우코스 왕국의 수도로 번영하다가 로마 제국의 지배 아래에서는 동방 행정의 중심지이자 총독의 거주지로 격상되었다. 로마와 알렉산드리아에 이어 제국에서 세 번째로 큰 대도시로 성장한 안디옥은, 동서 교역과 문화 교류의 관문이자 로마 제국 동방의 핵심 거점이었다.

바울이 이곳을 선교의 전초기지로 삼은 것은 우연이 아니었다. 무엇보다 이곳은 신약성경에서 최초로 "그리스도인"(행 11:26)이라는 명칭이 사용된 곳이었다. 예루살렘 교회는 여전히 유대인 중심의 보수적 성격이 강했다. 그들은 율법 준수와 할례 같은 신앙적 표식을 통해 오랜 전통과 정체성을 지켜 가려 했다. 그러나 안디옥 교회는 전혀 다른 모습을 보여 주었다. 이곳에서는 유대인과 이방인이 함께 예배하고 교제했으며, 복음 안에서 민족과 문화의 경계를 넘어서는 새로운 공동체가 형성되고 있었다. 예루살렘이 전통의 신앙을 보존하는 중심이었다면, 안디옥은 복음의 새로운 가능성을 실험하는 출발점이었다. 복음이 더 이상 한 민족의 울타리에 머무르지 않고, 모든 사람에게 열려 있다는 사실이 이곳에서 처음으로 드러난 것이다. 훗날 예루살렘 공의회(행 15장)는 이러한 안디옥의 시도를 공식적으로 인정하며, '이방인도 믿음으로 구원받는다'라는 복음의 원리를 확증했다.

지리적 조건 또한 결정적이었다. 안디옥은 오론테스강 유역에 위치해 있었고, 약 25km 떨어진 실루기아 항구(행 13:4)를 통해 지중해와 연결되었다. 남쪽으로는 이스라엘과 이집트, 북쪽으로는 길리기아 관문을 넘어 아나톨리아 내륙과 흑해 연안, 서쪽으로는 소아시아와 에게해 연안, 동쪽으로는 유프라테스강을 따라 메소포타미아와 페르시아에 이를 수 있었다. 이처럼 사방으로 뻗은 로마 도로망과 해상로는 단순한 교통망을 넘어, 복음이 제국 전역으로 빠르게 확산될 수 있는 전략적 통로였다.

도시의 거리와 광장, 시장과 항구에는 수리아인, 그리스인, 로마인, 유대인, 나바테아인 등 다양한 민족이 모여 있었고, 수많은 언어와 문화가 교차했다. 헬레니즘 문화가 깊이 스며들어 그리스어가 널리 사용되었고, 이는 바울이 복음을 전하는 데 언어적 장벽을 최소화하는 이점이 되었다. 동시에 디아스포라 유대인의 회당이 곳곳에 자리해 있었기에, 바울은 익숙한 전통적 방식으로도 복음을 선포할 수 있었다. 정치·사회적 맥락도 유리했다. 로마 제국은 충성과 질서 유지를 전제로 다양한 민족과 종교의 공존을 허용했으며, 상업과 문화 교류를 장려했다. 이 덕분에 안디옥에서는 각 공동체가 정체성을 유지하면서도 비교적 안정 속에서 어울릴 수 있었다. 바울 개인에게는 로마 시민권이 제공하는 법적 보호가 있었고, 이는 선교 여정의 지속성을 보장하는 실제적 조건이 되었다.

따라서 바울이 안디옥을 출발점으로 선택한 것은 신앙과 역사, 문화와 언어, 지리와 정치·경제를 종합적으로 고려한 전략적 결정이었다. 무엇보다 중요한 것은, 이곳이 복음이 새로운 이름과 정체성을 얻고, 세계를 향해 파송된 첫 관문이었다는 사실이다. 안디옥은 단순한 대도시가 아니라, 하나님 나라의 보편성이 드러난 자리이자 바울의 길이 세계 선교로 확장되는 전초기지였다.

페르시아 시대의 안디옥

BC 539년, 페르시아 제국의 고레스 대왕이 바빌로니아를 정복하면서 오론테스강 유역도 제국의 통치 아래 들어갔다. 당시 이 지역은 페르시아가 설정한 행정구역 가운데 하나인 '아바르나하라'(Abar-Nahara, 아람어로 '강 건너편 지방')에 속했다. 이는 유프라테스강을 기준으로 붙여진 공식 행정 명칭으로서 이스라엘과 수리아, 페니키아 일대를 아우르며 사용되었다. 이 이름은 에스라서(4:10-11, 5:3 등)와 느헤미야서(2:7)에서도 그대로 나타나, 페르시아의 행정 체계가 성경의 역사적 배경 속에 직접 반영되었음을 보여준다. 이 시기에는 아직 '안디옥'라는 도시는 존재하지 않았다. 다만 오론테스강 하류의 아무크 평원(Amuq Plain) 일대가 이미 해상로와 내륙로가 만나는 교통 요지로 기능했고, 훗날 헬레니즘 시대에 신도시가 들어설 토대가 되었다.

오론테스강의 이름은 그 기원이 분명하지 않다. 고대 그리스와 로마 문헌은 이를 Orontes라 기록하고 있으며, 오늘날 시리아에서는 아랍어로 '알아시'(al-'Āṣī, '거역하는 혹은 사나운')라 부른다. 이 이름은 후대 이슬람 시기에 정착된 것으로, 강물이 역류하듯 북쪽으로 흐르는 독특한 지형적 특성을 반영한다. 일부 학자들은 그리스어 ὄρος(오로스, '산')와 연결해 '산에서 흘러내린 강' 혹은 '격렬하게 흐르는 강'이라는 해석을 제시하기도 한다. 또 후대 전승에서는 오론테스를 디오니소스와 갈등하다 강으로 변한 거인으로 묘사하기도 했는데, 이는 도시와 강의 신성성을 강조하려는 상징적 이야기로 이해할 수 있다.

어원과 신화의 해석이 어떠하든 중요한 것은 이 강이 풍부한 수자원과 비옥한 토양을 제공하며, 지중해 연안과 내륙 메소포타미아를 잇는 교통·무역 회랑의 중심이 되었다는 사실이다. 실제로 이 지역은 오랫동안 강대국들의 각축장이었다. 중·후기 청동기에는 아무크 평원의 도시 알라라크(Alalakh)가 오론테스강 하류의 무역 중심지로 번영했고, 이집트 신왕국과 히타이트가 레반트 지배권을 다투던 무대가 되었다. 이어 철기시대에는 북쪽 수리아 방어망이 촘촘히 구축되었고, 그 안에는 아르파드(Arpad, 앗수르 기록의 하타리카 Hatarikka) 같은 요충도시가 포함되었다. 이들 도시 이름이 오론테스와 직접적 어원적 관련이 있는 것은 아니지만, 오론테스강 유역 전략망의 일부로서 강의 중요성을 보여주는 사례였다. 이렇게 볼 때, 오론테스-아무크 축은 일찍부터 군사·상업상 전략적 가치를 지닌 회랑이었다.

페르시아 제국 아래에서 이 지역은 행정·군사상 유의미한 회랑으로 편입되었다. 당시 페르시아는 다리우스 1세(재위 BC 522~486년) 때 확립된 사트라피(총독령) 제도를 통해 방대한 제국을 다스렸다. 각 속주는 사트라프(총독)가 통치했고, 중앙의 왕실은 왕의 길(Royal Road)과 역참

제도를 통해 명령과 세금을 빠르게 전달했다. 이 복잡한 행정망을 효율적으로 유지하기 위해 하나의 공용 언어가 필요했고, 그 답이 바로 아람어였다. 페르시아가 아람어를 행정 언어로 채택한 이유는 단순한 편의가 아니라 역사적·실질적 기반 때문이었다. 이미 아람인들이 BC 1천년대 초부터 메소포타미아와 레반트 전역으로 확산하며 언어를 퍼뜨렸고, 아람어는 상업 언어이자 외교 언어로 자리 잡은 상태였다. 게다가 쐐기문자를 쓰는 아카드어나 복잡한 이집트 상형문자에 비해, 아람어는 알파벳 계열의 단순한 문자 체계를 지녔기에 문서화·번역·행정 실무에 훨씬 적합했다. 다시 말해, 제국의 다양한 민족에게 명령을 신속하고 정확하게 전달하려면, 이미 널리 쓰이고 배우기 쉬운 아람어가 가장 현실적인 선택이었다. 그래서 아람어여야만 했다. 이 결과 아람어는 페르시아 제국 전역에서 행정·상업의 공용어로 굳어졌고, 바빌로니아 포로기를 거친 유대인들도 이를 생활 언어로 받아들였다. 훗날 예수 시대에 아람어가 여전히 일상 언어로 쓰일 수 있었던 배경은 바로 이 제국적 결정에 닿아 있다.

타우루스 산맥은 아나톨리아 고원의 남쪽 경계를 이루며, 산맥을 넘어서면 곧바로 레반트 북부 평원(혹은 북부 수리아 저지대)이 펼쳐진다. 이 지역은 유프라테스 상류와 오론테스강 유역을 포함하며, 고대에는 아나톨리아와 메소포타미아, 지중해 세계를 잇는 중요한 회랑이었다. 타우루스 산맥은 단순히 지형적 분리선이 아니라, 교역과 전쟁, 문화 교류의 방향을 규정하는 자연 경계선이었으며, 길리기아 관문과 같은 좁은 통로만이 두 세계를 연결해 주었다. 또 서쪽으로는 다리우스 1세가 정비한 왕의 길(Royal Road)과 연결되었다. 오론테스 지역은 바로 이 왕의 길과 맞물려 동서 교통망의 갈림길 역할을 했고, 덕분에 페르시아는 동부 속주에서 징발한 자원과 인력을 서부 전선으로 신속하게 공급할 수 있었다. 안디옥 일대는 자연스럽게 전략적 후방 기지로 자리매김했다.

헬레니즘 세계의 무대, 안디옥

안디옥은 지중해 동북쪽 끝 실루기아 항구에서 약 25km 내륙에 자리했다. 레바논 산맥에서 발원한 오론테스강은 북부 평원을 가로질러 흐르며 실피우스 산을 감돌아 지중해로 흘러든다. 바로 그 산기슭에 세워진 안디옥은 산과 강, 평원이 만나는 길목이자, 내륙과 해변길을 잇는 전략적 요충지였다.

안디옥이 헬레니즘 세계의 수도로 부상한 배경에는 알렉산더 사후의 격동이 있었다. 알렉산더가 페르시아를 정복한 뒤 제국은 후계자들(Diadochoi)의 전쟁으로 분열되었고, BC 301년 입수스 전투에서 승리한 셀레우코스 1세 니카토르는 수리아 지역을 차지하였다. 그는 제국의 중심을 새롭게 설계하며, 서로 다른 기능을 가진 네 도시—안디옥·실루기아·라오디케이아·아파메아—를 연결한 테트라폴리스 체제를 구축했다. 안디옥은 행정 수도, 실루기아는 외항, 라오디케이아는 해안 도시, 아파메아는 군사 기지로 기능했다. 이 네 도시는 내륙과 해안을 잇는 축을 이루며 셀레우코스 왕국의 정치·경제·군사적 심장부가 되었다.

셀레우코스 왕국은 제국 전역에 수많은 안디옥(Antioch) 도시를 세워 헬레니즘 문화를 확산시켰는데, 그중 오론테스 강가의 안디옥이 가장 대표적이었다. 도시 건설을 통해 민족과 문화를 통합하려는 제국의 실험이 바로 이곳에서 시도된 것이다. 고대 지리학자 스트라본은 이를 기록하며, 안디옥이 단순한 거주지가 아니라 다민족 제국을 통합하기 위한 새로운 수도로 설계되었음을 전한다(『Geography』 16.2.4). 셀레우코스 1세는 알렉산드리아를 모델로 삼아 격자형 계획도시를 세우고, 아고라와 극장, 김나지움, 신전 같은 헬레니즘의 상징적 건축을 배치했다. 폴리비오스는 안디옥에서 왕국 숭배가 제도화되었다고 기록하며(『Histories』 31.19), 리비우스 역시 왕국 신전이 세워졌다고 전한다(『Ab Urbe Condita』 40.13). 제우스, 아폴론, 아르테미스, 아프로디테 신전이 즐비했던 이 도시는 신전과 시장, 광장이 어우러진 정치·종교적 수도였다.

이 헬레니즘적 무대 한편에는 유대인 공동체도 뿌리내렸다. 요세푸스는 유대인들이 회당을 세우고 율법에 따라 살 수 있는 권리를 보장받았다고 기록하며(『유대 고대사』 12.3.3-5, 14.10.2-4), 동시에 이러한 특권이 다른 시민들의 반발을 불러왔음을 덧붙인다. 마카비상 1:11-15은 일부 유대인들이 김나지움 문화에 동화되기 위해 할례의 흔적을 감추었다고 전하며, 알렉산드리아의 유대 철학자 필로는 율법을 유대인의 최종 경계로 붙들어야 한다고 강조했다(『De Legatione ad Gaium』 132-139). 이러한 기록들은 헬레니즘 세계 속에서 유대 공동체가 경험한 정체성의 긴장을 잘 보여준다. 이처럼 안디옥은 알렉산더 제국의 분열과 셀레우코스의 전략적 선택 속에서 헬레니즘 세계의 수도로 자리 잡았고, 이후 로마 시대를 거치며 제국 동부의 중심 도시로 성장했다. 정치와 종교, 경제와 문화가 교차하는 무대였고, 동시에 유대 공동체가 경계를 붙들며 살아간 접경지였다.

바로 그 경계 위에서 새로운 정체성이 태어났다. 오론테스 강가의 다리와 대로를 따라 시장과 회당, 신전이 늘어선 이 도시에서 바나바와 바울은 복음을 전했고, 제자들이 처음으로 "그리스도인"이라 불리게 되었다(행 11:26). 그 이름은 더 이상 한 민족의 신앙이 아니라, 세계를 향한 새로운 정체성을 의미했다. 안디옥은 단순한 제국의 수도가 아니라, 헬레니즘과 유대 전통이 만나는 자리에서 복음이 세계로 나아갈 이름을 얻은 도시였다.

헬레니즘을 품은 로마의 동방 수도, 안디옥

BC 63년, 폼페이우스가 셀레우코스 왕국의 수도 안디옥을 점령하면서 도시는 로마의 품으로 들어갔다. 한때 헬레니즘 세계의 심장이었던 이곳은 이제 로마의 동방 지배권을 상징하는 수도로 변모했다. 그러나 로마의 질서가 뿌리내린 뒤에도 안디옥은 여전히 헬레니즘의 기억을 간직한 도시였다. 극장과 김나지움, 도서관과 신전은 알렉산더 시대의 유산을 보여주었고, 여기에 로마의 원형극장과 공중목욕탕, 개선문과 히포드롬이 더해졌다. 로마와 헬레니즘이 나란히 숨 쉬는 이중적 풍경 속에서, 안디옥은 동방 속에 세워진 '작은 로마'(Parva Roma) 혹은 '동방의 로마'(Roma Orientis)이자, 동시에 그리스 전통을 품은 문화의 수도로 성장해갔다.

지리적 조건 또한 전략적이었다. 오론테스강 유역에 형성된 안디옥은 지중해와 메소포타미아를 잇는 교역로 한가운데 자리하며, 육상과 해상 교통의 분기점 역할을 했다. 동방에서 서방으로 이어지는 교역로, 곧 비단과 향신료, 유리와 같은 귀중품이 오가는 무역망과도 연결되어 로마와 동방 세계를 이어주는 허브가 되었다. 이러한 입지는 로마가 안디옥을 '동방의 수도'로, 나아가 '동방의 로마'로 삼은 결정적 이유였다. BC 47년 율리우스 카이사르가 이곳을 방문한 것으로 전해지며, 이후 도시는 정치적 위상이 한층 강화되었다. 그의 후계자 옥타비아누스 아우구스투스는 실피우스 언덕에 로마식 신전과 공공건물을 조성하여 안디옥을 황제 도시(Civitas Augusta)로 격상시켰다. 이 무렵 인구는 약 30만 명으로 추정되어 제국에서 손꼽히는 대도시로 성장했다. 안디옥은 로마화의 중심지였지만, 동시에 헬레니즘 전통을 유지한 도시였다. 격자형 도시 구조와 공공 광장은 알렉산더 시대의 유산을 보여주었고, 여기에 로마의 원형극장, 공중목욕탕, 개선문, 경기장, 히포드롬이 더해졌다. 시민들은 로마식 오락을 즐겼으면서도, 그리스 철학과 학문, 예술의 전통도 계승했다.

헤롯 대왕(재위 BC 37~4년) 또한 로마와 긴밀한 관계를 유지하며 안디옥과 연관을 맺었다. 그는 아우구스투스와 안토니우스의 지지를 받아 유대 땅을 통치하면서 로마식 건축과 기반시설 확장을 모범으로 삼았고, 일부 전승에 따르면 안디옥의 공공건축 사업에도 관여한 것으로 전해진다. 이는 유대뿐 아니라 인근 헬레니즘 도시들에도 영향을 주었다. 로마제국 편입 이후 유대 지역은 황제에게 직접 세금을 납부했으며, 그 일부가 안디옥을 포함한 수리아 속주의 행정·군사 운영에 사용되었다. 유대인 상류층과 엘리트들은 안디옥과 긴밀한 무역·행정 관계를 유지했고, 조세 체계 역시 두 지역의 경제를 연결하는 매개가 되었다.

문화적으로도 안디옥은 찬란한 번영을 누렸다. 안디옥 근교 다프네(Daphne) 지역에는 황제들이 즐겨 찾는 별장과 신전이 들어섰고, 히포드롬에서는 전차 경주와 검투사 경기가 열렸다. 시민들은 로마의 오락 문화를 적극적으로 향유했으며, 학문과 예술, 철학의 전통도 이어졌다. AD 43년경, 안디옥의 지배층은 로마 제국의 일원임을 과시하기 위해 클라우디우스 황제에게 탄원하여 올림픽 경기를 개최할 권리를 얻었다. 이로써 안디옥에서는 그리스식 전통 경기와 로마식 오락이 결합된 독자적 올림픽이 열렸다. 경기 종목은 달리기, 원반던지기, 창던지기, 레슬링 같은 고전 육상 경기뿐 아니라 전차 경주와 검투사 경기 같은 로마식 오락도 포함되었으며, 황제의 후원 아래 성대하게 운영되었다. 일부 학자들은 유대인들도 이러한 대회에 참여했을 가능성을 제기하며, 이는 안디옥이 다문화 도시였음을 보여준다.

로마 제국 시대 안디옥은 동방 속주의 행정과 군사 중심지로 막강한 영향력을 발휘했다. 로마는 이곳을 수리아 속주의 수도로 삼고 황제가 임명한 고위 원로원 출신 총독을 주둔시켜 동부 국경 방어의 거점으로 삼았다. 그는 군사 지휘권과 사법권, 조세권을 모두 행사했으며, 안디옥에는 총독의 관저와 행정청, 군사본부가 자리했다. 로마 군단이 주둔해 속주 전역을 통제했으며, 속주군은 안디옥과 길리기아 관문 방면에 배치되어 동방 국경과 내륙로를 동시에 방어했다. 제국의 주요 도로망은 이 도시와 연결되어 무역과 군사 이동이 활발히 이루어졌고, 트라야누스 황제(재위 AD 98~117년)는 파르티아 원정을 준비하면서 안디옥을 군사적 기지로 삼았다. 하드리아누스 황제(재위 AD 117~138년) 역시 방어 시설을 보강하여 그 전략적 가치를 더욱 높였다. 로마 당국은 지방 도시들의 자치권을 존중했으나, 세금 징수와 치안 유지, 군사 소집을 통해 제국 질서를 확고히 유지했다.

바울이 선교 여정을 시작할 무렵, 안디옥은 로마 수리아 속주의 수도이자 총독부가 자리한 도시였다. 수리아 속주는 유대, 갈릴리, 사마리아, 데가볼리, 길리기아 등 인근 지역을 포괄하는 광대한 행정구역으로, 황제 직속의 '황제 속주'(Provincia Augusti)에 해당했다. 따라서 총독은 황제가 직접 임명한 인물이었으며, 행정과 군사, 재정을 모두 장악했다. 이러한 행정 구조 속에서 안디옥은 정치와 군사의 중심지일 뿐 아니라 속주 전체의 교역과 외교를 조율하는 허브로 기능했다. 바울이 1차 선교 여정을 출발하고, 2차와 3차 여정을 준비한 것도 바로 이 도시였다(행 13:1-3, 14:26-28). 총독부가 위치한 도시는 로마 행정망과 도로망에 직결되어 있었기에, 바울은 안디옥를 거점으로 삼아 소아시아, 그리스, 나아가 로마로 이어지는 선교 경로를 효과적으로 전개할 수 있었다.

회당에서 시작된 복음, 안디옥 유대인 공동체

안디옥에 거주하던 유대인들은 헬레니즘 시대를 거쳐 로마 제국에 이르기까지 경제적·사회적 위상을 크게 잃지 않았다. 일부 연구자들은 옥타비아누스 통치 시기(BC 27~AD 14년), 안디옥 유대인 공동체가 전체 인구 약 30만 명 가운데 약 10% 안팎(3만 명 이상)에 달했을 것으로 추정한다. 그러나 이들이 로마 시민권을 대거 취득한 것은 아니었다. 기회가 주어졌더라도 종교적·민족적 정체성을 포기해야 하는 위험이 뒤따랐기 때문이다.

헬레니즘 시대부터 유대인들은 종교적·민족적 동질성을 유지하며 '폴리테우마'(politeuma) 형태로 자치권을 인정받았다. 요세푸스는 헬레니즘 왕국들이 유대인 공동체에 자치권을 부여하고 종교와 율법을 지킬 수 있도록 허락한 사례를 전한다(『유대 고대사』 12.3.3, 14.10.2). 로마 제국도 이러한 전통을 일정 부분 이어받아 유대인에게 황제 숭배 제사 참여를 강요하지 않았고, 안식일 준수를 허락했다. 알렉산드리아의 유대인 공동체처럼, 안디옥 유대인들도 공동체 지도자를 두어 정치·사회·종교 질서를 유지했을 가능성이 크다. 요세푸스는 또 같은 기록에서 수리아와 아시아 속주 여러 도시, 특히 안디옥에 거주하는 유대인들이 자신들의 거주 구역과 회당을 유지하며 율법에 따라 생활했음을 증언한다(『

유대 고대사』 14.10.17, 16.6.2). 『바빌로니아 탈무드』 역시 안디옥 유대인들이 도시 내 여러 구역에 거주했고, 각 구역마다 회당이 있었음을 암시한다(Berakhot 8a, Megillah 26a).

옥타비아누스는 메소포타미아를 포함한 동방 속주들에 '팍스 로마나'(Pax Romana) 정책을 펼쳤고, AD 180년 마르쿠스 아우렐리우스의 사망 때까지 제국은 대체로 다양한 민족에게 관용을 베풀며 협력을 장려했다. 안디옥 유대인들은 이러한 분위기 속에서 다른 민족과 비교적 우호적 관계를 유지했다. 실제로 '하나님을 경외하는 자'라 불린 이방인들이 유대교의 유일신 사상과 율법적 윤리에 매력을 느끼며 회당 예배에 참여했다. 사도행전에 등장하는 가이사랴의 백부장 고넬료(행 10:1-2), 빌립보의 루디아(행 16:14), 고린도의 뵈뵈(롬 16:1) 같은 인물들은 '하나님을 경외하는 자'의 대표적 사례이며, 안디옥에서도 이와 유사한 이방인들이 회당에 참여했을 가능성이 크다. 이들은 유대인 공동체와 교류하며 율법 낭독과 예배에 참여했고, 일부는 유대교에서 파생된 초기 기독교 신앙에도 관심을 보였다.

그러나 이 유대인 공동체가 누리던 관용과 번영은 AD 1세기 중엽부터 흔들리기 시작했다. AD 38년 칼리굴라 황제 시절, 알렉산드리아에서 헬레니즘계 주민과 유대인 사이에 대규모 충돌이 일어났고, 그 여파가 안디옥에도 일정한 영향을 미쳤을 가능성이 있다. 칼리굴라는 알렉산드리아 유대인 대표단의 탄원을 받았지만, 유대인의 배타적 신앙에 불만을 품고 있었기에 이를 묵살했다. 총독들은 유대인 거주지를 격리했고, 심지어 예루살렘 성전에 황제의 신상을 세우라는 명령까지 내려 유대인의 저항을 촉발시켰다. 칼리굴라 사후 클라우디우스가 즉위할 때까지 유대인의 반발은 계속되었다. 결정적 전환점은 네로 황제 시대의 '유대 대반란'(AD 66~70년)이었다. 이 전쟁은 예루살렘 함락과 성전 파괴, 대규모 학살로 이어졌고, 로마 전역의 유대인 공동체를 위기에 몰아넣었다. 안디옥 유대인들 역시 전쟁의 여파로 권한과 특혜를 상실했을 가능성이 크다.

유대인에 대한 압박은 로마 제국의 여러 황제 시대에 걸쳐 이어졌지만, 특히 도미티아누스와 하드리아누스 치세에 중요한 전환점을 맞았다. 도미티아누스 황제(재위 AD 81~96년)는 유대인과 개종자들에게 부과된 유대세(Fiscus Iudaicus, 예루살렘 성전세가 로마 국세로 전환된 제도)를 강력히 시행하면서 유대인 공동체에 큰 부담을 주었다. 이 정책은 단순한 세금 부과를 넘어, 유대 신앙을 고수하는 사람들에게 정체성을 드러내는 대가를 치르게 한 것이었다. 하드리아누스 황제(재위 AD 117~138년) 시대에는 상황이 한층 더 가혹해졌다. 그는 예루살렘을 로마의 식민지 도시 아일리아 카피톨리나(Aelia Capitolina)로 재건하고, 성전 터에 주피터 신전을 세웠다. 바르 코크바 반란(AD 132~135년)을 진압한 뒤에는 유대인의 예루살렘 출입을 전면 금지했으며, 속주의 이름도 '유대'에서 '수리아 팔레스타이나'로 바꾸었다. 이러한 조치는 유대인의 정체성과 땅의 기억을 지워버리려는 강력한 상징적 조치였다. 일부 전승에 따르면, 하드리아누스는 안디옥 서쪽 성문 위에 예루살렘 성전에서 가져온 케루빔(Cherubim)을 세웠다고 한다. 이는 유대인에게 깊은 굴욕을 안겼다는 이야기로 전하지만, 고대 사료에서 확실히 확인되는 사실은 아니다. 전승의 성격이 강한 이 이야기는, 제국의 권력이 유대 전통을 억누르려 했음을 상징적으로 보여준다.

안디옥 유대인 존재는 문헌 기록뿐 아니라 고고학 발굴에서도 확인된다. 1930년대와 1990년대 발굴에서, 안디옥 인근 유대 거주지에서 메노라(일곱 촛대) 문양이 새겨진 석재, 토기 조각, 동전 등이 발견되었다. 일부 주거지에서는 안식일용 등잔과 코셔 식기가 출토되어 유대인의 종교 관습이 일상에 깊이 스며 있었음을 보여준다. 외곽 묘지에서는 히브리어와 그리스어가 병기된 비문이 발견되었는데, 이는 유대인 공동체가 헬레니즘 문화 속에서도 언어와 종교적 정체성을 유지했음을 증언한다. 몇몇 비문에는 '회당장'(ἀρχισυνάγωγος 아르키시나고고스)라는 직함이 기록되어, 안디옥 유대인 회당의 조직과 지도 체계가 발달했음을 알 수 있다. 다프네(Daphne) 지역 인근에서는 회당으로 추정되는 건물의 기초 유구와 모자이크 조각이 발굴되었다. 모자이크에는 메노라와 쇼파르

(양각 나팔) 등 유대 전통 상징이 묘사되어 있으며, 이를 근거로 AD 1~3 세기까지 예배와 모임이 지속되었을 가능성이 크다. 다만 일부 학자들은 해당 건물의 용도와 연대에 대해 추가 검증이 필요하다고 지적한다.

안디옥의 회당은 단순히 예배만 드리는 장소가 아니었다. 율법 낭독과 기도뿐 아니라 교육, 토론, 행정, 심지어 재판까지 이뤄지는 다기능적 공간이었다. 이곳에서는 유대인과 하나님을 경외하는 이방인들이 함께 예배하며, 신앙의 정체성과 공동체의 유대가 자연스럽게 형성되었다. 예배는 단순한 종교 행위가 아니라, 믿음과 삶을 이어주는 사회적 중심이었다. 사도행전 13-14장은 바울과 바나바가 바로 이런 회당을 선교의 출발점으로 삼았음을 보여준다. 회당에서는 먼저 모세의 율법과 예언서가 낭독되고, 이어 손님이나 학식 있는 사람에게 그 말씀을 해석하고 권면할 기회가 주어졌다. 바울은 이 기회를 활용해 이스라엘의 역사와 메시아 예언을 예수 그리스도의 죽음과 부활 사건과 연결지어 설명했다. 고고학적으로 확인된 회당의 규모와 장식 수준은, 안디옥 회당이 단순한 예배처가 아니라 학문, 토론, 교류의 장이었음을 시사한다. 벽면과 바닥 모자이크에 새겨진 상징들은 공동체가 신앙 정체성을 시각적으로 드러내는 수단이었다.

이런 환경 속에서 바울의 메시지는 유대인뿐 아니라 그리스어를 이해하고 유일신 신앙에 관심을 가진 이방 청중에게도 전달될 수 있었다. 따라서 안디옥 유대인 공동체와 그 회당은 바울 선교 사역의 중요한 출발점이자, 복음이 유대인 사회의 경계를 넘어 다문화·다민족 세계로 확산되는 관문이 되었다. 안디옥의 역사와 고고학적 흔적은, 이 도시가 초대교회 확산의 '전략적 무대'였음을 분명히 증언하고 있다.

안디옥 교회, "그리스도인"이라 불린 첫 교회

바울의 선교가 본격화되면서 예수를 '주님'으로 고백하는 공동체가 안디옥에서 태동했다. 다메섹으로 가던 길에서 부활하신 예수를 만난 바울은 그 사건을 통해 회심과 소명을 받았고, 이후 한동안 아라비아 곧 당시 나바테아 왕국의 영역에서 활동했다. 그의 행선지가 수도 페트라(Petra)였다고 보기도 하지만, 성경은 단지 "아라비아로 갔다"(갈 1:17)라고만 기록한다. 그러나 나바테아 왕 아레타스 4세(재위 BC 9~AD 40년)의 영향력으로 인해 다메섹에서 추격을 받자 광주리를 타고 성벽을 내려 도망칠 수밖에 없었고(고후 11:32-33), 예루살렘에 올라가 베드로와 주님의 형제 야고보를 만난 뒤 고향 다소로 돌아갔다. 이때 예루살렘 교회는 바나바를 안디옥으로 파송했고, 그는 교회의 부흥을 목격하고 곧장 다소로 가서 바울을 불러 함께 사역하게 했다. 바울은 약 10년 가까이 수리아와 길리기아 지역에서 준비하다가, 바나바의 초청을 따라 안디옥 교회에 합류한 것이다.

안디옥에서 제자들이 처음으로 "그리스도인"이라 불리게 된 것은 이 공동체의 독특한 성격을 보여준다. 당시에는 외부 사회가 유대인 예수를 따르는 사람들을 구별하기 위해 붙인 별칭이었을 가능성이 크다. 그러나 이 명칭은 곧 신자들이 스스로를 정의하는 정체성으로 자리 잡았다. 바울과 바나바가 1년 동안 함께 사역하며 복음을 전하고 제자들을 양성했을 때, 이 이름은 단순한 호칭을 넘어 예수를 따르는 이들의 신앙을 드러내는 상징이 되었다. 안디옥 교회는 처음부터 유대인과 이방인이 함께 모인 다민족 공동체였고, 하나님을 경외하는 자들로 불리던 이방인 신자들 역시 자연스럽게 이 공동체 안으로 들어왔다. 예루살렘의 유대계 그리스도인들은 이러한 변화를 불안하게 여겼지만, 학자들은 안디옥 교회를 유대인 중심의 예루살렘 교회와는 다른 새로운 형태의 공동체로 평가한다. 이는 "내가 또 너를 이방의 빛으로 삼아 나의 구원을 베풀어서 땅 끝까지 이르게 하리라"(사 49:6)라는 예언이 현실 속에서 이루어지는 전환점이기도 했다.

갈라디아서 2장은 이 공동체 안에서 벌어진 중요한 논쟁을 전한다. 베드로가 처음에는 이방인과 함께 식사하다가, 예루살렘에서 온 유대계 그리스도인들을 의식해 자리를 피하자 바울은 그를 공개적으로 책망했다(

갈 2:11-14). 이 사건은 음식 규정과 정결법이 더 이상 이방 선교를 가로막을 수 없음을 보여주었다. 안디옥 교회는 이를 계기로 율법 준수보다 예수 그리스도를 통한 믿음과 공동체의 연합을 우선하는 정체성을 형성해 갔다. 사도행전 13장은 안디옥 교회가 바울과 바나바를 파송해 본격적인 이방 선교를 시작했음을 기록한다. 안디옥은 단순한 교회가 아니라 세계 선교의 거점이 되었고, 예루살렘에서 시작된 예수 그리스도의 복음은 유대인의 경계를 넘어 다민족 세계로 확산되기 시작했다.

이후의 역사 속에서 안디옥 교회는 동방 기독교의 중심으로 성장했다. 요세푸스(AD 37~100년)는 안디옥 유대인 공동체의 자치와 회당 활동을 증언하며, 초기 기독교의 뿌리가 유대교와 밀접하게 연결되어 있었음을 보여준다. AD 2세기 초, 안디옥의 주교였던 이그나티우스(순교 AD 110경)는 로마로 압송되는 길에 남긴 일곱 통의 편지에서 처음으로 '보편적 교회'(καθολική ἐκκλησία 카톨리케 에클레시아)라는 개념을 사용했다. 이는 안디옥 공동체가 이미 신학과 교회 조직의 중심지로 자리 잡았음을 보여주는 증거다. AD 4세기 교회사가 유세비우스(AD 260~340년)는 안디옥이 예루살렘, 알렉산드리아, 로마와 더불어 초기 기독교의 주요 주교좌로 확립되었음을 전한다. 안디옥의 고고학 발굴 또한 이러한 역사를 뒷받침한다. AD 3세기 이후 다프네 지역의 별장 유적에서는 십자가와 물고기 문양 같은 기독교 상징이 새겨진 모자이크가 확인되었는데, 이는 기독교가 도시 상류층 문화에까지 깊이 스며들었음을 보여준다. 이는 곧 안디옥 교회가 단지 소수 신앙인의 모임이 아니라, 도시 전반에 영향을 미친 공동체였음을 말해준다.

복음이 경계를 넘어선 자리

안디옥 교회의 형성은 예루살렘 박해와 깊은 연관이 있었다. 스데반의 순교 이후 예루살렘 교회에 큰 박해가 일어나자, 그리스도인들은 유대와 사마리아를 넘어 멀리 페니키아, 구브로, 안디옥까지 흩어졌다(행 11:19). 처음에는 유대인에게만 복음을 전했으나, 구브로와 구레네 출신 그리스도인들이 이방인 곧 그리스어권 사람들에게도 말씀을 전하면서 새로운 전환이 일어났다. 다문화 도시였던 안디옥에서 복음은 빠르게 확산되었고, 이방인과 유대인이 함께하는 다문화 교회가 탄생했다.

예루살렘 교회는 이 소식을 듣고 바나바를 안디옥으로 파견했다. 그는 그곳에서 하나님의 은혜를 보고 기뻐하며, 더 많은 사람을 가르치기 위해 다소에 있던 바울을 불러왔다. 두 사람은 1년 동안 함께 머물며 큰 무리를 가르쳤고, 바로 이곳에서 제자들이 처음으로 "그리스도인"이라 불리게 되었다(행 11:26). 이 호칭은 처음에는 외부 사회가 붙인 별칭이었을 가능성이 크지만(유세비우스, 『교회사』 3.16.2도 이를 간접적으로 시사), 곧 공동체 내부에서 자신들의 신앙 정체성을 드러내는 이름으로 받아들여졌다. 이는 유대교 경계 안에 머물던 신앙 운동이 새로운 이름과 함께 민족적-종교적 울타리를 넘어선 보편적 공동체로 변화하기 시작했음을 상징한다.

안디옥 교회는 예루살렘 교회와 유대인 공동체를 넘어선 헌신을 보여 주었다. 예루살렘에 기근이 발생했을 때, 이방 지역 교회임에도 구제 헌금을 모아 바울과 바나바를 통해 전달했다(행 11:27-30). 이는 안디옥 교회가 변방의 모임이 아니라, 전체 교회의 한 축으로 자리 잡았음을 드러내는 사건이었다. 그러나 바로 이 다문화적 구조가 시간이 흐르면서 '율법과 복음' '민족과 언약'의 경계 문제에서 예민한 시험대가 되었다. 갈라디아서 2장이 증언하듯, 베드로는 처음에는 이방인과 함께 식사했으나, 예루살렘에서 온 유대계 그리스도인들을 의식해 자리를 피했다. 바울은 베드로를 공개적으로 책망하며, 하나님의 백성을 규정하는 기준은 율법이 아니라 예수 그리스도를 믿는 믿음임을 천명했다(갈 2:11-14). 이 사건은 단순한 식탁 예절이 아니라, 언약 공동체의 경계를 규정하는 신학적 문제였고, 결국 예루살렘 공의회로 이어졌다. 사도행전 15장에 따르면, 안디옥에서 온 사람들의 문제 제기로 공의회가 열렸고, 베드로와 바울, 야고보는 이방인에게도 성령이 임했다는 사실을 증언하며 구원이 율법이 아닌 하나님의 은혜로 주어진다고 강조했다. 공의회는 이방인에게 할례를 요구하지 않고, 대신 우상에게 바친 것과 피, 목매어 죽인 것, 음행을 멀리할 것을 권고했다(행 15:28-29). 이는 복음이 민족과 율법의 장벽을 넘어섰음을 공식적으로 확인한 결정이었다.

안디옥이 이러한 논쟁의 중심지가 된 것은 도시의 성격과 위치와도 깊은 관련이 있다. 헬레니즘 시대 셀레우코스 1세 니카토르가 건설한 이 도시는 셀레우코스 왕국의 수도였고, 로마 제국 편입 후에는 수리아 속주의 총독부가 자리한 행정 중심지였다. 오론테스강과 지중해 항구 실루기아를 잇는 교통·무역의 요충지였으며, 소아시아·메소포타미아·이스라엘을 연결하는 관문이었다. 헬레니즘과 로마 행정, 디아스포라 유대인 전통이 공존하던 이 다문화 환경은, 복음이 경계를 넘어 확산되는 데 최적의 조건이었다.

요세푸스는 여러 도시 유대인들이 특권과 자치를 누렸음을 증언하며(『유대 고대사』 12.3.3, 14.10.2), 안디옥 유대인들도 회당과 교육기관을 중심으로 뿌리 깊은 전통을 유지했다고 추정할 수 있다. 『바빌로니아 탈무드』는 로마 시대에도 안디옥 유대인들이 율법 교육과 회당 예배를 지속했다고 시사한다(Avodah Zarah 11b). 이러한 강한 유대 정체성은 공동체를 지탱했지만, 동시에 이방 문화와 교류하는 접경지에서 긴장과 충돌을 불러일으켰다. 이 때문에 식탁 교제와 우상 제물, 음식 규정은 단순한 생활 문제가 아니라 복음의 자유와 율법의 경계가 정면으로 부딪히는 쟁점이 되었다.

바울은 이 논쟁에서 율법보다 복음을 앞세우며, 하나님의 백성이 민족이나 전통이 아니라 그리스도 안에서 새롭게 규정된다고 선언했다. 신약성경 학자들은 이 사건을 '어떻게 구원받는가'의 문제가 아니라 '누가 하나님의 백성인가'라는 질문으로 본다. 제임스 던(James D. G. Dunn)은 이를 율법 준수를 경계 표지(boundary markers)로 보고, 안디옥 사건을 언약 표지 재구성을 둘러싼 충돌로 해석했고, 톰 라이트는 언약 백성의 정체성 재정의라는 점을 강조했다. 존 바클레이(John M. G. Barclay)는 식탁 교제를 은혜가 사회적으로 구현되는 장으로 설명했고, 파울라 프레드릭슨(Paula Fredriksen)은 이방인이 이방인으로 남은 채 구원에 참여했다고 분석했다. 다양한 해석에도 불구하고, 안디옥 사건은 복음이 유대인과 이방인 모두를 포괄하는 보편적 구원임을 드러낸 중요한 순간이었다.

이후 바울과 바나바는 안디옥 교회의 기도와 파송을 받고 1차 선교 여정을 시작했다(행 13:1-3). 그리고 2차와 3차 여정에서도 언제나 안디옥으로 돌아와 사역을 보고하고, 다시 그곳에서 새길을 향해 나아갔다(행 14:26-28, 18:22-23). 안디옥은 단순한 한 지역 교회가 아니었다. 그것은 복음이 유대인의 경계를 넘어 로마 제국 전역으로 확장되는 관문이자 출발점이었다. 안디옥에서 복음은 처음으로 민족과 율법의 경계를 시험받았고, 그 자리에서 복음의 보편성이 증명되었다. 예루살렘에서 시작된 예수 운동이 더 이상 하나의 지역 공동체에 머물지 않고, 세상을 향한 교회로 성장한 곳이 바로 안디옥이었다. 여기서 신앙은 혈통이나 율법이 아니라, 예수를 주로 고백하는 믿음으로 하나 되는 공동체로 새롭게 정의되었다.

"그리스도인"이라는 이름이 처음 불린 곳(행 11:26)도 바로 이 도시였다. 그 이름은 단순한 호칭이 아니라, 새로운 정체성과 삶의 방향을 뜻했다. 안디옥은 그렇게 복음이 '누구의 것인가'를 넘어, '모두를 위한 것'으로 확장된 자리였다. 오늘 우리에게도 안디옥은 여전히 중요한 질문을 던진다. 교회는 여전히 경계 안에 머물고 있는가, 아니면 복음의 열린 길을 따라 나아가고 있는가? 안디옥의 교회는 세상을 향해 나아가는 교회였다. 그 길 위에서 바울과 바나바가 보았던 부르심은, 지금도 우리에게 이어지고 있다. "그리스도인"이라는 이름은 여전히 경계를 넘어서는 사람들에게 주어진 부르심이다.

역사와 지리로 만나는

바울이야기

04

갈라디아

동서남북을 잇는 제국의 회랑

AD ROMANOS
SERVVS JESV

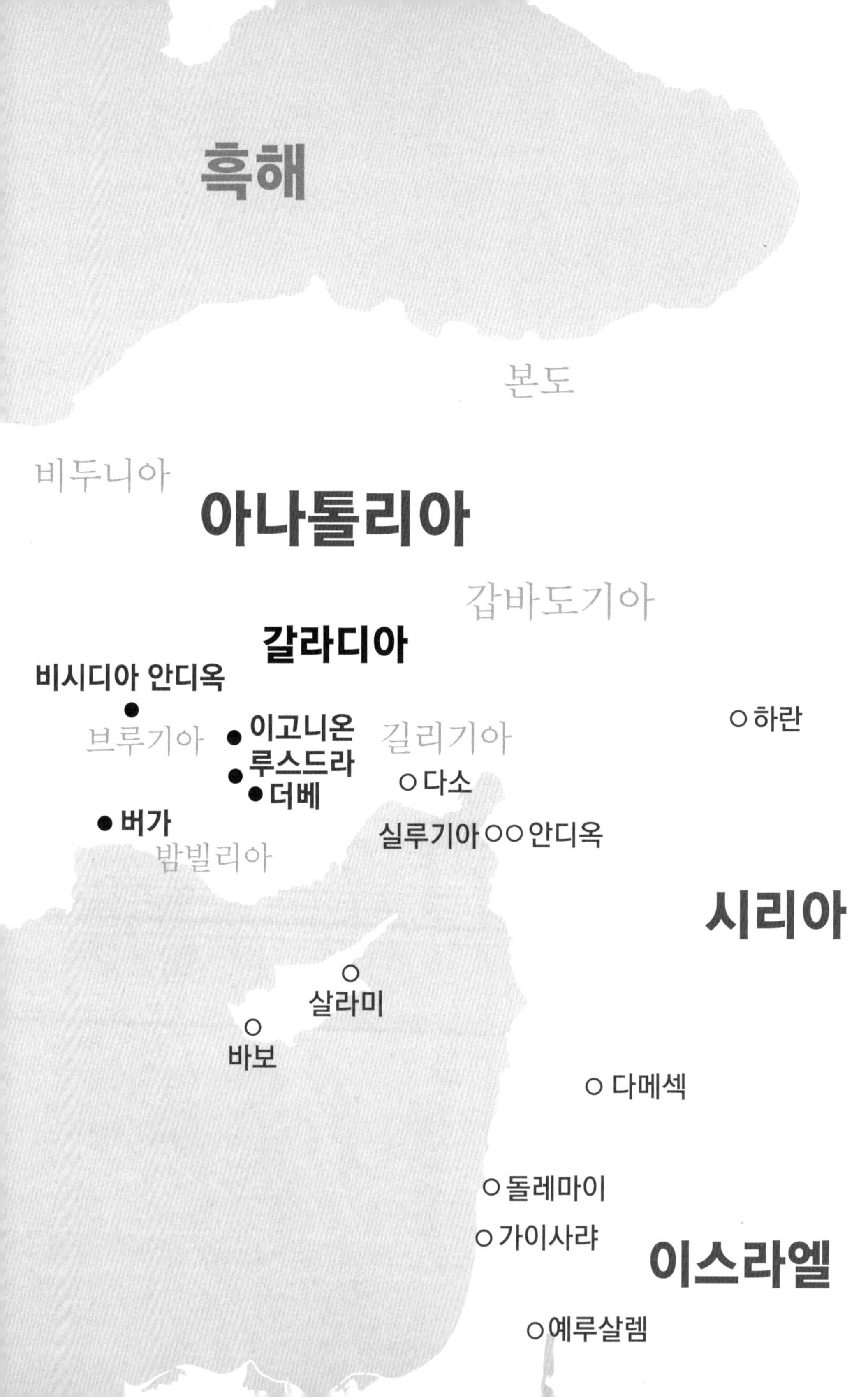
흑해
본도
비두니아
아나톨리아
갑바도기아
갈라디아
비시디아 안디옥
하란
브루기아
이고니온
길리기아
루스드라
다소
더베
버가
실루기아
안디옥
밤빌리아
시리아
살라미
바보
다메섹
돌레마이
가이사랴
이스라엘
예루살렘

갈라디아
동서남북을 잇는 제국의 회랑

바울의 첫 번째 선교 여정에서 가장 극적인 순간은, 타우루스 산맥을 넘어 아나톨리아 내륙 갈라디아(Galatia)에 들어섰을 때였다. 그 길에서 그는 회당마다 들어가 복음을 전했다. 유대인과 하나님을 경외하는 이방인들이 함께 모여 교회를 이루었고, 때로는 돌에 맞아 죽음 직전까지 내몰리기도 했다. 그러나 바로 그 갈라디아에서 복음은 경계를 넘어섰다. 유대인과 이방인이 함께 하나의 공동체를 이루며, 바울의 신학이 현실 속에서 살아 움직이기 시작한 것이다. 훗날 갈라디아서의 중심이 된 율법과 은혜, 자유와 믿음의 논의가 바로 이곳에서 마련되었다.

안디옥에서 출발한 바울의 첫 번째 선교 여정은 구브로 섬을 지나 아나톨리아 내륙으로 이어졌다. 그 여정이 멈춘 주요 무대가 바로 로마 속주 갈라디아(Provincia Galatia)였다. 동역자들이 '왜 하필 갈라디아인가' 라는 질문을 굳이 던지지 않았던 것은, 당시 상황에서 그 선택이 누구에게나 설득력 있게 보였기 때문일 것이다. 아나톨리아 중앙부에 자리 잡은 갈라디아는 에게해와 메소포타미아, 흑해와 지중해를 잇는 교차로 구실을 했다. 단순한 내륙 고원이 아니라, 동서남북의 길이 한데 모이는 제국의 회랑이었던 것이다. 바울은 언제나 로마 제국의 도로망과 행정 체계, 즉 '로마로 가는 길'을 따라 복음을 전했다. 무작정 미지의 땅을 찾아간 것이 아니라, 제국의 주요 도시와 그 도시들을 잇는 길목을 전략적으로 선택했다. 따라서 갈라디아는 복음이 가장 빠르고 넓게 확산될 수 있는 길목이었다.

갈라디아의 지형은 평야와 고원이 뒤섞인 내륙 지대였다. 군사적·행정적으로 전략적 요충지였고, 로마 시대에 정비된 도로망은 병력 이동, 세금과 물자 운송, 정보 전달을 원활하게 했다. 특히 비시디아 안디옥로 이어지는 비아 세바스테(Via Sebaste)는 아우구스투스 시대에 건설된 제국 도로망의 핵심축으로, 바울의 발걸음을 인도한 길이기도 했다. 이러한 교통망은 복음을 한 도시에만 머물게 하지 않고 인근 지역으로 신속히 퍼뜨릴 수 있는 기반이 되었다. 갈라디아의 도시와 마을에는 토착 아나톨리아인, 헬레니즘 문화에 익숙한 주민, 로마인, 디아스포라 유대인, 그리고 켈트계 갈라디아인까지 다양한 민족이 살고 있었다. 갈등과 교류가 교차하는 이 다민족 사회 속에서, 바울이 선포한 보편적 복음은 서로 다른 배경을 가진 이들에게 비교적 쉽게 다가갈 수 있었다.

갈라디아라는 이름은 BC 3세기 무렵 다뉴브강 유역과 발칸 반도에서 이동해 온 켈트계 부족 집단의 정착에서 비롯되었다. 그들은 테크토사게스, 트로크미, 톨리스토보이 세 부족으로 나뉘어 안키라, 타비움, 페시누스를 차지했다. 초기에는 독립적인 군사 세력으로 활동했으나, 로마가 동방으로 세력을 확장하면서 점차 영향권 안으로 들어갔고, 마침내 BC 25년 아우구스투스 황제 때 로마 속주로 편입되었다. 이 과정에서 토착 아나톨리아 문화, 헬레니즘, 로마의 행정과 군사 체계가 뒤섞이며 독특한 혼합적 정체성이 형성되었다.

바울의 갈라디아 방문은 단순히 미지의 지역을 개척하는 일이 아니었다. 이곳에는 이미 그리스어와 유대교 전통에 모두 익숙한 디아스포라 유대인 공동체가 있었고, 회당은 바울이 복음을 전하는 전략적 출발점이 되었다. 고고학적으로 갈라디아 내 유대인 회당 유적이 직접 확인되지는 않았으나, 사도행전의 기록에 근거하면 존재했을 가능성이 충분하다. 바울은 회당에서 구약성경의 율법과 예언서를 바탕으로 예수 그리스도를 해석했고, 동시에 헬레니즘 세계의 언어와 논리로 이방인에게 복음을 전했다. 훗날 갈라디아서에 나타난 유대인과 이방인의 통합, 율법과 복음의 관계, 믿음을 통한 의라는 주제는 바로 이 갈라디아 선교 경험 속에서 구체적이고 생생한 현실을 바탕으로 형성된 것이다.

첫 번째 선교 여정에서 바울은 밤빌리아 속주의 수도 버가를 거쳐 해발 3,000m가 넘는 타우루스 산맥을 넘어 비시디아 안디옥에 도착했다. 이 도시는 로마의 군사 식민지이자 행정 중심지로, 제국 도로망의 요충지였다. 바울은 회당에서 안식일 설교를 통해 유대인과 경건한 이방인들에게 메시아 예수를 선포했고, 이를 받아들인 이들을 통해 교회가 세워졌다. 그러나 유대 지도자들의 반발이 심해지자 그는 이고니온으로 향했다. 이고니온은 교역로의 중심지로 다양한 민족과 문화가 뒤섞인 도시였다. 바울은 그곳에서 지속적인 가르침과 표적을 통해 많은 이들을 믿음으로 이끌었으나, 다시금 적대에 직면했다. 결국 그는 루스드라로 피신했는데, 그곳에서 태어나면서부터 걷지 못하던 이를 고치는 기적을 행했다. 이 사건으로 인해 사람들은 바울과 바나바를 헤르메스와 제우스로 착각하기도 했으나, 유대인들의 선동으로 바울은 돌에 맞아 거의 죽음에 이를 뻔했다. 마지막으로 더베에 도착한 바울은 비교적 평온한 환경 속에서 복음을 전했고, 많은 제자가 생겨났다.

이 여정에서 세워진 교회들은 갈라디아의 다채로운 민족적·문화적 배경을 반영하는 공동체였다. 훗날 바울이 갈라디아서를 통해 목회적 권면과 신학적 논의를 전한 대상이 바로 이 교회들이었다. 바울에게 갈라디아는 평범한 경유지가 아니라, 유대인과 이방인의 경계가 허물어지고 복음이 제국의 도로망을 타고 확장되는 '하나님의 나라' 운동의 실험장이자 새로운 출발점이었다. 그곳에서의 만남과 갈등, 가르침과 편지가 초대 교회 정체성을 형성하는 중요한 밑거름이 되었다.

고대 제국과 켈트 세계의 교차로

갈라디아는 오늘날 튀르키예의 수도 앙카라와 에스키쉐히르를 비롯한 중앙 아나톨리아 고원의 호수와 고산 지대를 가리킨다. 이 지역은 고대부터 동서 교역과 제국의 통치가 교차하던 전략적 내륙이었다. BC 2천년대, 히타이트 제국은 아나톨리아 전역을 지배하며 이곳을 북부 국경 방어와 교역 관리의 중심으로 삼았다. 히타이트인들은 요새 도시와 성채를 건설했고, 신들을 섬기는 성역을 세워 종교적 중심지로도 활용했다. 제국이 무너진 뒤에는 브루기아인들이 서쪽에서 이주해 와 중앙 고원에 자리 잡았다. 그들의 수도 고르디온은 앙카라 서쪽에 있었고, 훗날 알렉산더 대왕이 '고르디아스의 매듭'을 끊었던 전설적 사건의 무대이기도 했다. 브루기아(Phrygia) 시대는 목축과 곡물 재배가 발달한 시기였고, 음악과 예술이 번성했으며, 무엇보다도 아나톨리아 여신 키벨레 숭배가 종교적으로 체계화되어 이 지역의 색채를 남겼다.

브루기아가 쇠퇴한 뒤 잠시 리디아 왕국이 이 지역을 지배했으나, 곧 페르시아 제국의 팽창 속에 흡수되었다. 고레스 대왕(재위 BC 559~530년)이 리디아를 정복하면서 중앙 아나톨리아는 페르시아 제국의 일부가 되었고, 다리우스 1세(재위 BC 522~486년)는 이를 행정적으로 재편하며 왕의 길(Royal Road)을 체계화했다. 갈라디아 지역은 이 길의 중요한 관문으로서 제국의 군대와 조세, 칙령이 신속히 오가던 교통·행정의 요충지가 되었다. 페르시아의 군사적 팽창 과정에서 갈라디아 지역은 여러 차례 충돌과 저항을 겪었다. 산악 부족과 농촌 공동체는 제국의 압력에 반발했으나, 강력한 군사력 앞에 점차 굴복할 수밖에 없었다. 제국은 각 속주에 총독를 두어 지방을 다스렸고, 중앙 아나톨리아도 조공 지역으로 편입되어 곡물과 가축을 공급했다. 그러나 페르시아의 지배는 단순한 강압만이 아니었다. 현지 귀족층을 행정망에 포함시켜 통치 권한을 나누어 주었고, 아람어를 행정 언어로 사용하게 했다. 조로아스터교 전통이 일부 확산되었으나, 동시에 토착 신들을 존중해 혼합적 종교 풍경을 만들었다. 이로 인해 갈라디아 지역은 완전히 동화되기보다는, 페르시아 제국 질서 속에서 토착 문화를 유지하며 다층적 정체성을 형성해 갔다.

이처럼 히타이트에서 브루기아, 리디아와 페르시아에 이르기까지, 중앙 아나톨리아는 끊임없이 제국의 흥망성쇠에 휘말리며 새로운 문화와 제국 질서가 겹겹이 쌓여 갔다. 바로 그 토양 위에 BC 3세기 무렵, 갈리아 지역(오늘날의 프랑스·벨기에·스위스 서부)에서 발칸 반도를 거쳐 이주한 켈트족이 등장했다. 그들은 헬레니즘 세계의 분열 속에서 용병이자 약탈자로 활동하며 공포의 대상이 되었다. BC 279년, 마케도니아와 그리스 본토를 침입해 델포이의 아폴론 신전을 약탈하려 했으나 실패했고, 이 사건은 그리스인들에게 그들을 야만적 침입자로 각인시켰다. 이후 일부 집단은 소아시아로 건너와 아나톨리아 고원에 정착했고, 이때부터 이 지역은 '갈라디아'라 불리게 되었다. 그들은 전사적 기질과 켈트 전통을 유지하면서도 헬레니즘 문화와 언어를 받아들여 독특한 혼합 정체성을 지니게 되었다. 정착한 갈라디아인들은 세 부족 곧 안키라의 테크토사게스, 타비움의 트로크미, 페시누스의 톨리스토보이로 나뉘어 부족 연합 형태의 정치 질서를 이루었다. 초기에는 헬레니즘 왕국들과 충돌을 거듭했으며, 셀레우코스 왕국과 브루기아 지역 도시들은 그들의 약탈에 시달렸다. 그러나 BC 190년, 로마가 안티오코스 3세를 격파한 이후 상황이 달라졌다. 로마는 곧바로 갈라디아 원정을 단행해 켈트족을 제압했고, 이 사건을 계기로 갈라디아는 점차 로마의 보호와 간섭 아래 들어갔다. 마침내 BC 25년, 아우구스투스 치하에서 공식적으로 로마 속주로 편입되었다.

갈라디아인들의 종교적 배경에는 켈트족 고유의 전통이 여전히 살아 있었다. 그 중심에는 드루이드(Druids)라 불린 사제 계층이 있었는데, 이들은 단순한 제사장이 아니라 예언자이자 판관, 교육자이기도 했다. 그들은 숲과 강, 돌과 하늘 같은 자연을 신성시하며 제의를 집행했고, 영혼이 죽지 않고 다른 육체로 옮겨간다고 가르쳤다. 이러한 사상은 갈라디아인의 전사적 기질과도 맞닿아 있었다. 아나톨리아에 정착한 이후에도 이 전통의 흔적은 공동체적 결속과 제전 문화 속에 남아 있었지만, 동시에 헬레니즘 세계의 신전 숭배와 토착 신앙을 받아들이며 새로운 종교적 풍경을 만들어 갔다. 특히 키벨레 여신 숭배는 갈라디아 종교의 중심에 자리했다. 그 뿌리는 히타이트의 쿠바바 여신까지 거슬러 올라가며, 리디아와 이오니아 세계를 거쳐 헬레니즘 문화권 속에서 체계화되었다. 풍요와 다산을 상징한 키벨레 제의는 격렬한 음악과 북소리, 춤을 동반했고, 때로는 황홀경에 이르는 종교적 체험으로 이어졌다. 갈라디아 지배자들은 페시누스에 장대한 신전을 세워 이 숭배를 강화했으며, 그 영향은 나중에 로마 제국 전역으로 퍼져나갔다. 율리우스 카이사르는 『갈리아 전쟁기』에서 '켈트족은 온통 종교적인 일들에 몰두하였다'(natio est omnis Gallorum admodum dedita religionibus)라고 기록했다. 비록 그의 묘사가 갈리아의 켈트족을 향한 것이었지만, 갈라디아의 켈트족 또한 크게 다르지 않았다. 그들은 켈트 전통을 간직한 채, 아나톨리아의 토착 신들과 헬레니즘 다신교를 적극 수용하면서 다종교적 풍경을 만들어 갔다.

이처럼 갈라디아는 충돌과 융합의 역사 속에서 형성된 공간이었다. 히타이트와 브루기아, 리디아와 페르시아의 흔적 위에, 켈트 전사들의 정착과 헬레니즘 세계와의 갈등, 로마의 제압이 차례로 겹쳐졌다. 그 결과 갈라디아는 켈트 전통, 아나톨리아 종교, 헬레니즘 다신교, 로마 행정 체계가 중첩된 복합적 정체성을 지니게 되었고, 훗날 바울이 복음을 전했던 갈라디아 교회들의 배경이 되었다.

제국의 회랑 그러나 복음의 길목

갈라디아는 로마 제국에 편입되면서 역사 무대의 중심에 떠올랐다. 갈라디아가 단순히 하나의 지역 이름에 그치지 않은 이유는 분명하다. 이곳이 지중해와 메소포타미아, 흑해와 동유럽, 에게해와 페르시아를 잇는 거대한 문명의 회랑 곧 고대 제국의 길이 교차하는 회랑이었기 때문이다. 그러나 이 길은 바울에게 있어 복음의 길목이 되었다.

BC 190년, 로마 제국은 서부 아나톨리아의 마그네시아 평야에서 셀레우코스 왕국과 맞붙었다. 이 전투가 바로 마그네시아 전투였다. 셀레우코스 왕 안티오코스 3세는 로마의 숙적 한니발을 참모로 두고, 버가모 왕국과 동맹한 로마를 견제하려 했다. 그러나 전세는 급격히 기울었고, 로마-버가모 연합군은 승리를 거두었다. 이 패배로 셀레우코스 왕국은 BC 188년 브루기아 지역의 도시 아파메아에서 조약을 체결하게 되었고, 이를 흔히 '아파메아 조약'이라 부른다. 이 조약으로 왕국은 서부 아나톨리아 대부분의 영토를 로마와 동맹국에게 내주었으며, 막대한 전쟁 배상금과 군사력 제한은 몰락을 가속화했다. 동시에 로마는 이때부터 본격적으로 서부 아나톨리아 곧 '아시아 속주'(Provincia Asia)의 정치에 깊이 관여하기 시작했다. 훗날 이 지역은 '소아시아'(Asia Minor)라는 이름으로 불리며 아나톨리아 서부 지역을 가리키는 지명이 되었다.

흥미로운 점은, 이 전투에서 셀레우코스 왕국을 도왔던 갈라디아인들이 완전히 몰락하지 않고 일정한 독립적 지위를 유지했다는 사실이다. 당시 로마는 정복지를 직접 지배하기보다 현지 세력과의 동맹이나 묵인을 통해 간접적으로 통제하는 방식을 선호했다. 산악 지형에 강인한 전사 집단을 둔 갈라디아는 로마 입장에서 직접 통치하기보다는 완충 세력으로 남겨 두는 편이 유리했다. 로마는 셀레우코스를 견제하기 위해 버가모 왕국과 손을 잡았고, 버가모가 이 동맹을 통해 동방 헬레니즘 세계에서 입지를 강화했다. 마그네시아 전투의 승리는 이 동맹의 결실이었다. 이후 로마는 버가모 왕국을 통해 소아시아 내륙으로 영향력을 넓혀갔다.

BC 2세기 이후 버가모 왕국은 로마의 확고한 동맹으로 자리 잡았다. 아탈로스 왕조는 로마의 동방 전략을 충실히 지원했고, 마지막 왕 아탈로스 3세는 후계자 없이 죽으면서 자신의 왕국을 유언으로 로마에 남겼다. 이로써 BC 133년, 버가모 전역은 로마의 아시아 속주로 편입되었다. 이때부터 갈라디아와 버가모의 관계는 로마를 매개로 긴밀히 연결되었다. 버가모는 헬레니즘 문화의 보고로서 로마 동방 지배의 문명적 기반을 제공했고, 갈라디아는 내륙 통로이자 군사적 방패막이로 기능했다. 두 지역은 로마 제국 전략 속에서 해안과 내륙을 연결하는 상보적 관계를 형성한 것이다.

BC 1세기 말, 로마는 비시디아 출신 아뮌타스를 갈라디아의 분봉왕으로 세웠다. 그는 로마의 후원을 바탕으로 주변 부족들을 정복하며 세력을 넓혔으나, BC 25년 암살당하면서 갈라디아는 더 이상 분봉 체제를 유지할 수 없게 되었다. 결국 아우구스투스 황제는 갈라디아를 공식 속주로 편입시켰다. 이후 갈라디아의 영역은 점차 확대되어, 전통적인 갈라디아 지역뿐 아니라 남쪽의 비시디아 안디옥, 이고니온, 루스드라, 더베, 그리고 지중해 해안의 버가와 앗달리아까지 포함했다. AD 43년에는 리키아와 밤빌리아가 병합되었고, AD 70년 베스파시아누스 황제는 이를 갑바도기아 속주와 통합해 로마 동방 방어와 행정 재편의 거점으로 삼았다.

갈라디아의 진정한 중요성은 그 지리적 위치에 있었다. 북쪽으로는 흑해 연안, 남쪽으로는 지중해 연안을 연결하는 내륙 통로였으며, 동시에 동쪽으로 메소포타미아와 서쪽으로 에게해와 그리스 문명을 잇는 동서 교차로였다. 흑해 연안에는 고대 그리스 식민도시들과 스키타이, 사르마티아 같은 유목 민족이 있었고, 남쪽 지중해는 로마의 해상 교역로가 집중된 경제의 중심지였다. 동쪽으로는 아르메니아 고원과 유프라테스강 너머 메소포타미아와 페르시아로 이어졌고, 서쪽으로는 에게해 연안과 마케도니아로 연결되었다. 이 복잡한 문명의 길목에 위치한 갈라디아는 자연스럽게 상업, 군사, 문화, 종교의 거점이 되었다. 로마는 이곳에 비아

세바스테 같은 군사 도로를 건설해 속주 간을 연결했고, 병력 이동뿐 아니라 세금, 통신, 행정의 흐름도 이 길을 따라 이루어졌다.

그러나 이 길을 따라 움직인 것은 로마 군인들만이 아니었다. 바울 역시 바로 이 길을 따라 복음을 전했다. 그는 1차 선교 여정에서 밤빌리아 버가를 거쳐 비시디아 안디옥에 도착했고, 이어 이고니온, 루스드라, 더베로 이동했다. 비시디아 안디옥는 원래 셀레우코스 왕국이 세운 헬레니즘 도시였으나, 아우구스투스 시대 로마 군사 식민지로 재편되며 제국 질서에 깊이 편입되었다. 해발 1,100m 고원에 자리한 이 도시는 전략적 요충지였고, 로마 퇴역 군인과 가족들이 정착해 황제 숭배가 활발했다. 그러나 동시에 유대인 회당이 존재해 바울이 안식일에 설교할 수 있는 자리가 마련되어 있었다. 이곳은 로마 제국의 충성과 유대 전통이 공존하는 독특한 종교적·정치적 풍경을 보여주었다. 이고니온은 브루기아, 루가오니아, 갑바도기아를 잇는 교역 중심지로 내륙 교차로의 성격을 지녔다. 헬레니즘 시대부터 다양한 민족이 모여 살았고, 다문화적 분위기 속에서 그리스어와 토착 언어가 함께 사용되었다. 상업 활동과 종교 혼합은 주민들로 하여금 바울과 바나바를 헤르메스와 제우스로 착각하게 만들었는데, 이는 도시 신앙이 헬레니즘 다신교 세계관에 얼마나 깊이 뿌리내려 있었는지를 보여준다. 루스드라는 루가오니아 평야의 작은 도시였지만, 로마는 이곳을 갈라디아 속주 남부의 군사 거점으로 삼았다. 도시 규모는 크지 않았으나 토착 루가오니아 문화가 강하게 남아 있었고, 주민들은 실제로 그리스어보다 루가오니아어를 더 익숙하게 썼다. 바울이 태어날 때부터 걷지 못한 이를 고친 사건은 큰 반향을 일으켰으나, 이는 곧 토착 신앙과 제우스 숭배로 기울어지는 결과를 낳았다. 루스드라는 복음과 이방 종교가 정면으로 맞부딪힌 현장이었다. 마지막으로 더베는 루가오니아와 길리기아 경계에 위치한 국경 도시였다. 교역과 군사 이동의 거점이었던 이 도시는 헬레니즘 시대 기록은 드물지만, 로마 시대에 들어 비교적 평온한 환경을 유지하며 교역과 통행을 담당했다. 바울은 루스드라에서 돌에 맞아 죽을 뻔한 직후에도 이곳에서 많은 제자를 얻었다. 이는 더베가 상대적으로 안정된 도시 분위기를 지니고 있었음을 보여준다.

바울의 갈라디아 여정은 로마의 도로망과 행정 체계 속에서 복음이 어떻게 빠르게 확산될 수 있었는지를 보여주는 대표적인 사례였다. 갈라디아는 디아스포라 유대인, 헬레니즘 전통, 로마 시민, 동방 상인들이 함께 살아가는 다문화 지역이었다. 그렇기에 바울이 갈라디아서에서 전한 "너희는 유대인이나 헬라인이나 종이나 자유인이나 남자나 여자나 다 그리스도 예수 안에서 하나이니라"(갈 3:28)라는 메시지는 이곳에서 더욱 깊은 울림을 가질 수 있었다. 이렇게 갈라디아는 로마 제국의 길이 집중된 회랑이자, 동시에 바울의 복음이 뻗어 나간 길목이었다. 군사와 무역, 종교와 문화가 오가는 제국의 길 위에서, 복음은 새로운 길을 열었고, 그 길은 제국을 넘어 세계를 향해 나아갔다.

경계의 사람들, 갈라디아 유대인 공동체

갈라디아에 유대인들이 어떻게 정착했는지에 대한 직접 기록은 많지 않다. 그러나 고대 사료, 유대 문헌, 고고학, 그리고 신약성경을 종합하면, 바울 시대 이전부터 이 지역에도 디아스포라 유대인 공동체가 형성되어 있었음을 충분히 확인할 수 있다.

무엇보다 요세푸스의 기록은 중요한 근거가 된다. 그는 로마 집정관과 총독들이 아시아 속주와 브루기아의 유대인들에게 율법과 조상의 관습을 지킬 자유를 허락했다고 전한다(『유대 고대사』 14.8.2, 16.6.2). 갈라디아라는 지명이 직접 나오지는 않지만, 갈라디아 속주가 아시아·브루기아 속주와 맞닿아 있었음을 고려하면, 이 증언은 갈라디아 일대에도 회당 공동체가 퍼져 있었음을 간접적으로 시사한다. 로마의 정치가 키케로는 아시아 속주 유대인들의 성전세가 몰수된 사건을 언급하고(『Pro Flacco』 28, 66-69), 그리스 출신의 지리학자이자 역사학자인 스트라본은 유대인의 광범위한 분산을 일반론적으로 전한다(『Geography』 16.2.37).

이와 더불어 유대 문헌도 갈라디아 유대인들의 존재를 간접적으로 비춘다. 『미쉬나』는 '바빌로니아, 메데, 엘람, 아시아에 흩어진 유대인들'을 언급하며(Kiddushin 4:1), 디아스포라의 광범위한 분산을 보여준다. 여기서 '아시아'는 단순히 에베소나 서머나 같은 해안 도시만이 아니라, 내륙 갈라디아까지 포괄하는 넓은 범위로 이해할 수 있다. 이후 『바빌로니아 탈무드』에서도 '아시아의 유대인들'이 율법 준수 문제로 거론되는데(Shabbat 145b, Avodah Zarah 31b), 이는 갈라디아 속주 유대인 공동체가 실제로 신앙과 정체성의 긴장 속에서 살았음을 보여준다.

사도행전은 이러한 간접 증거들보다 더 분명한 자료를 제공한다. 바울은 비시디아 안디옥(행 13:14)과 이고니온(행 14:1)의 회당에서 복음을 전했다. 루스드라와 더베에서는 회당이 언급되지는 않지만, 인근 도시 유대인들의 개입(행 14:19)과 "경건한 사람들"(행 13:43, 48)을 고려할 때, 갈라디아 남부 지역에도 회당 네트워크가 실재했음을 알 수 있다. 고고학적 자료도 이를 뒷받침한다. 소아시아 내륙에서 발견된 비문들에는 '하나님을 경외하는 자'라는 표현이 반복적으로 등장한다. 이는 사도행전이 묘사하는 '경건한 이방인'과 직접 연결된다. 또한 묘비와 헌정문에서 확인되는 마리아, 야고보 등 성경에 등장하는 인명들은 유대인 공동체의 흔적일 가능성을 비춰준다. 물론 단정은 어렵지만, 지역 내 회당과 공동체의 실재를 뒷받침하는 정황 증거로 충분하다. 이처럼 갈라디아의 유대인들은 제국 도로망을 따라 형성된 디아스포라 네트워크의 일부였다. 그들은 상업과 무역, 장인 조합, 농업 등 다양한 직업에 종사했으며, 계층적으로도 분화되었다. 그러나 그들을 하나로 묶어 준 중심은 회당이었다. 회당은 율법 교육과 절기 준수의 공간이면서 동시에 헬레니즘 사회와 만나는 경계의 장이었다.

바울의 복음은 바로 이 경계 위에서 울려 퍼졌다. 율법을 존중하면서도 완전한 개종 없이 하나님을 경외하는 이방인들은 구약성경과 헬레니즘적 언어에 모두 익숙했다. 그들에게 바울이 전한 "사람이 의롭게 되는 것은 율법의 행위로 말미암음이 아니요 오직 예수 그리스도를 믿음으로 말미암는 줄 알므로 우리도 그리스도 예수를 믿나니 이는 우리가 율법의 행위로써가 아니고 그리스도를 믿음으로써 의롭다 함을 얻으려 함이라 율법의 행위로써는 의롭다 함을 얻을 육체가 없느니라"(갈 2:16)라는 선언은 정체성의 긴장을 정면으로 파고들었다. 그 순간, 유대인과 이방인의 경계는 새롭게 정의되었고, 갈라디아는 새로운 공동체 정체성이 태어나는 무대가 되었다.

갈라디아 사람들과 제국의 길목에서 피어난 교회

갈라디아라는 이름을 들으면 우리는 먼저 바울의 편지인 갈라디아서를 떠올린다. 그러나 이 명칭의 뿌리를 따라가 보면, 갈라디아는 단순한 지명이 아니라 고대 지중해와 아나톨리아 세계 속에서 독특한 역사와 정체성을 지닌 사람들을 가리키는 말이었다. 본래 이 땅은 BC 3세기 무렵 발칸 반도에서 건너온 켈트계 민족이 정착하며 '갈라디아인'이라는 이름을 얻었다. 그들은 용맹한 전사 집단으로 알려졌고, 아나톨리아 내륙 고원에 자리를 잡아 자신들만의 영역을 세웠다. 그러나 시간이 흐르면서 헬레니즘 문화와 토착 문화, 그리고 로마 행정 체계 안에 점차 동화되었다. 바울이 이곳을 방문했을 당시 갈라디아는 더 이상 켈트족의 땅에 머무르지 않고, 여러 민족과 문화가 교차하는 혼합적 정체성을 지닌 지역이었다.

바울의 편지 갈라디아서 서두에는 "함께 있는 모든 형제와 더불어 갈라디아 여러 교회들에게 우리 하나님 아버지와 주 예수 그리스도로부터 은혜와 평강이 있기를 원하노라"(갈 1:2-3)라는 인사가 등장한다. 여기서 말하는 "갈라디아 여러 교회들"은 단순히 한 민족 집단을 가리키지 않는다. 이 표현은 로마 속주의 행정구역 안에 자리 잡은 교회 공동체들을 지칭하는 것으로 이해해야 한다. 사도행전에 따르면 바울은 1차 선교 여정에서 비시디아 안디옥, 이고니온, 루스드라, 더베와 같은 도시들을 순회했다. 이 도시들은 모두 당시 로마 속주 갈라디아에 속해 있었으며, 따라서 "갈라디아 여러 교회들"은 곧 이 지역에 흩어져 있던 그리스도인 공동체 전체를 포괄하는 표현이 된다.

이 편지를 받았던 교회들은 문화적으로나 민족적으로 단일하지 않았다. 로마 시민권을 가진 퇴역 군인과 그 가족들, 헬레니즘 전통을 따르던 그리스계 주민들, 토착 루가오니아인과 브루기아인, 그리고 회당을 중심으로 신앙생활을 이어가던 유대인과 디아스포라 공동체가 섞여 있었다. 따라서 "갈라디아 여러 교회들"은 지리적 개념만이 아니라, 제국의 길목에서 복음을 받아들인 다민족 신앙 공동체를 가리키는 호칭이었다. 바울은 이들에게 개인적 인사를 넘어, 편지의 첫머리에서부터 복음의 본질을 환기한다. 그는 "다른 복음"을 따르는 일이 얼마나 심각한 위협인지를 강조하며(갈 1:6-9), 이 교회들이 율법과 복음 사이의 혼란 속에 놓여 있음을 지적한다. 즉, "갈라디아 여러 교회들" 제국의 한복판, 다문화와 다종교가 얽힌 현실 속에서 새로운 정체성을 시험받던 교회 공동체였다.

이와 관련해 학자들은 바울이 갈라디아서에서 말하는 "갈라디아 여러 교회들"의 지리적인 경계에 대해 오랫동안 논의해 왔다. 흔히 이를 북갈라디아설과 남갈라디아설이라 부른다. 북갈라디아설은 바울이 언급한 교회가 전통적인 갈라디아의 중심지, 즉 아나톨리아 내륙 북쪽 고원에 있던 켈트족 후예들의 마을을 뜻한다고 본다. 반면 남갈라디아설은 바울이 1차 선교 여정에서 지나갔던 비시디아 안디옥, 이고니온, 루스드라, 더베와 같은 도시들을 지칭한다고 본다. 이 지역들은 당시 로마 행정 체계에서 갈라디아 속주에 속했기에 바울이 이들을 '갈라디아인'이라 불렀다는 것이다.

오늘날 대부분의 학자들은 남갈라디아설에 무게를 둔다. 바울이 실제로 사도행전에 기록된 여정을 따라 남갈라디아 지역 도시들을 방문하며 복음을 전했기 때문이다. 비시디아 안디옥는 로마가 세운 군사 식민 도시로 속주 행정의 중심지였으며, 바울은 안식일마다 회당에서 유대인과 이방인 개종자들에게 복음을 선포했다. 이고니온은 농업과 상업이 발달한 다민족 도시였고, 루스드라는 상대적으로 작은 도시였지만 토착 종교와 신화적 상상력이 여전히 강하게 남아 있어 바울과 바나바를 헤르메스와 제우스로 착각하는 사건이 벌어졌다(행 14:8-13). 더베는 교역로와 군사 도로에 연결된 소도시로, 바울은 이곳에서 복음을 전하며 여러 제자를 얻었다. 각 도시는 로마 행정과 헬레니즘 전통, 유대인 공동체가 공존하는 다문화적 공간이었고, 바울은 그 한가운데서 복음을 전하며 교회를 세워나갔다. 따라서 남갈라디아설을 지지하는 입장은 단순히 행정 구역상의 구분 때문만이 아니라, 사도행전이 보여주는 바울의 실제 여정과 당시 지역의 역사·문화적 배경에 뿌리를 두고 있다. 만약 북갈라디아설이 옳다면 바울은 훗날 북쪽 내륙을 다니며 교회를 세운 것이 되고, 남갈라디아설이 맞다면 그의 첫 선교 여정에서 이미 "갈라디아 여러 교회들"이 형성되었다는 뜻이 된다. 어느 쪽이든 "갈라디아 여러 교회들"이 바울 선교에서 초기이자 핵심적인 역할을 담당했다는 점은 분명하다.

그러나 바울이 갈라디아서에서 다룬 쟁점은 지리적 문제가 아니라 신앙의 본질이었다. 당시 교회는 이방인이 예수를 믿고 공동체에 들어올 때 '모세 율법을 지켜야 하는가'라는 문제로 격렬한 갈등을 겪었다. 어떤 이들은 이방인도 유대인처럼 할례를 받고 율법을 따라야 한다고 주장했지만, 바울은 단호히 맞섰다. 그는 "사람이 의롭게 되는 것은 율법의 행위로 말미암음이 아니요 오직 예수 그리스도를 믿음으로 말미암는 줄 알므로"(갈 2:16)라고 선포했다. 이는 단순한 교리 논쟁이 아니라, 교회가 어떤 정체성을 가질 것인가를 가르는 결정적 문제였다.

갈라디아 사람들은 로마 속주의 행정구역 안에서 살며, 제국의 도로망을 따라 흐르는 문화와 상업, 정치의 길목에서 일상을 이어갔다. 바울은 바로 그곳에서 유대인과 이방인의 경계를 넘어서는 새로운 공동체를 세워갔다. 그래서 갈라디아는 단순한 지명이 아니라, 복음이 민족과 문화를 넘어 새로운 정체성을 창조한 무대였다. '갈라디아 여러 교회들이 어디를 가리키는가?'라는 물음은 단순히 지리적·민족학적 문제가 아니다. 그 질문의 핵심에는 곧 '누가 참된 하나님의 백성인가?'라는 바울의 신학적 물음이 자리한다. 북갈라디아설이든 남갈라디아설이든, 논쟁의 본질은 한 가지로 귀결된다. 하나님의 백성은 율법의 행위로 구분되는가, 아니면 믿음으로 의롭다 함을 얻은 모든 이에게 열려 있는가 하는 문제다.

따라서 갈라디아 교회는 제국의 길목에서 피어난 한 지역 교회를 넘어, 초대 교회가 하나님의 백성으로서의 정체성을 새롭게 세워간 역사적 현장이었다. 바울이 갈라디아서를 통해 선포한 복음은 단순한 교리의 선언이 아니라, 제국의 경계와 율법의 한계를 넘어선 새로운 인간 공동체의 탄생을 의미했다.

경계의 전환, 갈라디아에 울려 퍼진 복음

갈라디아서에 따르면, 바울의 복음 전도에서 가장 큰 어려움은 이방인보다 오히려 유대인들이었다. 비시디아 안디옥, 이고니온, 루스드라, 더베 등 갈라디아 지역의 초대 교회 안에는 "거짓 형제들"(갈 2:4)이 있었다. 그들은 예수를 믿는 이방인들에게도 할례와 음식 규정, 절기 준수 같은 율법을 지켜야 한다고 주장하며, 이방인이 공동체의 일원이 되려면 유대적 정체성의 경계 표지(boundary markers)를 따라야 한다고 가르쳤다. 바울은 바로 이들과 맞서야 했다. 그러나 그의 선교는 율법 자체를 부정하거나 폐기하려는 것이 아니었다. 그는 율법이 본래 하나님의 백성을 구별하는 표지로 주어진 것임을 인정했지만, 이제 그 경계는 예수 그리스도 안에서 새롭게 재구성되어야 한다고 선포했다. 바울에게 복음은 더 이상 사람들을 구분하는 담장이 아니라, 모든 민족에게 열려 있는 새로운 경계, 즉 "너희는 유대인이나 헬라인이나 종이나 자유인이나 남자나 여자나 다 그리스도 예수 안에서 하나이니라”(갈 3:28)라는 정체성으로의 전환이었다.

갈라디아서의 핵심 메시지는 바로 이 지점에서 드러난다. 바울은 율법이 지닌 가치를 무시하지 않으면서도, 그것이 더 이상 하나님 백성의 소속을 가르는 절대적 경계로 작동할 수 없다고 말했다(갈 2:16). 다시 말해, 아브라함의 자손이 되는 길은 혈통이나 규례 준수가 아니라 믿음을 통해 열린다는 복음의 급진성이 드러난 것이다. 이는 율법을 폐지한 것이 아니라, 율법의 테두리를 넘어 모든 이방인에게도 하나님 나라의 문이 열렸다는 새로운 초청의 선언이었다. 이로써 갈라디아 교회는 유대인과 이방인이 함께 어깨를 나란히 하는 공동체로 자라날 수 있었다.

최근 신약성경 학자들, 특히 톰 라이트를 비롯한 ‘바울에 대한 새 관점’ 학자들은 바울이 말한 ‘율법의 행위’를 단순히 인간의 공로적 노력이나 율법주의적 집착으로 이해하지 않는다. 그들은 그것을 언약적 정체성을 드러내는 경계 표지(boundary markers) 곧 할례, 안식일, 음식 규정 등으로 해석한다. 따라서 바울의 논쟁은 율법주의를 비판하는 데 있지 않고, 예수 그리스도 안에서 유대인과 이방인이 하나의 하나님 백성을 이루게 되었다는 새로운 경계 선언으로 이해된다. 이러한 시각은 갈라디아서를 유대적 맥락 속에서 새롭게 조명하게 하며, 바울 신학의 포용성과 공동체적 성격을 더욱 선명하게 드러낸다.

갈라디아의 도시들은 단순히 복음이 전해진 무대가 아니었다. 그것은 로마의 도로망과 무역로가 교차하는 다문화적 공간이자, 군사 식민지의 제국 질서, 헬레니즘 전통, 유대인 회당 문화가 공존하는 복합 사회였다. 회당은 율법과 절기, 할례와 음식 규정을 지키는 장소였고, 이는 곧 유대인과 이방인을 가르는 경계선이자 정체성의 상징이었다. 그러나 바울의 복음은 이 경계를 단순히 허무는 것이 아니었다. 그는 "그리스도 예수 안에서"라는 새로운 경계를 제시했다. 그것은 기존의 담장을 허무는 동시에, 그 자리에 새로운 공동체의 경계를 세우는 일이었다. 다시 말해, 이는 경계의 제거가 아니라 경계의 전환이었다. 유대인에게는 율법의 우월성이 상대화되었고, 이방인에게는 동일한 신분과 소속이 주어졌다. 이는 갈라디아의 현실 속에서 매우 급진적인 선언이었다. 로마 제국은 계층과 민족, 신분의 경계를 질서 유지의 도구로 삼았지만, 바울은 "그리스도 예수 안에서 하나"를 선포하며 그 위계적 질서 자체에 도전했다.

따라서 갈라디아에서의 복음은 단순한 종교적 메시지가 아니었다. 그것은 사회적 경계를 새롭게 쓰는 사건이었다. 회당과 광장, 시장과 가정에서 울려 퍼진 바울의 선포는 유대인과 이방인, 남성과 여성, 종과 자유인이라는 오래된 경계를 흔들며, 그리스도 예수 안에서만 가능한 새로운 연합을 현실 속에 드러냈다. 갈라디아의 회당과 시장, 길드와 가정 공동체에는 상인과 장인, 농부와 노예, 로마 시민과 피지배 민족, 경건한 유대인과 이방 개종자가 함께 있었다. 바로 이 다문화적 공간에서 복음은 가장 선명하게 빛났다. "너희는 유대인이나 헬라인이나 종이나 자유인이나 남자나 여자나 다 그리스도 예수 안에서 하나이니라"(갈 3:28)라는 갈라디아서의 고백은 단순히 모든 경계를 무효화하는 선언이 아니었다. 그것은 복음이 세운 새로운 공동체의 경계, 곧 정체성의 재구성을 뜻했다. 이 메시지는 교리적 주장이 아니라 실제 공동체 갈등 속에서 태어난 신학적 결단이었다.

갈라디아에서 울려 퍼진 복음은 한 지역 교회의 문제가 아니었다. 그것은 로마 제국의 위계와 사회적 경계를 뒤흔드는 급진적인 선언이었으며, 복음이 본래 지닌 자유와 포용의 본질을 드러낸 사건이었다. 바울이 갈라디아에서 선포한 복음은 신학적 논쟁이 아니라, 인간이 서로를 구분하고 지배하던 질서를 새롭게 재편하는 삶의 선언이었다. 유대인과 이방인, 남자와 여자, 종과 자유인이라는 구분이 무너지고, 그리스도 예수 안에서 모두가 하나라는 고백이 바로 이 땅에서 태어났다. 그 복음은 회당과 시장, 가정과 길드에 스며들며 사람들의 관계를 바꾸었고, 제국의 도로망을 따라 더 먼 도시들로 확산되었다. 갈라디아의 이야기는 여기서 멈추지만, 복음은 멈추지 않았다. 바울의 길은 계속 이어졌고, 그가 걸었던 길마다 복음은 새로운 경계를 넘어 퍼져 나갔다.

그러나 갈라디아의 복음은 단지 과거의 사건으로 끝나지 않는다. 그것은 오늘 우리에게 다시 묻는다. 교회는 여전히 울타리 안에 머물고 있는가, 아니면 복음이 열어놓은 자유의 공간으로 나아가고 있는가? 바울이 갈라디아에서 경험한 복음의 힘은 단순한 해방이 아니라, 서로 다른 이들이 한 식탁에 앉을 수 있게 하는 새로운 질서였다. 복음은 그때나 지금이나 우리를 그 자리로 부른다. 경계를 넘어, 차이를 품으며, 그리스도 예수 안에서 하나로 살아가는 길, 그것이 바로 갈라디아가 남긴 복음의 유산이다.

역사와 지리로 만나는

바울이야기

05

사데

제국 속에 뿌리내린 유대인의 도시

AD ROMANOS
SERVVS JESV

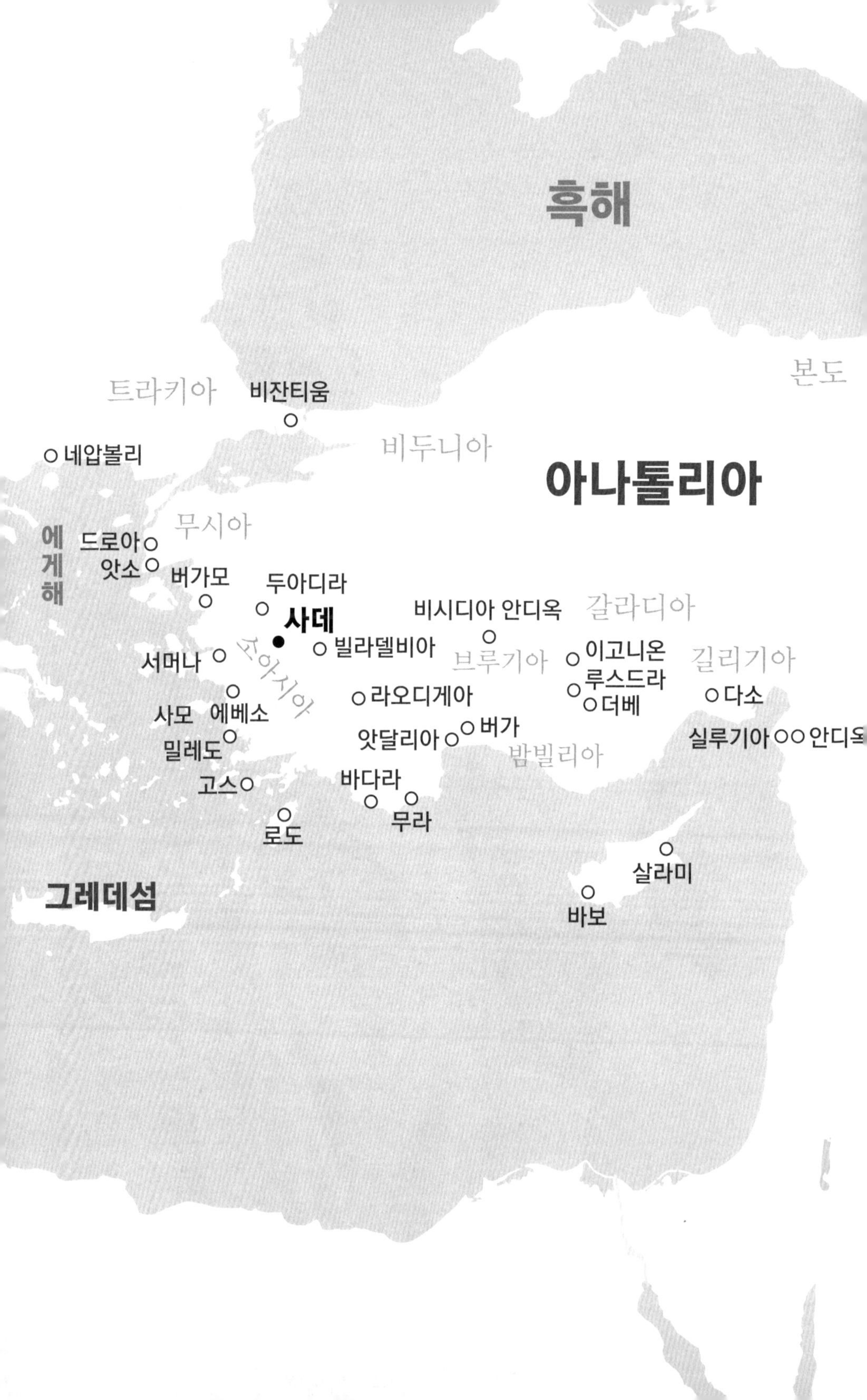
흑해
본도
트라키아
비잔티움
비두니아
네압볼리
아나톨리아
무시아
에게해
드로아
앗소
버가모
두아디라
사데
비시디아 안디옥
갈라디아
소아시아
빌라델비아
서머나
브루기아
이고니온
길리기아
루스드라
더베
다소
라오디게아
사모
에베소
버가
앗달리아
밤빌리아
실루기아
안디옥
밀레도
고스
바다라
무라
로도
살라미
바보
그레데섬

제국 속에 뿌리내린 유대인의 도시

사데(Sardis)를 걸을 때 가장 인상적인 장면은, 거대한 유대인 회당과 로마식 김나지움이 나란히 서 있는 풍경이다. 동일한 공간에 율법과 헬레니즘, 그리고 로마 시민 문화가 겹쳐진 이 장면은 곧 사데라는 도시의 성격을 압축한다. 유대 전통이 뿌리내린 자리이면서도, 로마 제국의 질서와 공공문화가 지배하던 무대. 바로 이 교차점에서 복음은 경계를 넘어 전해졌고, 요한계시록의 책망-"네가 살았다 하는 이름을 가졌으나 죽은 자로다"(계 3:1)-이 던지는 물음은 바울의 사역이 직면한 신학적 과제를 상징적으로 드러낸다.

사데는 요한계시록에 등장하는 일곱 교회 가운데 하나로, 본래 고대 그리스의 이오니아(Ionia) 문화권과 맞닿은 지역에 자리했다. 이후 로마 제국의 아시아 속주(Provincia Asia) 곧 소아시아(Asia Minor) 지역의 중심 도시로 발전했다. 오늘날 튀르키예 서부 살리흘리(Salihli) 근처에 자리한 이 도시는 단순히 종말론적 메시지의 배경지에 그치지 않았다. 사데는 고대 지중해 세계의 패권 속에서 정치·경제·종교의 중심을 이루며, 로마 제국 질서 안에서 살아간 디아스포라 유대인의 삶을 보여주는 현장이었다. 특히 이곳에서 발굴된 거대한 회당은 사데에 활발하고 조직적인 유대인 공동체가 존재했음을 증언하는 가장 중요한 흔적이다. 이는 곧 아시아 속주 전역에 뿌리내린 디아스포라 유대인의 역동적 삶과 신앙의 지속성을 보여준다.

바울이 사데를 직접 방문했다는 기록은 없지만, 그의 선교 여정 속에서 이곳을 지나갔을 가능성은 충분하다. 사데를 주목하는 이유는 크게 네 가지다. 첫째, 회당과 김나지움이 나란히 선 도시 구조 속에 유대 전통과 그리스-로마 시민 문화가 공존했다. 이는 "먼저 유대인에게 그리고 헬라인에게로다"(롬 1:16)라는 바울의 선교 원리가 어떻게 실제 공간 속에서 드러났는지를 보여준다. 둘째, 사데는 '길의 도시'였다. 페르시아 시대의 왕의 길(Royal Road)과 로마의 도로망(Via Romana)이 만나는 관문으로, 에게 해안과 소아시아 내륙을 연결하고 더 멀리 동방으로 이어지는 회랑을 형성했다. 셋째, 사데는 디아스포라 유대인의 정체성과 통합을 동시에 보여주는 현장이었다. 율법 전통을 지키면서도 도시의 공적 삶에 참여한 이들 속에서 바울의 선교가 씨름해야 할 현실이 드러난다. 넷째, 요한계시록 속 사데 교회는 "네가 살았다 하는 이름을 가졌으나 죽은 자로다"(계 3:1)라는 책망을 받는다. 이는 단순한 종말론적 경고가 아니라, 복음이 제국의 공적 공간에서 어떤 도전을 겪었는지 상징하는 신학적 메시지로 읽을 수 있다.

사데의 기원은 리디아 왕국의 수도로 거슬러 올라간다. 전설적인 부자

왕 크로이소스는 이 도시를 자신의 영광과 번영의 상징으로 만들었다. 그러나 BC 546년, 페르시아 제국의 고레스가 사데를 함락하면서 이 도시는 제국 서방의 전초기지가 되었다. 사데는 곧 왕의 길을 따라 제국의 수도 수사와 연결되며 동서 교역의 관문이 되었고, 이후 BC 330년 알렉산더에게 항복하여 헬레니즘 세계 속으로 편입되었다. 셀레우코스 왕국과 버가모 왕국의 지배를 거쳐 로마 제국의 통치 아래 들어간 사데는 다시금 번영의 절정을 누렸다. 로마 초기의 큰 지진과 재건을 거치며 공공 건축과 도로망이 정비되었고, 인구는 약 12만 명에 달해 소아시아의 손꼽히는 대도시로 자리매김했다.

이러한 도시적 성격은 바울의 선교전략과도 맞닿아 있었다. 그는 언제나 회당이 있는 도시를 중심으로 복음을 전했고, 회당은 유대인뿐 아니라 일정 부분 그리스인에게도 열린 공간이었다. 데살로니가, 고린도, 에베소와 마찬가지로, 사데에도 서부 아나톨리아 최대 규모의 회당이 있었다. 따라서 사도행전과 바울 서신에 사데가 직접 언급되지 않는 사실은 오히려 역설적이다. 에베소로 이동하는 제3차 선교 여정의 길목에 위치한 사데는 충분히 경유지로 기능할 수 있었고, 바울이 에베소에서 3년 가까이 머물며(행 19:10; 20:31) 소아시아 전역에 복음을 전했다는 기록은, 사데를 비롯한 인근 도시들에도 복음이 확산되었음을 강하게 시사한다.

결국 요한계시록의 책망-"네가 살았다 하는 이름을 가졌으나 죽은 자로다"-은 사데의 역사와 겹쳐진다. 크로이소스의 부와 영광, 페르시아의 정복, 알렉산더의 진군과 로마의 지배를 거치며 흥망을 반복한 그 도시는, 유대인 공동체가 뿌리내린 자리였고 복음이 전해진 자리였다. 오늘날 유적지에서 회당과 김나지움이 나란히 서 있는 풍경은, 복음이 제국 속 다문화의 한복판에서 어떤 씨름을 했는지를 상징하는 강렬한 증언으로 남아 있다.

부와 몰락의 문턱, 리디아의 수도 사데

사데는 오늘날 튀르키예 서부, 이즈미르에서 동쪽으로 약 75km 떨어진 내륙에 자리한 도시로, 고대에는 리디아 왕국의 찬란한 수도였다. 트몰루스 산 북쪽 비탈에 기대어 헤르무스 계곡을 굽어보는 천연 요새로 이름을 떨쳤다. 도시의 중심은 절벽 위 아크로폴리스에 세워졌고, 사방으로 펼쳐진 계곡은 자연의 방벽이 되어 사데를 전략적 요충지로 만들었다.

BC 1,200년경 동지중해 세계는 이른바 '바다 사람들'(the Sea Peoples)의 대규모 이동과 침입으로 큰 충격을 받았다. 이 해상 집단은 에게해와 동지중해를 따라 이동하며 이집트, 레반트, 아나톨리아를 공격했고, 그 여파로 미케네 문명과 우가리트, 히타이트 제국이 무너졌다. 이로써 서부 아나톨리아와 에게 해안은 약 300년 동안 기록의 공백기, 이른바 '암흑기'(약 BC 1,100~800년경)에 들어갔다. 그러나 이 시기를 거치며 새로운 세력들이 등장했고, 질서 재편이 시작되었다. 에게 해안에는 아이올리스, 이오니아, 도리스 계통의 그리스인들이 이주해 도시국가를 세웠고, 아나톨리아 내륙에는 브루기아, 카리아, 리디아 같은 토착 세력이 자신들의 문화권을 형성했다. 이 과정에서 해안의 그리스 도시들과 내륙의 토착 세력은 영토와 교역권을 두고 충돌을 거듭했다. 한때 아나톨리아 내륙을 장악했던 브루기아(Phrygia)는 강력한 세력을 형성했지만, BC 8세기 말 북방 기마 민족인 키메르족(Cimmerians)의 침입으로 급격히 쇠퇴했다. 이 권력의 공백을 차지한 세력이 바로 리디아였다. 사데를 중심으로 한 리디아 왕국은 천연 요새의 지리적 이점을 바탕으로 내륙을 통제했으며, 에게해 연안 도시들과의 교역로를 장악하고 팍톨루스 강에서 나는 사금과 비옥한 계곡의 농업 생산력을 기반으로 세력을 확장했다. 이로써 리디아는 서부 아나톨리아의 새로운 중심으로 부상했다.

리디아 왕국은 크로이소스(재위 BC 585~547년) 시대에 절정을 맞았다. 그는 전설적인 부자로 기억되며, 세계 최초로 체계적인 주화 제도를 확립해 화폐 경제의 기틀을 마련했고, 사데를 국제 무역의 중심지로 성장시켰다. 특히 사데를 흐르는 팍톨루스 강에서 풍부하게 채취된 사금은 그의 부와 왕국의 번영을 뒷받침했다. 양모와 직물 산업 또한 크게 발달하여, 사데는 동서 교역로의 분기점으로 기능했다. 그러나 풍요와 명성은 곧 페르시아 제국과의 충돌을 불러왔다. 크로이소스는 여동생 아루에니스(Aryenis)가 혼인한 메데 왕 아스투아게스(Astyages)가 페르시아의 고레스(재위 BC 559~530년)에 의해 폐위되자 이를 가문과 왕국의 모욕으로 여겼다. 그는 바빌로니아, 이집트, 스파르타와 동맹을 맺고 반(反)페르시아 전선을 구축했다.

BC 547년, 크로이소스는 할리스 강을 건너 갑바도기아로 진군했다. 당시 델포이 신탁은 '강대한 왕국이 무너질 것이다'라는 모호한 예언을 전했는데, 크로이소스는 그것을 페르시아의 몰락으로 오해했다는 전승이 전해진다. 그러나 이 오판은 그의 몰락을 재촉했다. 할리스 강 전투는 승부를 가르지 못했으나, 크로이소스는 전통에 따라 겨울철에 군대를 해산하고 동맹군의 합류를 기다리려 했다. 하지만 고레스는 계절적 관습을 깨뜨렸다. 그는 곧장 사데로 진격했고, 준비되지 않은 수도는 불시에 포위되었다. 헤로도토스의 전승에 따르면, 14일간의 공방 끝에 한 병사의 실수로 성벽의 약점이 드러났고, 이를 통해 페르시아군이 성으로 침투했다고 한다(『Histories』 1.84-86). 결국 사데는 함락되었고, 부유한 왕 크로이소스는 포로가 되었다.

이 사건은 단순한 도시의 몰락이 아니었다. 그것은 고대 세계사의 거대한 전환점이었다. 첫째, 리디아의 멸망은 서부 아나톨리아 토착 왕국들의 종말을 의미했다. 히타이트 제국 붕괴 이후 등장했던 브루기아, 카리아, 리디아는 차례로 몰락했고, 서부 아나톨리아는 더 이상 독립된 문명의 중심이 아니라 제국의 변경으로 편입되었다. 둘째, 사데의 함락은 페르시아 제국이 처음으로 에게 세계와 직접 맞닿는 계기가 되었다. 동서 교역의 교차로였던 사데의 함락은, 페르시아가 그리스 세계와 정면으로 충돌하는 장기적 서막을 열었다. 셋째, 리디아의 제도와 문화는 페르시아 제국 속으로 통합되었다. 주화 제도, 직물과 염색 기술, 정비된 행정 조직은 고레스 대왕의 제국 체제에 흡수되어 다민족 제국의 운영을 가능하도록 했다.

사데의 함락은 곧 한 왕국의 몰락이자, 동방의 페르시아와 서방의 에게 세계가 맞닥뜨리는 역사적 전환점이었다. 이 사건은 고대 지중해와 근동의 국제 질서를 재편했고, 페르시아 제국이 에게해와 그리스 세계로 확장해 가는 길을 열었다. 이후 사데는 페르시아 서부 지역의 수도가 되었고, 제국의 서쪽 문턱이자 동서 문명의 새로운 접점으로 기능했다.

사데, 동서 문명이 충돌한 제국의 관문

리디아 왕국이 멸망한 뒤, 사데는 곧바로 페르시아의 서방 수도로 편입되었다. 고레스의 뒤를 이은 다리우스 1세(재위 BC 522~486년)는 이곳을 제국 행정의 핵심 거점으로 삼았다. 그는 사데에서 제국의 수도 수사까지 이어지는 약 2,700km의 '왕의 길'(Royal Road)을 정비하여, 방대한 제국을 하나의 유기적 체계로 묶었다.

이 길은 단순한 도로가 아니었다. 일정한 간격마다 역참(imperial posting station)을 설치하고, 기수와 말이 교대로 달리는 파발 제도를 운영했다. 덕분에 왕의 칙령은 놀라운 속도로 전달될 수 있었다. 헤로도토스의 전승에 따르면, 보통 사람이 걸어서 사데에서 수사까지 가려면 90일이 걸렸지만, 파발 제도를 이용하면 단 7일 만에 도달할 수 있었다고 한다(『Histories』 5.52-54). 실제 수치는 과장이 섞여 있을 수 있으나, 당시로써는 혁명적 속도로 여겨졌음은 분명하다. 이를 통해 페르시아 왕은 제국의 가장 먼 서쪽 변경까지도 일주일 만에 명령을 내릴 수 있었다. 군사적으로 왕의 길은 병력과 보급품을 신속히 이동시켜 제국 방어와 반란 진압을 가능하게 했고, 경제적으로는 동서 교역을 연결하는 대동맥이 되었다. 사데는 그 서쪽 종점이자 출발점으로서, 제국의 서방을 통치하고 에게해와 소아시아를 감시하는 행정적·군사적 중심지로 기능했다. 그러나 이러한 효율적 지배 체계는 동시에 이오니아 지역 그리스 도시들에게 제국의 압박을 실감하게 하는 구조였다. 결국 이는 반란으로 이어졌다.

BC 499년, 서부 아나톨리아의 이오니아 도시들은 페르시아가 세운 참주들의 가혹한 통치와 과도한 조세에 반발하여 봉기했다. 이른바 이오니아 반란이었다. 반란은 아테네와 에레트리아의 지원을 받으며 확산되었고, 반란군은 곧 사데를 급습했다. 헤로도토스에 따르면, 시 외곽이 불타올랐고 아크로폴리스의 페르시아군은 끝내 함락되지 않았다. 그러나 사데의 불길은 제국의 심장에 깊은 상처를 남겼다. 다리우스 1세는 이를 결코 잊지 않았고, '아테네를 기억하라'라는 말을 신하에게 매일 외치게 했다고 전한다. 이 사건은 결국 페르시아가 그리스 본토를 침공하게 만든 도화선이 되었고, 이후 장기적인 그리스-페르시아 전쟁(BC 490~479년)의 서막을 열었다.

그리스-페르시아 전쟁은 동서 문명의 정면충돌이었다. 그 도화선은 바로 사데에서 붙었다. 사데를 불태운 반란 사건은 다리우스 1세가 아테네 원정을 결심하게 한 직접적 계기가 되었으며, 그 불길은 에게해 전역을 뒤흔드는 전쟁으로 번졌다. 다리우스 1세는 에게해를 건너 BC 490년 마라톤 전투에 나섰으나 패배했고, 그의 아들 크세르크세스 1세(재위 BC 486~465년)는 다시 대규모 원정을 준비했다. 헤로도토스의 기록에 따르면, 크세르크세스 1세는 제2차 원정을 앞두고 사데에서 겨울을 보내며 대군을 집결시켰다(『Histories』 7.37-40). 그곳은 제국의 서방 관문이자 헬레스폰투스 해협을 향한 출정의 본부였다. 이후 테르모필레 전투(BC 480년), 살라미스 해전(BC 480년), 플라타이아이 전투(BC 479년)로 이어진 대격돌은 결국 페르시아의 철수로 마무리되었지만, 전쟁의 불씨는 사데에서 이미 타오르고 있었던 셈이다.

그러나 사데는 전쟁의 무대만은 아니었다. 페르시아의 지배 아래에서도 리디아의 전통과 헬레니즘 문화가 공존했고, 무엇보다 디아스포라 유대인 공동체가 뿌리내린 도시였다. 그 배경에는 BC 538년 고레스가 발표한 '고레스 칙령'(The Cyrus Decree)이 있었다. 그는 바빌로니아를 정복한 뒤, 유대인 포로들에게 귀환을 허락하고 예루살렘 성전 재건을 명령했다. 이 칙령은 단순한 귀환 허가가 아니었다. 성전 기물을 반환하고 공사 비용을 왕실 재정과 '강 서편' 세입에서 지원하도록 명시한 실질적 행정 조치였다. 에스라서는 고레스의 공문을 인용해 그 내용을 전하며(스 6장), 이는 정복지의 신전과 제의를 복원해 질서를 안정시키려는 페르시아의 일반 정책과 맞닿아 있음을 보여준다. 고고학적으로 발견된 '고레스 실린더'(The Cyrus Cylinder)는 직접적으로 유대인을 언급하지는 않지만, 피정복민의 신전을 회복시키는 관용 정책을 보여주며 성경 기록과 같은 맥락을 반영한다.

고레스 칙령은 유대인들에게 포로 생활의 종식을 알리는 구원의 사건이었고, 하나님의 섭리 속에서 제국의 칙령이 새로운 역사를 여는 도구로 쓰였다는 신학적 의미를 지니게 되었다. 그러나 모든 유대인이 예루살렘으로 돌아간 것은 아니었다. 일부는 귀환했으나, 상당수는 이미 정착한 바빌로니아, 페르시아, 아나톨리아의 도시들에 남아 삶을 이어갔다. 이로써 디아스포라 유대인이 본격적으로 형성되었으며, 사데는 그 새로운 공동체의 중심지가 되었다. 오늘날에도 남아 있는 거대한 사데 회당은 그 사실을 증언한다. 이 건물은 AD 3세기 이후 확장된 것이지만, 그 기원은 고레스 칙령 이후 형성된 유대인 공동체의 연속성 속에서 이해해야 한다.

이처럼 사데는 리디아 왕국의 부와 몰락, 페르시아 제국의 서방 진출, 이오니아 반란과 그리스-페르시아 전쟁의 불씨를 함께 품은 도시였다. 제국의 서쪽 관문에 선 사데는 단순히 정복과 충돌의 무대가 아니라, 동서 문명이 교차하고 새로운 정체성이 태어난 장(場)이었다. 그리고 이 복합적 유산은 훗날 바울 시대에도 여전히 살아남아, 회당과 로마식 김나지움이 나란히 서 있는 독특한 도시 풍경 속에서 드러나게 되었다.

사데, 이오니아 철학의 도시

BC 334년, 마케도니아의 알렉산더가 페르시아 정복을 시작하면서 사데는 새로운 전환점을 맞았다. 이 도시는 큰 저항 없이 항복했고, 알렉산더는 사데를 병참 기지로 삼아 왕의 길을 포함한 주요 도로망을 따라 바빌론, 수사, 페르세폴리스로 진군했다. 한때 제국을 묶는 통치의 길이었던 왕의 길은 이제 정복의 통로가 되었고, 사데는 그 서쪽 관문 곧 문명의 회랑으로 자리했다.

BC 323년에 알렉산더가 갑작스럽게 세상을 떠난 뒤, 제국은 곧바로 디아도코이 곧 후계자들 사이의 분열과 충돌에 휘말렸다. 초기에는 안티고노스가 서부 아나톨리아의 소아시아 대부분을 장악했고, 리시마코스 또한 서부 아나톨리아를 두고 세력을 넓혔다. 그러나 BC 301년 입수스 전투에서 안티고노스가 패배하자 사데는 셀레우코스 왕국의 손에 들어갔다. 이후 이 도시는 왕국의 서방 행정 중심지로 활용되며, 왕의 길의 전통적 종점이자 동서 교역의 분기점으로 기능했다. 나중에 버가모 왕국의 아탈로스 왕조가 서부 아나톨리아를 장악했을 때도 사데는 속주 행정과 군사 집결지로서 중요성을 이어갔다. 이처럼 알렉산더 사후의 격동 속에서도 사데는 결코 주변부 도시가 아니었다. 헬레니즘 군주들은 이곳을 통해 아나톨리아 내륙과 에게 해안을 연결했고, 새로운 왕국 질서 속에서 사데는 군사적 요충지이자 행정과 상업이 모여드는 핵심 도시로 자리매김했다. 또한 헬레니즘 군주들이 각지의 인구를 재배치하고 식민지를 건설하면서, 사데는 자연스럽게 다양한 디아스포라 공동체들, 특히 유대인들의 이주와 정착을 받아들이는 도시적 환경을 갖추게 되었다.

BC 2세기 이후 아나톨리아가 로마 제국의 지배 아래 편입되면서, 사데는 새로 설치된 아시아 속주(Provincia Asia)의 주요 도시로 재편되었다. 이 지역은 오늘날 우리가 소아시아(Asia Minor)라 부르는 서부 아나톨리아에 해당한다. 로마는 광장과 도로, 목욕탕과 경기장, 회당과 신전 등을 정비하여 도시의 인프라를 체계화했고, 사데는 다시 한번 문명의 중심지로 자리매김했다. 오늘날 남아 있는 거대한 회당은 AD 3세기 이후에 본격적으로 확장된 건축물이지만, 그 기원은 이미 헬레니즘과 로마 초기부터 뿌리내린 유대인 공동체의 존재에 닿아 있다. 회당이 로마식 바실리카와 나란히 세워진 풍경은, 유대인들이 단순한 종교적 소수집단을 넘어 도시 공공 영역 속에 뿌리내린 활발한 사회 구성원이었음을 보여준다.

그러나 사데의 정체성과 역사적 의미는 리디아, 헬레니즘, 로마라는 틀만으로 설명되지 않는다. 이 도시는 문화적으로 이오니아 문명권에 속해 있었고, 바로 그 이오니아 문화가 훗날 헬레니즘 세계 전체의 사상적 기반으로 확장되었다는 점에서 결정적 의미를 지닌다. 이오니아는 아나톨리아 서해안의 도시국가 연합으로 밀레도, 에베소, 사모스섬 같은 해양 교역 중심지가 있었다. 동서 문명이 교차하는 이 지역은 개방적이고 융합적인 문화를 꽃피웠으며, 철학과 수학, 천문학, 의학, 예술 등 여러 분야에서 그리스 본토보다 앞선 독창적이고 합리적인 전통을 형성했다. 밀레도의 탈레스를 비롯한 자연 철학자들은 세계를 신화로 설명하는 대신, 논리적 원리와 이성에 따라 설명하고자 했다. '모든 것은 물에서 비롯되었다'라는 탈레스의 주장이나, '무한한 것'(ἄπειρον 아페이론)을 제시한 아낙시만드로스의 사유는, 우주와 자연에 질서가 존재하며 그것은 인간 이성으로 탐구할 수 있다는 확신을 전제로 하고 있었다. 이러한 인식은 곧 정치철학으로 확장되었다.

이오니아 도시에서는 '이소노미아'라는 새로운 정치 원리가 등장했다. 고대 그리스어 ἰσονομία(이소노미아)는 '동등함'을 뜻하는 ἴσος(이소스)와 '법 혹은 규범'을 뜻하는 νόμος(노모스)의 합성어로, 문자 그대로 '법 앞의 평등'을 의미한다. 이는 단순히 법이 모든 사람에게 동일하게 적용된다는 선언을 넘어, 귀족층의 독점적 지배를 넘어서 모든 시민이 정치 결정에 참여할 수 있는 권리를 보장하는 제도적 질서였다. 이러한 원리는 경제적 기반의 변화와 맞물려 있었다. 해양 상업과 교역으로 부상한 중간 계층 곧 상인, 선주, 장인 등은 기존 귀족 정치에서 배제되어 있었으나 도시 공동체의 유지와 발전에 필수적인 존재가 되었다. 그들은 법 앞의 평등과 권력을 나누어 갖는 제도, 그리고 권력을 한 사람에게 오래 두지 않고 번갈아 맡기는 방식을 요구했다.

이오니아 철학자들의 사유는 이러한 정치 질서에 철학적 정당성을 부여했다. 탈레스, 아낙시만드로스, 아낙시메네스 등은 자연 세계가 일정한 질서와 균형에 따라 움직인다는 로고스적 사고를 발전시켰다. 그들은 자연이 무질서나 특권이 아니라 균형과 조화를 따른다고 보았으며, 인간 사회 또한 그 원리에 따라 통치되어야 한다고 여겼다. 정치란 특정 개인의 충동이 아니라 공공의 이성과 규범에 근거해야 한다는 이 사상은 이소노미아에 고스란히 반영되었다. 이에 반하여 페르시아 제국은 절대적인 군주정을 유지했다. 페르시아 제국에서는 왕이 신의 대리자로 여겨졌으며, 모든 법은 왕의 명령에서 나왔다. 지방은 중앙의 지시를 따라야 했고, 백성은 정치에 참여할 수 없었다. 권력은 위에서 아래로 내려가는 철저한 위계 구조였다.

이처럼 법 앞의 평등, 시민 참여, 권력의 순환 등 이오니아의 정치질서는 페르시아 제국의 군주 통치와 본질적으로 충돌할 수밖에 없었다. BC 499년, 밀레도를 중심으로 한 이오니아 반란은 단순한 자치권 회복 투쟁이 아니라, 서로 다른 문명과 정치철학이 맞부딪힌 사건이었다. 물론 그 직접 원인은 참주정과 과중한 세금 부담이었지만, 그 배경에는 이오니아의 자유와 참여를 중시하는 정치 질서와 페르시아의 군주제 질서 사이의 긴장이 놓여 있었다. 그리고 그 충돌의 상징적 무대가 바로 사데였다. 페르시아 제국의 서방 관문이자 명령 체계의 거점이었던 사데는 동시에 자유와 평등을 꿈꾸는 도시국가들의 저항의 상징이기도 했다. 한쪽에는 절대 권위와 군주 통치가 있었고, 다른 쪽에는 이성과 법, 공동체적 합의를 중시하는 정치 이데올로기가 있었다. 이오니아 반란은 군사적으로는 패배로 끝났지만, 그 속에서 벌어진 사상의 투쟁은 이후 아테네 민주정의 성장과 페르시아 전쟁의 맥락을 형성하는 전조가 되었다. 동시에 고레스 칙령 이후의 디아스포라 유대인들은 사데를 비롯한 소아시아 도시에 유대인 공동체가 뿌리내리는 계기를 마련했다.

이처럼 그리스-페르시아 전쟁, 알렉산더의 정복, 헬레니즘 도시 확산, 로마의 도시 재편을 거치며 사데는 끊임없이 변화했다. 그러나 그 변화는 단순한 정복자의 교체가 아니었다. 질서와 자유, 전통과 실험, 권위와 평등이 겹쳐지고 충돌하는 문명의 지층이었다. 리디아의 황금 문명에서 페르시아의 행정 질서, 이오니아의 철학적 사유, 헬레니즘의 도시계획, 로마의 법과 인프라까지, 사데는 고대 세계의 중심 개념들을 품은 도시였다. 이곳을 지나간 것은 군대와 상인들만이 아니었다. 철학자와 정치사상, 법과 종교, 권력과 시민이라는 개념들이 이 도시를 통과하고 충돌하며 때로는 융합해 새로운 문명을 만들어냈다. 사데는 그 자체로 문명의 경계선이자 만남의 장, 그리고 인간이 삶을 어떤 질서로 조직할 것인지 끊임없이 질문해온 공간이었다.

사데, 서방 변경에 심어진 디아스포라 유대인

사데는 리디아, 페르시아, 그리스 제국, 로마 제국을 거치며 전략적 중심지로 기능한 도시였다. '황금의 도시'라는 별칭은 과장이 아니다. 리디아 왕국의 수도였던 이곳은 자연 합금인 일렉트럼(electrum) 주화를 도입해 주화 경제를 연 세계적 선례를 남겼고, 마지막 왕 크로이소스는 금화와 은화를 분리해 비율과 무게를 표준화했다. 금의 원천은 팍톨로스강의 사금이었다. 사데는 황금뿐 아니라 포도와 과일, 양모로도 유명했고, 염색 기술을 바탕으로 고급 의복 생산지로 이름을 날렸다.

디아스포라 유대인들이 사데에서 두드러지기 시작한 계기는 셀레우코스 왕국 안티오코스 3세(재위 BC 223~187년)가 추진한 이주 정책이었다. 알렉산더 사후 아나톨리아가 셀레우코스의 서방 영역으로 재편되자 그는 바빌로니아 총독에게 명하여 유대인 2,000가구를 리디아와 브루기아로 옮기게 했다. 사데는 그 핵심 정착지였다. 이들은 상업과 금융에 강점을 지닌 집단으로서 주택과 토지 분배, 10년 조세 면제 등 행정적 혜택을 바탕으로 안정적으로 정착했고, 서방 디아스포라 확장의 교두보가 되었다. 요세푸스는 『유대 고대사』에서 이 사실을 증언한다. 안티오코스 3세가 유대인을 리디아와 브루기아로 이주시킨 이유를 충성과 군사적 유익에서 찾고(12.4.10), 로마 원로원이 사데 유대 공동체의 회당과 종교 관습을 보장하는 칙령을 승인했다고도 전한다(14.259-261). 사데의 유대인들은 율법 중심의 신앙을 지키면서도 헬레니즘 도시 구조 안에서 교육과 공동체 결속을 담당한 회당을 중심으로 자율성과 독립성을 유지했다. 상업과 중개무역에 적극 참여해 도시 경제의 한 축을 맡았고, 이는 로마 제국 전역에서 유대인이 상업과 금융의 핵심 계층으로 자리 잡는 전통의 출발점이 되었다.

BC 133년 버가모 왕국을 로마에 넘겨주면서 일어난 아리스토니코스 반란(BC 132~129년)을 지나, BC 129년에 아시아 속주가 공식 설치되면서 로마의 서부 아나톨리아 지배가 본격화됐다. 이미 그보다 앞선 BC 188년 아파메아 조약으로 셀레우코스의 영향력이 약화된 터라, 로마 질서는 빠르게 자리 잡았다. 이 과정에서 이오니아라는 전통적 지역 개념은 점차 사라지고, 로마의 행정 용어인 아시아 속주가 일반화되었다. 그 안에서 사데는 여전히 종교와 상업의 요충지였다.

AD 17년 대지진 뒤, 황제 티베리우스의 조세 감면과 재건 지원으로 도시 기반시설이 정비되면서 사데의 풍경은 한층 달라졌다. 거대한 김나지움·목욕탕 복합체와 회당이 나란히 서는 독특한 도시 장면이 가능해진 것이다. 황제 숭배가 강한 지역이었지만, 유대인 공동체는 고유 신앙을 이유로 제단·향·희생 제사 참여에서 법적 면제를 인정받았다. 이는 디아스포라의 종교 자율을 보장하려는 장치이자, 다원적 도시를 안정적으로 관리하려는 로마의 통치 기술이었다. 반면 같은 시기 그리스도인에게는 이런 법적 우산이 곧바로 적용되지 않아 두 공동체의 경험은 갈라졌다.

오늘날 사데 유적지에서 발견된 회당은 이러한 역사를 눈으로 확인하게 하는 핵심 유산이다. 소아시아 최대급에 속하는 규모를 지녔고, 1910년 오스만 함디 베이와 하워드 버틀러가 도시 유적을 조사한 뒤, 1962년부터 본격 발굴이 진행되었다. 평면은 초기 기독교 바실리카를 떠올리게 하는 요소도 있으나, 내부 장식과 유물은 분명한 유대교적 특징을 드러낸다. 약 80여 개의 그리스어 비문과 7개의 히브리어 비문, 메노라 모자이크와 기증자 명단이 확인되며, 앞마당은 최대 1,000명 수용으로 추정된다. 전면의 대리석 탁자와 양쪽 사자상은 토라 낭독과 예배에 쓰였을 가능성이 높지만 세부 기능에는 논쟁의 여지가 있다. 사용 시기는 대체로 초기 비잔틴 시대(AD 4세기 후반~7세기 초)로 이해된다. 비문 다수는 그리스어이고 일부 히브리어가 병존한다. 통상 70인역 성경이 사용되었고, 회당장(ἀρχισυνάγωγος 아르키시나고고스), 장로회(γερουσία 게루시아), 서기(γραμματεύς 그라마테우스) 등 도시적 조직이 확인된다. '하나님 경외자'(θεοσεβεῖς 테오세베이스)로 불린 비유대인의 참여 흔적은 회당이 언어·문화적으로 개방된 예배·교육 공간이었음을 시사한다. 경제와 자선 네트워크도 핵심 기능이었다. 기부자 명단과 시설 기증 기록은 상업·금융 네트워크로 모은 재원을 교육·구제·운영에 재분배했음을 보여준다. AD 70년 성전 파괴 전까지 디아스포라는 매년 반 세겔의 성전세를 예루살렘으로 보냈고, 이후 로마가 이를 유대세(Fiscus Iudaicus, 예루살렘 성전세가 로마 국세로 전환된 제도)로 전환하면서 재정 운용과 정체성 유지 방식에도 조정이 필요해졌다.

이 모든 배경은 초대 교회의 도시 장면과 맞물린다. 1세기 말 요한계시록의 사데 교회가 있던 바로 그 공간에 이미 회당 공동체가 있었고, 유대인은 법적 특례 아래 종교 자율을 누렸지만 그리스도인은 같은 보호를 즉시 누리지 못했다. 예배, 시장, 공론장에서의 긴장과 분기는 사데를 회당·도시·교회가 교차하는 초기 기독교의 무대로 만들었다.

요컨대 사데는 '왜 이곳이었는가'라는 물음에 스스로 답하는 도시다. 사데 회당은 디아스포라의 신앙과 도시 참여, 법과 경제, 교육이 한 장면에 응축된 결정적 증거이며, 소아시아가 단일 종교 사회가 아니라 다양한 전통이 공존한 다원적 문명 공간이었음을 오늘까지 증언한다.

사데, 부의 상징을 넘어 드러난 복음의 도전

사데는 고대 리디아 왕국의 수도이자, 황금의 도시라는 이름으로 불리던 번영의 상징이었다. 팍톨로스 강에서 흘러나온 사금은 세계 최초의 화폐 주조를 가능하게 했고, 양모와 직물·염색업은 도시의 부를 한층 더 견고히 했다. 그러나 이 경제적 풍요는 단순한 생활의 수준을 넘어서 도시의 종교와 정신을 형성하는 근본적 힘이 되었다.

사데의 종교적 풍경은 다양하고 강렬했다. 아르테미스는 여성성과 다산, 정결과 보호를 상징하는 수호신으로 도시의 번영을 지켜주는 존재였다. 지금도 남아 있는 거대한 신전의 기둥들은 그 숭배가 로마 시대까지 이어졌음을 말해준다. 그러나 아르테미스만이 아니었다. 브루기아에서 기원한 대모신 키벨레는 대지의 생명력과 성적 에너지, 죽음과 재생을 아우르며, 때로는 자해와 광란의 제의를 통해 신과의 합일을 추구하는 황홀경으로 인간의 한계를 넘어서는 경험을 약속했다. 디오니소스는 포도와 포도주, 환희와 도취의 신으로, 사데의 포도 재배와 밀접히 연결되었고, 그의 축제는 억눌린 욕망을 풀어내는 사회적 출구이자 집단적 환희의 자리였다. 헬레니즘 세계 전반에서 디오니소스 신앙은 오르페우스 전통과 접점을 이루며 인간 영혼의 정화와 구원이라는 신비적 성격으로 발전했고, 사데 역시 그 영향을 받았다. 이렇게 사데는 번영과 쾌락, 황홀경과 권력이 얽혀 있는 다원적 종교의 도시였다.

이처럼 사데는 이미 헬레니즘 시대부터 디오니소스 축제의 중심지였는데, 로마 시대에 들어서는 이러한 축제 문화가 황제 숭배와 결합하며 더욱 공적 성격을 띠었다. 아시아 속주의 여러 도시가 서로 경쟁적으로 황제 신전을 관리하는 '네오코로스'(νεώκορος)의 영예를 얻으려 했던 것처럼, 사데 역시 황제 제의의 중심지로 자리매김하고자 했다. 실제로 사데는 1세기와 2세기에 걸쳐 황제 신전을 유치하고, 제국 승인 아래 황제와 로마의 신격을 찬양하는 제의 공동체를 운영했다. 이처럼 사데는 경제적 번영, 다신 숭배, 황제 숭배가 결합하여 제국 질서의 충성과 충돌을 동시에 드러내는 대표적 아시아 속주의 도시였다.

그러나 바로 이 장면에서 복음은 전혀 다른 길을 열었다. 바울은 직접 사데를 밟지 않았지만, 그가 에베소와 소아시아 전역에서 전한 복음은 사데와 같은 도시 세계 전체를 겨냥했다. 디오니소스의 포도주가 순간의 도취와 환희를 주었다면, 예수의 포도주는 갈릴리 가나의 혼인 잔치와 최후의 만찬에서 드러난 것처럼 영원한 생명과 하나님 나라의 기쁨을 약속했다. 키벨레의 황홀경이 자해와 죽음을 동반했다면, 그리스도의 십자가는 자기희생 속에 드러난 사랑과 부활의 생명으로 완성되었다. 아르테미스가 도시의 번영을 지켜주는 수호신으로 추앙받았다면, 복음은 제국과 도시가 줄 수 없는 참된 평화와 질서를 선포했다. 복음은 단순히 또 하나의 신을 제시한 것이 아니라, 도시 전체의 가치 체계와 문화 질서에 대한 근본적 도전이었다.

요한계시록은 이 도전을 사데 교회의 모습 속에 드러냈다. "네가 살았다 하는 이름은 가졌으나 죽은 자로다"(계 3:1)라는 말씀은 외적 화려함과 내적 무기력 사이의 괴리를 폭로한다. 다른 교회들이 외부의 박해나 내부의 이단에 시달렸다면, 사데는 오히려 풍요와 타협 속에서 서서히 죽어가고 있었다. 그러나 동시에 "그 옷을 더럽히지 아니한 자 몇 명"(계 3:4)이 남아 있었고, 회복의 가능성을 증언했다. 실제로 아르테미스 신전 구역에서 발굴된 작은 교회 예배당은 거대한 신전과 황제 숭배의 한복판에서 하나님 나라 공동체를 지켜 내려 했던 흔적이었다.

사데는 단순히 '바울이 오지 않은 도시'로 남지 않는다. 오히려 그 도시는 바울의 복음이 제국의 권력과 도시의 질서 속에서 어떤 긴장을 불러일으켰는지를 상징적으로 드러내는 무대였다. 사데를 비롯한 소아시아의 일곱 교회는 복음이 제국의 중심부에서 어떤 방식으로 시험되고, 또 어떻게 다른 질서를 제시했는지를 보여주는 실험장이었다. 바울이 선포한 복음은 개인의 내면적 구원을 넘어, 하나님 나라의 새로운 질서를 도시 한복판에 세우는 사건이었다.

사데는 또한 유대 공동체가 강하게 뿌리내린 도시였다. 지금도 남아 있는 거대한 회당 유적은, 사데가 로마 속주 아시아에서 가장 조직적이고 영향력 있는 유대 중심지였음을 보여준다. 이런 환경에서 복음은 제국의 질서뿐 아니라, 율법적 정체성과 새로운 복음 공동체 사이의 긴장을 마주해야 했다. 사데 교회가 요한계시록에서 책망을 받은 것은(계 3:1-6), 바로 이 복합적 현실과 무관하지 않다. 부요하고 안정된 도시의 질서 속에서 교회는 생명을 잃은 신앙, 곧 살아 있는 듯하지만 실상은 죽은 신앙의 위기를 맞았다. 유대 공동체와의 긴장, 제국의 압력, 그리고 안락함에 대한 타협이 신앙의 본질을 흐리게 한 것이다.

오늘 우리에게 사데는 여전히 묻는다. 교회는 여전히 시대의 질서에 순응하며 안락함을 선택하고 있는가, 아니면 복음이 제시한 또 하나의 질서 속에서 살아가고 있는가? 사데의 폐허는 단순한 과거의 흔적이 아니라, 복음이 세상 속에서 어떤 방식으로 다시 태어나야 하는지를 보여주는 거울이다. 부와 권력이 신이 된 시대일수록, 복음은 더욱 급진적인 생명의 선언으로 들려야 한다. 바로 그 점에서 사데는 지금도 복음과 제국, 그리고 신앙의 이름으로 나뉜 세계 속에서 우리가 서야 할 자리를 되묻게 하는 도시다.

06

에베소

아르테미스의 도시에서 그리스도의 교회로

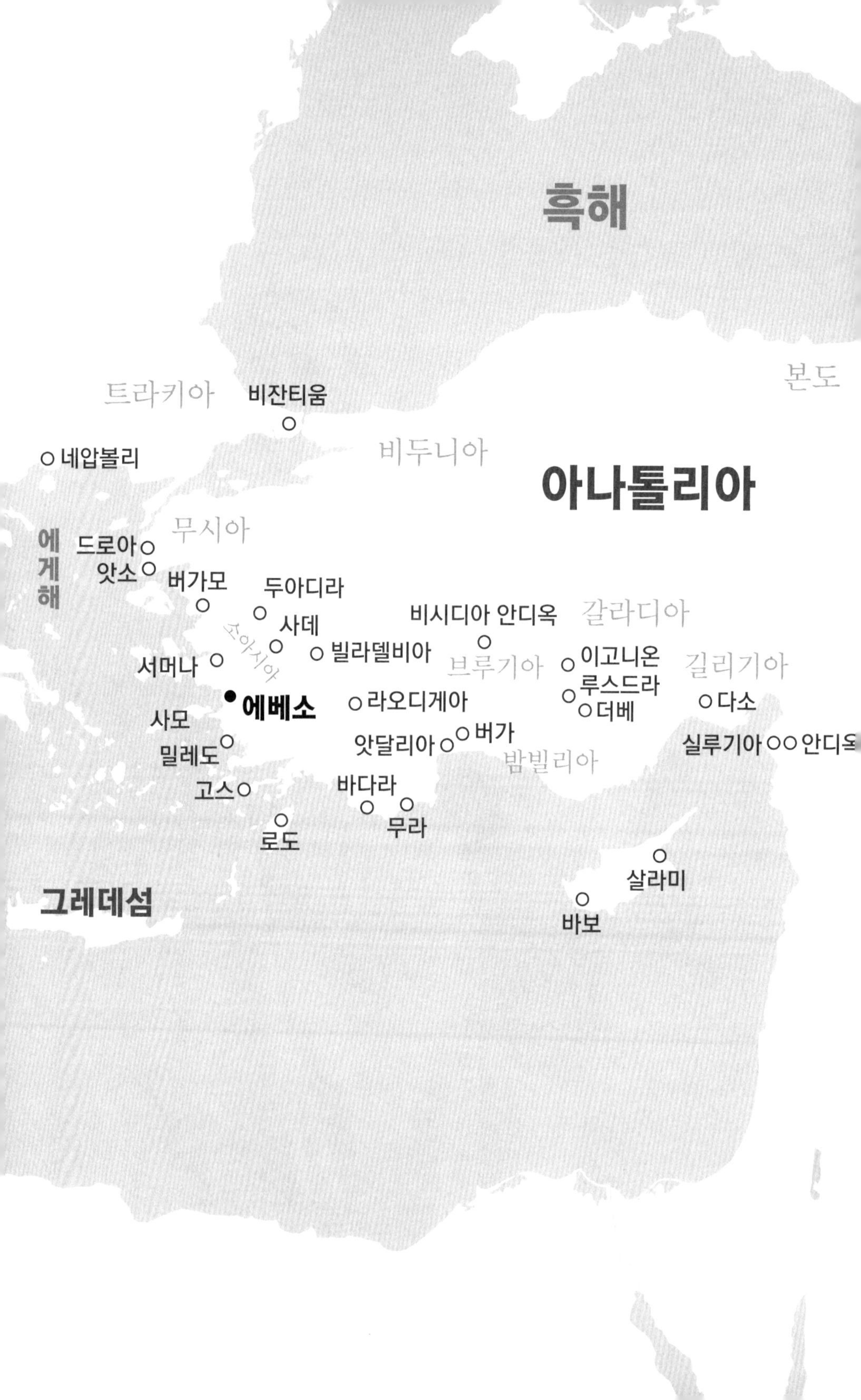
흑해
본도
트라키아
비잔티움
비두니아
네압볼리
아나톨리아
무시아
에게해
드로아
앗소
버가모
두아디라
비시디아 안디옥
갈라디아
사데
소아시아
빌라델비아
브루기아
이고니온
길리기아
서머나
루스드라
에베소
라오디게아
더베
다소
사모
버가
앗달리아
실루기아
안디옥
밀레도
밤빌리아
고스
바다라
무라
로도
살라미
바보
그레데섬

에베소
아르테미스의 도시에서 그리스도의 교회로

에베소(Ephesus)를 생각하면 가장 먼저 떠오르는 장면은, 바울이 약 3년 동안 머물며 두란노 학당과 회당, 그리고 아고라에서 복음을 전하고, 마침내 도시의 상징이던 아르테미스 신전과 정면으로 충돌했던 사건이다. 이 충돌은 단순한 종교 논쟁이 아니었다. 제국 속에서 경제와 사회 질서를 지탱하던 신전 체계와, "예수는 주님"이라는 새로운 신앙 고백이 맞부딪힌 상징적 장면이었다. 데메드리오의 선동으로 벌어진 소동은 에베소에서 복음이 세속 질서와 충돌한 결정적 순간이었다.

에베소는 에게 해안과 아시아 내륙을 연결하는 길목에 자리한 도시로, 고대 세계에서 정치·경제·종교가 교차하는 관문이었다. 본래 그리스 본토에서 에게해를 건너온 이오니아인들이 세운 도시국가였던 에베소는 페르시아 제국과 알렉산더의 정복을 거쳐 헬레니즘 왕국와 로마 제국 아래에서 번영을 이어갔다. 로마 시대에는 아시아 속주의 행정 중심지로 자리매김하여 상업과 정치의 요충지가 되었고, 이 전략적 입지는 에베소를 제국 권력과 문화 교류가 집중되는 무대로 만들었다. 그러나 카이스터 강이 운반한 퇴적물이 점차 항만을 메우면서, 도시의 해변길은 세월이 흐를수록 약화되기도 했다. 그럼에도 바울 시대의 에베소는 여전히 에게해와 아시아를 잇는 대표적인 항구도시였다.

바울은 제3차 선교 여정 동안 약 3년간 에베소에 머물렀다(행 20:31). 이는 그의 사역 가운데 가장 긴 체류 기간이었다. 그는 유대인 회당에서 논쟁하며 복음을 전했고, 두란노 학당으로 불린 헬레니즘적 교육 공간에서 날마다 강론과 토론을 이어갔다. 이 학당의 구체적인 위치는 전해지지 않지만, 당시 도시의 학문적 전통 속에서 복음이 새로운 철학적 담론처럼 소개되었음을 보여준다. 바울은 또한 아고라와 시장 같은 공적 공간에서 사람들의 일상과 부딪히며 설교했고, 손수 천막을 만드는 노동을 이어갔다. 그의 모습은 단순한 설교자가 아니라 땀 흘려 일하는 일터 사역자 그 자체였다. 그의 설교와 기적을 목격한 이들 가운데 많은 사람들이 새로운 신앙을 받아들였고, 이는 에베소 사회의 종교적 풍경을 근본적으로 뒤흔드는 전환점이 되었다.

그러나 에베소는 단순히 복음 전파의 무대가 아니라, 거대한 종교적·사회적 충돌이 일어난 현장이기도 했다. 도시의 상징이었던 아르테미스 신전은 고대 세계 7대 불가사의 가운데 하나로 꼽히며, 거대한 기둥과 웅장한 구조로 숭배자들의 경외를 불러일으켰다. 이 신전은 종교적 상징만이 아니라 도시 경제와 사회 질서를 지탱하는 핵심이었다. 바울이 전한 복음은 이 신전 중심 체계와 정면으로 충돌했고, 은 세공사 데메드리오가 주도한 소동(행 19:23-41)은 단순히 장인들의 생계 문제가 아니라, 새로운 신앙이 아르테미스 숭배와 황제 숭배를 위협하는 세계관으로 받아들여졌음을 보여주는 사건이었다. 당시 바울은 직접 군중 앞에 나서려 했지만 동료들과 관리들에 의해 제지되었고, 이는 그의 사역이 얼마나 큰 사회적 긴장을 일으켰는지를 잘 보여준다.

에베소 교회는 이후 초대 교회 확산의 기지 역할을 했다. 바울이 양육한 제자들과 동역자들 곧 브리스길라와 아굴라, 아볼로, 디모데 등은 다른 도시들로 나아가 복음을 이어갔고, 에베소 자체도 요한계시록에 기록된 소아시아 일곱 교회 가운데 첫 번째로 언급되었다(계 2:1). 여기서 '첫 번째'라는 표현은 설립 연대를 뜻하기보다는 편지의 서두에 배치된 순서를 의미한다. 그만큼 에베소 교회는 상징적 비중이 큰 공동체였다.

오늘날 에베소의 유적은 고대의 영광과 갈등의 흔적을 고스란히 간직하고 있다. 웅장한 원형극장, 잘 보존된 도로, 그리고 두란노 학당으로 추정되는 장소는 당시의 역사와 문화를 생생히 전한다. 또한 현재 순례자들의 눈길을 사로잡는 켈수스 도서관은 바울 이후 AD 2세기 초에 세워진 건물이지만, 에베소가 여전히 제국의 중심적 도시였음을 증언하는 상징물이다. 에베소를 이해하는 것은 곧 바울의 선교를 이해하는 것이며, 복음이 어떻게 제국의 심장 속에 뿌리내렸는지를 보여주는 중요한 열쇠가 된다.

아르자와의 아파사에서 제국의 수도가 된 에베소

에베소는 고대 세계에서 단순한 항구도시가 아니라, 제국의 심장부로 나아가는 길목에 자리한 전략적 요충지였다. 오늘날 튀르키예 서부 에게 해안, 셀축(Selçuk) 인근에 남아 있는 유적들은 이 도시가 한때 동서 문명의 관문이었음을 증언한다. 카이스터 강의 하구에 자리한 에베소는 코레수스, 피온, 아야솔룩 세 언덕으로 둘러싸인 천연 분지 위에 세워졌다. 이러한 입지는 도시 방어에 유리했을 뿐 아니라, 강과 바다가 연결되는 수로 덕분에 항구로서 탁월한 조건을 제공했다. 무엇보다 이곳 항만은 에게해를 거쳐 지중해로 열려 있었고, 카이스터 강을 따라 내륙으로 진입할 수 있는 길목이었다. 따라서 에베소는 해상 무역과 육상 교역을 동시에 통제할 수 있었고, 서머나와 밀레도 같은 다른 연안 도시들과 비교해도 내륙과 바다를 잇는 연결성이 월등했다. 이처럼 에베소는 단순한 지방 도시가 아니라, 로마 제국의 중심부로 이어지는 교역과 문화 교류의 거대한 흐름 속에 자리한 필연적 선택지였다. 동서 문명의 관문이라는 도시의 성격은 바로 이런 지리적 조건에서 비롯된 것이었다.

에베소의 기원은 헬레니즘이나 로마 시대보다 훨씬 이전으로 거슬러 올라간다. 히타이트 제국의 문헌은 서부 아나톨리아를 '아르자와'(Arzawa)라 부르며, 그 중심 도시로 '아파사'(Apasa)를 기록한다. 아르자와라는 명칭은 히타이트어 어근 arza- (땅 혹은 영토)에서 비롯된 것으로 보이며, 아파사는 토착 루비안어(Luwian) 계열에서 유래했을 가능성이 크다. 학자들은 아파사가 도시의 기초 혹은 성읍의 자리를 의미했을 것으로 추정한다. 후대 그리스인들이 이곳을 재건하면서 아파사는 발음적 전환과 그리스어식 표기(’Εφεσος 에페소스)를 거쳐 에베소(Ephesus)로 불리게 되었다. 다시 말해 에베소라는 이름은 단절이 아니라, 토착 명칭의 변형과 헬레니즘의 수용 과정을 거쳐 이어진 것이다. 아파사는 히타이트의 강력한 영향 아래 있었지만 때로는 독립적인 정치 세력으로 히타이트와 충돌하기도 했다. 따라서 이 도시는 단순히 그리스 식민도시의 산물이 아니라, 히타이트와 아나톨리아 문화권 속에서 이미 형성된 고대 국가의 중심지였다.

이후 BC 10세기경, 그리스 본토에서 건너온 이오니아인들은 아파사의 터 위에 새로운 에베소를 건설했다. 그들의 이주는 청동기 후기 붕괴(약 BC 1,200년경)와 깊이 관련된다. 미케네 문명이 몰락하고, 에게해 전역에서 이른바 ‘바다 민족의 이동’이 일어나면서 본토 그리스 사회는 큰 혼란을 겪었다. 농업 기반의 붕괴, 정치적 분열, 인구 압력 속에서 일부 집단은 에게해를 건너 서부 아나톨리아로 이동했다. 마침 BC 12세기 초 히타이트 제국이 붕괴하고 권력 공백이 생기자, 이오니아인들은 토착 아나톨리아인들을 제압하고 새로운 거점을 세울 수 있었다. 그러나 이 과정은 단순한 정착이 아니라 충돌과 갈등의 연속이었다. 토착 아나톨리아인들은 자신들의 주권과 종교 전통을 지키려 했고, 이오니아인들은 자신들의 도시국가 체제를 정착지에 그대로 세워나갔다.

에베소는 이 긴장 속에서 형성되었고, 양쪽 요소가 뒤섞이며 혼합적 정체성을 갖게 되었다. 특히 토착 대모신 숭배 전통은 이오니아인들의 아르테미스 신앙과 결합해 후대의 거대한 아르테미스 신전으로 발전했다. 아르테미스 숭배는 본래 그리스 본토에서 전래된 여신 신앙이었으나, 에베소에서는 서부 아나톨리아 전역에 퍼져 있던 대모신 키벨레와 결합하여 독특한 성격을 띠게 되었다. 본토 그리스의 아르테미스가 사냥과 순결, 숲의 수호자라는 성격을 지녔다면, 에베소의 아르테미스는 키벨레의 영향 아래 다산과 풍요, 도시와 항구를 지켜주는 수호 여신으로 변모했다.

이 혼합은 에베소 아르테미스 조각상에서도 뚜렷이 드러난다. 그리스 본토의 아르테미스 조각상과 달리, 에베소의 아르테미스는 다수의 유방 혹은 알 모양 장식을 지닌 형상으로 표현되었는데, 이는 키벨레의 다산 상징과 직결된 것이었다. 이러한 독특한 신앙은 곧 도시 정체성을 규정하는 핵심 요소가 되었고, 에베소를 국제적 성소로 부상시켰다. BC 6세기경 세워진 아르테미스 신전은 일찍부터 순례와 제전의 중심지가 되었고, BC 356년 헤로스트라토스의 방화로 소실되었다가 재건되었다. 후대에 이 신전은 고대 세계 7대 불가사의 가운데 하나로 꼽히며, 에베소의 국제적 명성을 높였다.

에베소는 또한 이오니아 동맹(Ionian League)의 일원으로 중요한 정치적·종교적 위치를 차지했다. 이 동맹은 에베소를 비롯해 서머나, 콜로폰, 테오스, 프리네, 클라조메나이, 레베도스, 키오스, 사모스, 에리트라이, 포카이아, 그리고 밀레도를 포함한 12개 도시국가로 구성되었다. 실질적인 해상 세력과 상업적 주도권은 밀레도가 장악했지만, 에베소는 전략적 항구도시이자 아르테미스 성소를 보유한 도시라는 점에서 동맹의 종교적 구심점으로 기능했다. 동맹 도시들은 공동 제전인 판이오니아(Panionia)를 통해 결속을 다졌으며, 이는 이오니아인들의 정체성을 확인하고 외적 위협에 대응하는 정치적 의미를 지녔다. 그러나 이오니아 동맹은 언제나 일치된 힘을 발휘한 것은 아니었다. 상업로와 해상 지배권을 둘러싸고 도시 간 경쟁이 있었고, 외세의 개입 속에서 서로 다른 이해관계를 드러내기도 했다. 그럼에도 불구하고 에베소는 아르테미스 신전의 권위를 바탕으로 동맹 내에서 특별한 위상을 차지했으며, 본토 그리스 세계와 아나톨리아 토착 세계가 만나는 접경 도시로서 독자적 성격을 유지했다.

BC 6세기 중엽 크로이소스의 리디아 왕국이 패망하자 에베소는 페르시아 제국의 지배 아래 들어갔고, 이후의 역사는 동서 제국의 충돌 속에 휘말려 갔다. 그러나 그 이전부터 이미 에베소는 토착 아르자와의 전통과 이오니아인들의 이주, 대모신 키벨레와 아르테미스의 결합, 그리고 이오니아 동맹 속에서의 종교적·정치적 역할을 통해 단순한 연안 도시가 아닌 국제적 성격의 도시로 자리매김하고 있었다.

페르시아의 굴레에서 헬레니즘의 길목이 된 에베소

에베소는 지리적 이점과 항만을 통한 교역 구조 덕분에 고대 세계에서 일찍부터 번영을 누린 도시였다. 그러나 이 번영은 단순한 지리적 행운 때문만이 아니었다. 에베소의 운명은 동서 문명이 충돌하고 교차한 제국의 역사와 깊이 얽혀 있었기 때문이다. 그리스 세계와 페르시아 제국, 이어 헬레니즘 왕국이 차례로 이 지역을 지배하면서, 에베소는 교역의 중심이자 정치적 이해관계가 집중된 접경지로 자리 잡았다. 그 결과 이 도시는 상업과 권력이 복합적으로 작용하는 독특한 성격을 지니게 되었다.

BC 6세기 중반, 메데 왕국(Median Kingdom)을 무너뜨리고 대제국을 세운 고레스 대왕(재위 BC 559~530년)은 서부 아나톨리아로 진출해 리디아 왕국을 정복했다. 그 결과 에베소를 비롯한 이오니아 도시들은 페르시아 제국의 속주로 편입되었고, 사데를 수도로 하는 사트라프(총독령) 체제 아래 놓였다. 그러나 시민 자치와 독립의 전통을 가진 그리스계 이오니아 도시들은 페르시아의 전제적 통치에 쉽게 길들여지지 않았다. 페르시아가 간접 지배를 위해 참주(tyrant)를 임명한 것은 오히려 시민들의 반감을 불러일으켰고, 이 불만은 마침내 폭발했다.

BC 499년, 밀레도의 참주 아리스타고라스(Aristagoras)는 에게해의 낙소스섬을 점령하려는 원정에 실패한 뒤 자신의 입지를 지키기 위해 시민들을 선동했고, 이로 인해 이오니아 전역에서 반란이 일어났다. 이는 단순한 항거가 아니라, 참주를 몰아내고 민주적 자치를 회복하려는 운동으로 번졌으며, 역사에 이오니아 반란(Ionian Revolt)으로 기록된다. 에베소 역시 이 반란에 동참했고, 사데를 공격하는 작전의 거점이 되었다. BC 498년 아테네와 에레트리아가 파병한 원군이 이오니아 연합군과 함께 사데를 기습해 행정청과 신전을 불태웠다. 이 사건은 페르시아 황제 다리우스 1세의 격노를 불러왔고, 곧 대규모 보복으로 이어졌다. 철수하던 이오니아 연합군은 에베소 인근 평야에서 페르시아군과 충돌했으나 참패했고, 반란은 본격적인 탄압 국면으로 접어들었다. 에베소는 직접적인 전투보다는 병참 기지와 교역 통제권의 측면에서 페르시아의 감시 아래 놓였고, 참주제가 재도입되며 자치권이 크게 제한되었다. BC 494년 라데 해전(Battle of Lade)에서 이오니아 함대가 궤멸되고 밀레도가 파괴되면서 반란은 완전히 끝났다. 이 사건은 훗날 그리스-페르시아 전쟁의 서막이 되었고, 에베소는 수십 년간 페르시아의 엄격한 통치 아래 놓이게 되었다. 그러나 역설적이게도 이 시기에도 에베소는 상업적 중요성을 잃지 않았다. 다리우스 1세(재위 BC 522~486년)가 건설한 왕의 길(Royal Road)은 제국의 수도 수사에서 사데까지 이어졌고, 에베소는 그 길이 에게해와 연결되는 항구로 기능하며 국제 교역의 관문으로 남아 있었다.

BC 334년, 마케도니아의 알렉산더 대왕이 페르시아 원정을 시작하며 그라니쿠스 전투에서 페르시아군을 격파한 뒤 에베소에 입성했다. 에베소 시민들은 페르시아의 굴레에서 벗어난 것을 환영했고, 알렉산더는 도시의 상징이었던 아르테미스 신전 복구를 지원하겠다고 약속했다. 그러나 에베소 시민들은 '신전은 신에 의해 세워져야 한다'라며 왕의 후원을 정중히 거절했다는 전승이 전해진다. 이 일화는 에베소 시민들의 자부심과 종교적 독립성을 잘 보여준다. 알렉산더와 헬레니즘 시대에 들어서면서 에베소는 본격적으로 그리스 도시 문화를 수용하고 재건되었으며, 상업·건축·교육·예술에서 새로운 전성기를 맞이했다. 특히 피온 언덕 기슭에 세워진 대극장은 약 25,000명을 수용할 수 있었는데, 단순한 공연장이 아니라 정치 집회, 외교적 접견, 상업 협상의 장으로 기능했다. 헬레니즘기에 형성된 이 극장은 후대 로마 시대에 확장되며 도시의 중심 무대가 되었다. 그 아래 자리한 아고라는 에베소를 국제 시장의 허브로 만들었다. 인도와 페르시아, 수리아와 아라비아, 이집트 등지에서 온 상인들이 곡물과 직물, 향신료와 금속, 공예품과 노예까지 다양한 상품을 거래했으며, 에베소는 헬레니즘 시대 동서 교역의 중심지로 부상했다.

알렉산더 사후, 서부 아나톨리아를 장악한 후계자 리시마쿠스는 에베소를 재정비하며 도시 중심지를 코레수스와 피온 언덕 사이 계곡으로 옮겼다. 그는 주민들을 강제로 이전시키고 도시 이름을 자신의 아내 이름을 따라 아르시노에아(Arsinoeia)라 바꾸려 했으나, 오래 정착되지는 못했다. 그러나 이 신도시 구조는 후대 로마적 도시 설계의 기반이 되었고, 에베소는 로마 제국에 편입된 뒤 아시아 속주의 수도로 지정되면서 고대 도시 역사에서 가장 화려한 전성기를 맞이했다.

아르테미스의 신전도시, 에베소

에베소는 단순한 항구도시나 행정 중심지를 넘어, 고대 그리스 세계와 아나톨리아 전통이 융합된 대표적인 신전도시로 정체성을 확립했다. 무엇보다도 이 도시는 아르테미스 신전으로 인해 고대 세계 전역에서 널리 알려졌으며, 종교적 권위와 상징성을 갖춘 국제적인 순례지이자 문화 도시로 기능했다. 고고학적 흔적에 따르면 에베소 지역에는 이미 청동기 시대부터 신성한 제의 공간이 있었던 것으로 보인다. 일부 학자들은 크레타의 미노아 문명과 연관된 해양 세력이 제의적 흔적을 남겼을 가능성을 제기한다. 그러나 본격적인 신전 중심 도시는 BC 10세기경 이오니아인들이 정착한 이후 형성되었다. 이오니아 동맹의 공식 제전은 미칼레 산기슭의 파니온(Panion)에서 열렸지만, 에베소의 아르테미스 신전은 동맹 내에서도 특별한 종교적 위상을 지니며 국제적 순례의 거점으로 발전했다.

에베소가 아르테미스의 신전도시가 된 것은 단순한 우연이 아니었다. 첫째, 카이스터 강 하구의 항구라는 지리적 조건은 내륙과 바다를 연결하는 관문으로서 순례와 교역을 동시에 유치할 수 있는 최적의 입지를 제공했다. 둘째, 이 지역에는 본래 아나톨리아 대모신 키벨레 신앙이 깊이 뿌리내려 있었는데, 키벨레의 다산과 풍요 상징은 아르테미스의 달과 출산, 야생의 속성과 자연스럽게 결합했다. 셋째, 리디아 왕 크로이소스가 BC 6세기 중엽 신전 재건을 후원한 사실은 이미 에베소가 서부 아나톨리아의 종교적 거점으로 인정받았음을 보여준다. 이후 페르시아 제국과 헬레니즘 왕국도 이 신전을 유지·강화하여 도시의 종교적 권위를 더욱 공고히 했다. 넷째, 에베소 아르테미스가 본토의 사냥과 순결의 여신이 아니라 다산과 풍요를 상징하는 여신으로 형상화된 것은, 본토 그리스인뿐 아니라 아나톨리아와 동방 세계의 숭배자들까지 포괄할 수 있는 국제적 신앙으로 발전하게 했다.

이러한 배경 속에서 에베소의 아르테미스 신앙은 단순한 지역 신을 넘어 국제적 숭배 대상으로 자리 잡았다. 신전은 BC 6세기 크로이소스의 후원으로 본격 재건되었고, BC 356년 화재로 파괴되었다가 헬레니즘 시대에 다시 세워졌다. 알렉산더는 신전 복구를 지원하겠다고 제안했으나, 에베소 시민들은 '신전은 신에 의해 세워져야 한다'며 이를 거절했다는 전승이 전한다. 헬레니즘 시대에 완성된 신전은 길이 137m, 너비 69m, 높이 18m에 달하는 장대한 건축물이었고, 127개의 이오니아식 기둥으로 장식되었다. 이 신전은 고대 세계 7대 불가사의 가운데 하나로 꼽히며, 단순한 예배 장소가 아니라 거대한 국제적 성소로 기능했다. 내부에는 거대한 아르테미스 상과 제의 기물, 제사장 거처와 행정 공간이 있었으며, 순례자와 왕, 상인들이 재물을 맡기는 은행과 금고의 역할까지 담당했다.

특히 아르테미스 제전은 에베소의 국제성을 가장 극적으로 보여주었다. 키벨레 숭배가 격정적이고 신비로운 의식으로 특징지어졌다면, 아르테미스 제전 곧 아르테미시아 축제는 도시적이고 공공적인 국제 행사였다. 매년 봄 열리던 축제는 성대한 행렬로 시작되었다. 제사장들이 신상을 신전에서 꺼내 도시를 행진하면 수많은 군중이 합류해 도시 전체가 성소로 변했다. 이어 제물 봉헌과 함께 체육 경기, 음악과 연극 공연, 각종 장터가 열렸고, 지중해 각지에서 온 상인들이 진귀한 물품을 거래했다.

이 축제는 종교·경제·사회가 어우러진 국제적 이벤트로, 에베소를 동서 문명의 종교적 수도로 만들었다.

바울의 사역은 이러한 배경과 극명한 대조를 이루었다. 그는 신전이나 제전의 화려한 무대가 아니라, 두란노 학당이라는 교육 공간에서 제자들을 가르쳤다. 아르테미스 제전이 도시 전체를 열광 속에 묶어냈다면, 바울의 가르침은 말씀과 토론을 통해 내면의 변화를 추구하는 사건이었다. 이 두 흐름은 결국 충돌로 이어졌다. 복음이 확산되자 은 세공사와 상인들은 생계가 위협받는다고 느꼈고, 도시 정체성과 아르테미스 신전의 권위가 흔들린다는 불안이 커졌다. 그 결과 벌어진 사건이 바로 에베소 극장 소요였다. 사도행전 19장은 수천 명의 군중이 대극장에 몰려 "크다 에베소 사람의 아데미여"(행 19:34)라고 외쳤다고 전한다. 이는 단순한 직업적 이해관계를 넘어 도시의 정체성과 복음의 충돌이었다. 시민들은 바울 일행을 공적 재판의 자리로 몰아세우며 사건을 정치·사회적 문제로 비화시켰다. 로마 제국 아래에서 치안과 질서가 무엇보다 중요한 상황에서, 복음은 에베소 시민들에게 도시 질서를 위협하는 요소로 여겨졌다.

이처럼 에베소는 아르테미스 신전이 도시 정체성을 대표하는 공간이자, 종교적 중심이 정치·경제·사회 전반을 이끌던 고대 세계의 상징적 도시였다. 아르테미스 제전은 국제성과 공동체성을 지닌 축제로 도시 전체를 묶어냈고, 그 속에서 바울의 말씀 사역은 본질적으로 다른 길을 보여주었다. 바로 이 대조 때문에 충돌은 불가피했고, 에베소에서의 사건은 복음이 제국과 신전의 권위 앞에 맞닥뜨린 거대한 전환점이 되었다.

네오코로스의 영광, 황제와 여신의 도시 에베소

에베소는 BC 129년 로마 제국의 아시아 속주에 편입된 이후, 단순한 항구도시의 지위를 넘어 아시아 속주의 정치·경제·문화 중심지로 부상했다. 본래 이 도시는 알렉산더의 정복 이후 셀레우코스 왕국과 버가모 왕국의 지배를 거치며 헬레니즘적 성격을 띠며 성장했다. 그러나 버가모 왕국의 마지막 왕 아탈로스 3세(재위 BC 138~133년)는 후사가 없었고, 전쟁과 외교의 압박 속에서 왕국을 지켜낼 힘이 없음을 깨달았다. 그는 내전과 붕괴를 막기 위해 자신의 유언으로 왕국 전체를 로마에 유산으로 남겼다(BC 133년).

하지만 로마가 곧바로 이를 받아 안정된 속주로 만든 것은 아니었다. 아탈로스 3세의 결정은 왕국 내부와 주변 세력에게 충격을 주었고, 아리스토니코스(활동 연대 BC 133~129년)가 왕위 계승을 자처하며 반란을 일으켰다. 그는 '헬리오폴리스'라는 새로운 공동체를 세우려 했는데, 단순한 찬탈을 넘어 농민, 노예, 피지배 계층을 규합하여 이상 사회를 건설하려는 시도였다. 일부 고대 사상가들은 이를 '자유의 이상향'을 향한 실험으로 평가했다. 그러나 로마의 질서 속에서 이러한 실험은 허용되지 않았다. 로마는 군대를 연이어 파견하여 반란을 진압했고, BC 129년에야 비로소 버가모 왕국을 아시아 속주로 공식 편입할 수 있었다.

속주 초기의 행정 중심지는 옛 버가모 왕국의 수도 버가모였다. 이곳은 아탈로스 왕조의 궁전과 도서관이 남아 있었고, 헬레니즘 왕국의 전통이 여전히 강했다. 그러나 로마는 곧 버가모의 내륙적 위치가 속주 전체를 아우르기에 한계가 있다고 판단했다. 반면 에베소는 에게해와 소아시아 내륙을 잇는 관문이자, 제국 동서 교역을 중개하는 항구를 보유하고 있었다. 여기에 아르테미스 신전이 제공하는 국제적 종교적 위상은 로마가 새로운 속주의 중심으로 삼기에 최적이었다. 이로써 에베소는 점차 버가모을 대신해 속주의 대표 도시가 되었고, 로마 황제의 권위를 제도와 건축으로 구현하는 '황제 도시'(Civitas Augusta)로 자리매김했다. 황제 도시란 단순히 황제를 기념하는 도시가 아니라, 제국이 속주를 통치하는 핵심 장치였다. 로마는 각 속주마다 전략적 도시를 선정해 황제 신전을 세우고, 행정·경제·문화의 중심지로 삼았다. 도시는 황제 숭배 제의를 통해 황제와 제국 질서를 가시화했으며, 주민들은 축제와 건축 속에서 제국 시민으로서의 정체성을 체득했다.

아우구스투스와 그의 후계자들은 모든 동방 속주들(Provinciae Orientales)

에서 황제 숭배를 제도화했다. 도시들은 황제의 이름으로 경기와 축제를 열며 충성을 드러냈고, 이 과정에서 황제 도시라는 지위는 치열한 경쟁의 대상이 되었다. 서머나는 이미 BC 195년에 로마와 동맹을 맺고, 로마 민족(Dēa Rōma)을 기리는 신전을 세우며 제국과의 관계에서 일찍이 우위를 확보했다. 그 신전은 로마를 신성한 존재로 숭배한 최초의 그리스 도시 제의 가운데 하나였다. 이어 버가모는 BC 29년에 아우구스투스와 여신 로마(Roma)를 함께 기리는 신전을 건립하며 서머나와 경쟁했다. 두 도시는 로마의 총애를 얻기 위해 제국의 이데올로기를 가장 먼저 받아들인 선도적 중심지였다. 에베소 역시 지중해 동서 교역의 관문이자, 아르테미스 신전으로 이름난 도시적 위상을 바탕으로 황제 숭배권을 요청했다. 그리고 마침내 '네오코로스'(νεωκόρος), 즉 황제와 여신 로마의 신전을 관리할 수 있는 특권적 지위를 부여받았다. 이로써 에베소는 단순한 항구도시를 넘어, 제국 질서와 종교 권력이 결합된 동방의 대표적 황제 도시로 자리 잡았다.

네오코로스는 그리스어 νεωκόρος에서 비롯된 말로, 본래 '신전을 관리하는 봉사자'를 뜻했다. 그러나 로마 제국 동방 속주에서는 특정 도시가 황제 신전을 세우고 이를 관리할 권리를 부여받으면, 도시 자체가 황제를 섬기는 관리자라는 상징적 지위를 얻게 되었다. 이는 단순한 종교적 직분이 아니라, 제국이 공식적으로 승인한 황제 숭배의 특권이었다.

정치적 위상, 종교적 권위, 경제적 이익이 동시에 보장된 이 칭호는 도시에게 막대한 자부심을 안겨주었다. 실제로 에베소는 도미티아누스(재위 AD 81~96년), 하드리아누스(AD 117~138년), 세베루스(AD 193~211년) 황제 시대에 여러 차례 네오코로스 지위를 얻었고, 스스로를 '두 번, 세 번의 네오코로스 도시'라고 자랑했다.

에베소가 얻은 네오코로스 지위는 명예 그 이상이었다. 황제 신전은 도시가 제국 전체와 직접 연결되는 통로였고, 속주 내 다른 도시들보다 앞선 권위를 의미했다. 황제 제전이 열릴 때마다 제국 전역에서 사절과 순례자들이 몰려들었고, 항구와 시장은 활기로 가득 찼다. 신전 건축과 유지, 축제 준비에는 많은 비용이 들었으나, 장인과 상인, 은 세공사와 연극인 등 도시 전체가 그 이익을 나누었다. 에베소의 동전과 비문에는 네오코로스라는 칭호가 새겨졌고, 황제 초상과 아르테미스 여신상이 나란히 등장했다. 이는 도시가 황제 숭배와 전통 신앙을 아우르는 공간임을 상징했다.

이로써 에베소는 서머나와 버가모와의 경쟁에서 우위를 점하며 아시아 속주의 황제 도시로 확립되었다. 로마 제국은 이곳을 동방 속주의 상징적 실험장이자 모범적인 황제 도시로 만들었다. 도시는 로마식 계획에 따라 철저히 정비되었다. 항구에서 내륙으로 뻗은 도시 입구의 아르카디아 대로(Arcadian Way)는 제국의 권위를 시각적으로 드러내는 도시의 중심축이었고, 본래 AD 1세기 이전에 조성되었으나, AD 4세기 말 아르카디우스 황제 때 대대적으로 재정비되었다. 그 주변에는 목욕탕, 분수, 행정 건물, 상점가, 귀족 주택이 질서 있게 배치되었다. 두 개의 주요 광장이 도시 생활을 이끌었는데, 상부 광장(upper agora)은 행정과 재판의 중심이었고, 하부 광장(lower agora)은 상업의 중심지였다. 하부 광장 옆에 세워진 켈수스 도서관은 AD 110~120년경에 건축된 학문의 전당으로, 동시에 황제 숭배와 도시 위용을 과시하는 상징적 건축물이었으며, 도심 언덕에 우뚝 솟은 도미티아누스 신전은 에베소가 황제 숭배의 핵심 도시였음을 드러냈다.

시민들은 광장과 거리, 건물 입구마다 황제의 신상 앞에 향을 피우며 절했고, 황제의 생일이나 승전일은 '기쁜 소식'(εὐαγγέλιον 유앙겔리온)으로 선포되어 도시 전체가 축제로 충성을 드러냈다. 황제는 '주님'(κύριος 퀴리오스)으로 불렸고, 이 언어는 시민 정체성과 제국 질서의 핵심이었다. 그러나 에베소는 단순히 황제의 도시만은 아니었다. 로마의 권위와 병행해 여전히 그리스 전통 종교의 중심지이기도 했다. 남서쪽 평야에 자리한 아르테미스 신전은 고대 세계 7대 불가사의 중 하나로, 다산과 풍요의 여신을 섬기는 성소였다. 이곳은 제의 공간을 넘어 은행과 창고, 그리고 대규모 축제의 무대였다. 은 세공사와 상인들은 신상 제작과 판매로 생계를 이어갔고, 순례자들은 신앙과 경제 활동을 동시에 경험했다. 결국 에베소는 황제 숭배와 전통 신앙이 공존하며 도시의 정체성과 경제를 떠받치는 독특한 구조를 이룬 도시였다.

황제 숭배와 예수 신앙의 충돌

그리스와 로마의 질서가 교차하는 에베소에 바울이 복음을 들고 들어왔다. 그의 첫 방문은 제2차 선교 여정의 마지막이었다. 고린도 사역을 마친 바울은 브리스길라와 아굴라를 데리고 배를 타고 에베소에 도착했다(행 18:18-19). 그는 곧장 회당으로 들어가 유대인들과 변론했는데, 그들은 그의 가르침에 관심을 보이며 더 오래 머물러 달라고 요청했다. 그러나 바울은 예루살렘 절기에 참여하려는 계획이 있었던 듯, "작별하여 이르되 만일 하나님의 뜻이면 너희에게 돌아오리라"(행 18:21)라고 말하며 서둘러 떠나 예루살렘으로 향했고, 이후 안디옥 교회로 돌아갔다. 이 짧은 방문은 마치 서막과 같았다. 제3차 선교 여정에서 그는 곧바로 에베소로 돌아와 긴 시간을 머물렀는데(행 19:1), 이는 결코 우연이 아니었다.

그 사이 브리스길라와 아굴라가 남아 교회의 씨앗을 심었고, 알렉산드리아 출신 아볼로와 같은 인물도 이미 복음을 전하고 있었다. 무엇보다 에베소는 동서 교통의 관문이자 아시아 속주의 행정·경제 중심지였으므로, 바울의 복음이 제국 도시 전체로 확산될 수 있는 전략적 거점이었다. 따라서 바울이 제3차 여정을 에베소에서 시작한 것은 성경적 흐름과 역사적 현실이 맞물린 필연적 선택이었다.

처음 바울은 유대인 회당에서 복음을 전했으나 갈등이 격화되자, 두란노 학당으로 자리를 옮겨 매일 성경을 가르쳤다. 그가 이 시간을 선택한 데는 로마 도시의 일상 구조가 배경이 있었다. 로마 사람들은 오전에 집중적으로 노동을 마친 뒤, 가장 더운 한낮에는 일을 멈추고 긴 휴식을 취했다. 이를 라틴어로 sexta hora라 불렀는데, 훗날 시에스타(siesta)라는 말로 이어진 전통이었다. 이 정오의 시간은 시장도 조용해지고 공적 업무도 멈추는 시간이었으나, 동시에 철학과 담론이 오가는 토론의 시간이 되기도 했다. 바울은 바로 이 틈을 포착해, 노동이 멈추고 사람들의 마음이 열리는 한낮에 성경을 가르쳤다. 철학과 수사학이 오가던 공적 학당을 복음의 장으로 바꾸어낸 것이다. 그의 가르침은 단순한 회당 논쟁을 넘어서 도시 전체에 파급력을 미쳤고, 마술과 점성술, 주술서와 우상 숭배를 버리는 회심자들을 일으켜 세웠다. 그로 인해 아르테미스 신전을 중심으로 굴러가던 도시 경제와 사회 질서가 크게 흔들리기 시작했다.

이 변화는 곧 도시적 충돌로 이어졌다. 은 세공사 데메드리오가 이끄는 장인 조합은 바울의 복음이 자신들의 생존을 위협한다고 느꼈고, 시민들을 선동해 대규모 소동을 일으켰다. 그러나 이 사건은 단순히 산업적 이해관계의 문제가 아니었다. 에베소에서 아르테미스 신전은 도시의 상징이자 자부심이었고, 신전 경제는 수많은 장인, 상인, 제사 담당자들의 삶을 떠받치는 토대였다. 동시에 로마 제국은 황제 숭배를 통해 속주 도시들의 충성심을 관리했는데, 에베소에서는 아르테미스 숭배와 황제 숭배가 결합해 도시 정체성과 제국 충성이 중첩되는 구조를 이루고 있었다. 따라서 바울이 선포한 "우상은 아무것도 아니며, 예수만이 주님이시다"라는 기쁜 소식 곧 복음은 아르테미스 신전의 권위와 황제 숭배의 정당성을 동시에 부정하는 도전이었다. 이것은 신앙 선택의 문제가 아니라, 도시 정체성과 제국 충성의 근간을 뒤흔드는 충돌이었으며, 즉 에베소 전체 질서와 맞서는 일이었다.

그리하여 수천 명의 시민들이 에베소 대극장에 몰려들어 "크다 에베소 사람의 아데미여"(행 19:28)라고 외쳤던 사건은 분노의 발현이 아니었다. 에베소 대극장은 평범한 공연장이 아니라, 도시의 공적 의사를 모으는 집회 공간이자 정치적 발언의 무대였다. 실제로 이곳은 도시 민회(ἐκκλησία 에클레시아)가 열리던 공간이었다. 그곳에서 터져 나온 구호는 도시 전체가 자신들의 종교적 전통과 정치적 충성을 지키기 위해 내놓은 집단적 선언이었다. 바울과 그의 동역자들이 재판정에 설 뻔했던 사건은, 복음이 개인의 내면을 넘어 공공의 삶과 제국 구조를 관통하는 힘을 지니고 있었음을 보여주는 역사적 장면이었다.

그러나 바울은 그곳에서 견고한 공동체를 세워냈다. 브리스길라와 아굴라, 디모데, 아볼로 같은 동역자들이 에베소 교회와 긴밀히 연결되었고, 후일 사도 요한도 이 공동체와 깊은 관계를 맺었다. 전승에 따르면 바울은 로마 감옥에서도 에베소를 기억하며 '에베소서'를 보냈고, 요한계시록은 아시아의 일곱 교회 가운데 가장 먼저 에베소를 언급하며 그 영향력을 증언했다.

따라서 바울의 에베소 사역은 단순한 선교 여정의 한 장면이 아니었다. 황제와 아르테미스가 동시에 '주님'이라 불리던 도시 한복판에서, 그는 "예수는 주님"이라 선포했다. 신전과 황제 신상, 광장과 서원, 극장과 시장이 얽힌 도시 공간 속에서 바울은 제국의 언어와 권위에 정면으로 맞서며 복음을 공적 영역에 뿌리내렸다. 그 사건은 복음이 단순히 개인 신앙의 차원을 넘어서, 정치 권력과 경제 구조, 그리고 도시 질서 전체를 새롭게 재구성하는 힘임을 드러내는 역사적 전환이었다.

에베소, 제국과 교회를 가른 복음의 전환점

바울은 제3차 선교 여정에서 에베소를 가장 먼저 찾았다. 아시아 속주의 수도이자 지중해 무역의 관문이었던 이 도시는 단순한 항구가 아니라 제국의 심장이었다. 카이스터 강 하구에 자리한 번성한 항만은 내륙과 해상을 연결했고, 아르테미스 신전은 고대 세계 7대 불가사의 중 하나로 꼽히며 종교적 권위와 경제적 부를 함께 상징했다. 또한 아시아 속주에서 최초로 황제 신전이 세워진 도시가 바로 에베소였다. 제국의 권세와 종교적 열기가 한데 모인 곳에서 바울의 복음 선포는 곧바로 충돌을 일으킬 수밖에 없었다.

바울은 에베소에서 고린도 교회의 분열 소식을 듣고 고린도전서를 기록했으며, 전승에 따르면 에베소서도 이 교회 전통과 긴밀히 연결된다. 에베소서는 교회의 본질을 드러내는 신학적 문서였다. 교회는 "그의 몸"(엡 1:23)이며, "너희도 성령 안에서 하나님이 거하실 처소"(엡 2:22)이다. 아르테미스 신전과 황제 신전이 도시에 우뚝 서 있던 상황에서, 바울은 교회 공동체야말로 참된 성전임을 선포한 것이다. 또한 유대인과 이방인의 벽이 무너지고 "이 둘로 자기 안에서 한 새 사람"(엡 2:15)이 탄생했다는 선언은, 분할과 위계로 유지된 제국의 질서와는 정반대의 새로운 사회를 드러냈다. 에베소서 곳곳에서 반복되는 "그리스도 안에서"라는 표현은 황제의 이름으로 질서가 유지되던 세상에 또 다른 권세를 선포하는 담대한 언어였다. 그리고 마지막 권면에서 "우리의 씨름은 혈과 육을 상대하는 것이 아니요 통치자들과 권세들과 이 어둠의 세상 주관자들과 하늘에 있는 악의 영들을 상대함이라"(엡 6:12)라는 말은, 교회의 정체성이 제국의 권세와 영적 세력에 맞서는 존재임을 드러냈다. 에베소 교회는 단순한 종교 모임이 아니라, 제국의 중심에서 새로운 인류와 새로운 질서를 살아내는 공동체였다.

후대의 기록은 이 교회의 빛과 그림자를 동시에 전한다. 요한계시록은 에베소 교회가 거짓 사도를 분별하는 분별력과 인내를 지녔지만, "너의 처음 사랑을 버렸느니라"(계 2:4)라는 책망을 남겼다. 이는 교회의 외형적 성장이나 조직적 힘이 신앙의 본질을 대체할 수 없음을 경고한다. 또한 AD 431년, 에베소의 마리아 교회에서 열린 제3차 세계 공의회는 성육신 교리를 확정하며 예수 그리스도의 인격과 사역에 대한 신앙을 지켜냈다. 이처럼 에베소는 사도 시대를 넘어 교회의 정체성과 신학을 규정짓는 역사적 무대가 되었다.

오늘날 에베소의 거대한 도로와 원형극장, 그리고 한때 세계의 불가사의라 불렸던 아르테미스 신전의 기둥은 묵묵히 과거의 영광을 증언한다. 제국의 권세와 신전의 화려함으로 빛나던 도시는 이제 돌무더기로 남았지만, 그 한가운데서 바울이 선포한 복음의 메아리는 여전히 이어지고 있다. 에베소는 제국의 질서와 복음의 진리가 정면으로 마주한 도시였다. 황제의 신전이 하늘을 향해 솟았던 그곳에서, 바울은 보이지 않는 주권, 즉 "예수 그리스도 안에서" 나타난 하나님의 다스림을 선포했다. 사람들은 황제의 이름으로 제국의 평화를 노래했지만, 바울은 그 평화가 아니라 십자가의 평화를 말했고, 권력의 충성 대신 사랑의 순종을 가르쳤다. 에베소는 그렇게 제국의 중심에서 하나님 나라의 새로운 질서가 태동한 도시였다.

그러나 요한계시록에 나타난 에베소 교회는 그 긴장 속에서 처음 사랑을 잃어버린 공동체로 기록된다(계 2:4). 진리와 질서의 이름으로 세워졌던 교회가 사랑을 잃을 때, 그 믿음은 제국의 질서와 다르지 않게 된다. 그래서 에베소는 오늘의 교회에게도 묻는다. 교회는 무엇으로 존재하며, 누구의 권세 아래 서 있는가? 에베소는 과거의 폐허가 아니라, 지금도 복음과 제국 사이에서 선택을 요구하는 거울이다. 처음 사랑을 잃지 않는 교회만이 이 세상의 질서 속에서도 참된 성전으로 남아, 하나님의 임재를 드러낼 수 있다. 바울이 에베소에서 보았던 것은 거대한 신전이 아니라, 사랑으로 세워진 공동체였다. 에베소의 거울은 오늘 우리에게 다시 묻는다. 우리는 지금 무엇을 사랑하며, 누구를 경배하고 있는가?

역사와 지리로 만나는

바울이야기

07

드로아

바다를 건넌 복음, 새로운 출항의 길목

AD ROMANOS
SERVVS JESV

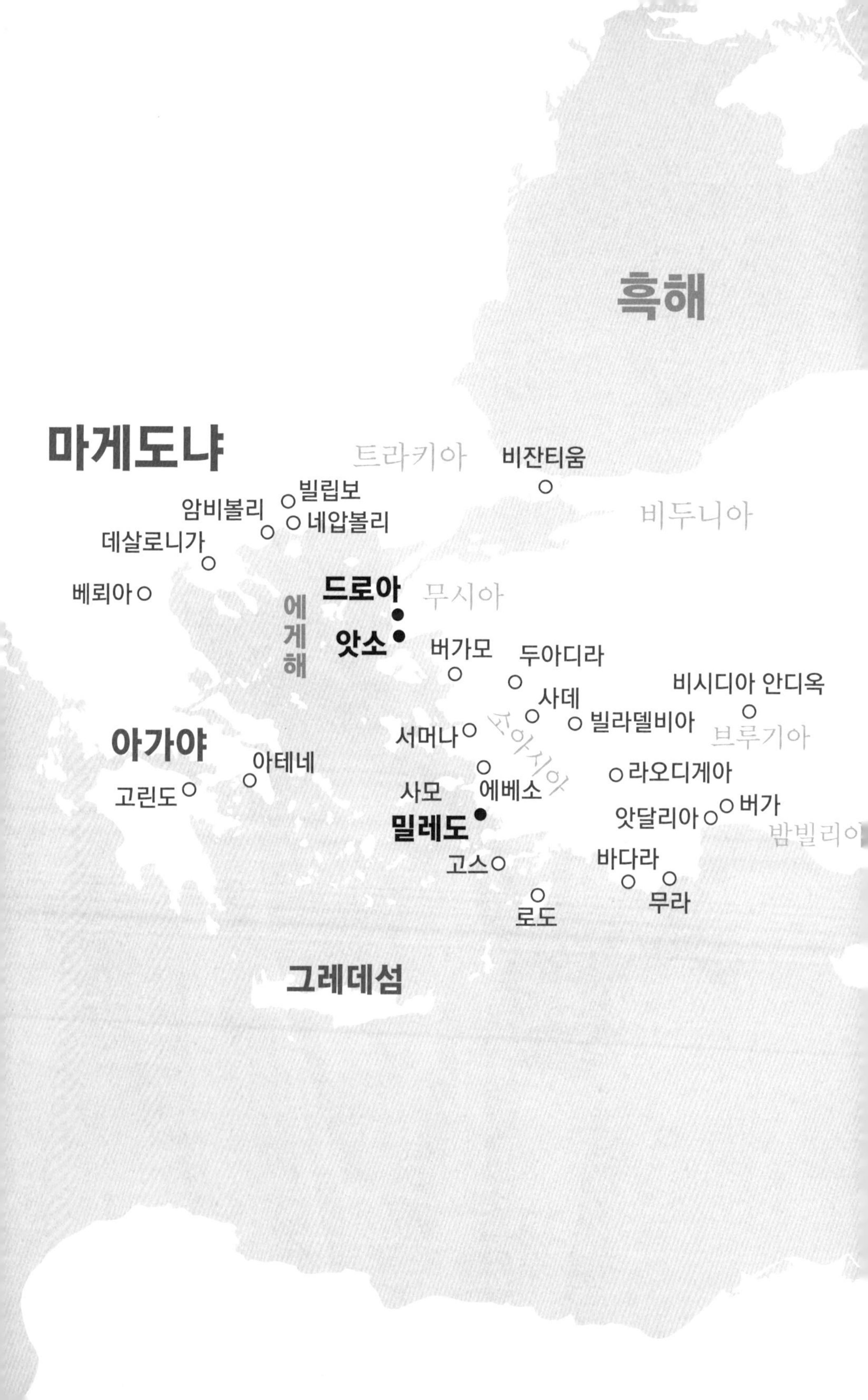

흑해
마게도냐
트라키아
비잔티움
빌립보
암비볼리
네압볼리
비두니아
데살로니가
베뢰아
드로아
무시아
에게해
앗소
버가모
두아디라
비시디아 안디옥
사데
빌라델비아
서머나
브루기아
아가야
아시아
아테네
라오디게아
고린도
사모
에베소
버가
앗달리아
밀레도
밤빌리아
고스
바다라
무라
로도
그레데섬

드로아
바다를 건넌 복음, 새로운 출항의 길목

드로아(Troas)에서 바울은 바다를 건넜다. 아시아에서 유럽으로 향한 이 발걸음은 단순한 항해가 아니었다. 마케도니아(마게도냐) 사람의 환상을 따라 에게해를 넘어간 사건은, 복음이 동방을 넘어 서방으로 확장되는 역사적 전환점이었다. 훗날 같은 도시에서 홀로 앗소까지 걸음을 옮기며 사명을 다잡았던 순간까지 더해져, 드로아는 바울의 길에서 복음의 방향이 바뀌고 그의 내면이 새롭게 단련된 자리로 기억된다.

드로아는 아나톨리아의 서북단, 에게해 북쪽 해안의 관문에 자리한 항구도시였다. 본래 '드로아'라는 이름은 전설적인 트로이(Troia)를 포함한 광역 지역을 가리켰으며, 실제 도시는 BC 4세기 말 알렉산더의 후계자 안티고노스(BC 323~301년)가 세운 안티고니아 드로아(Antigoneia Troas)에서 비롯되었다. 뒤이어 리시마코스(BC 323~281년)는 도시를 크게 확장하며, 알렉산더를 기려 그 이름을 알렉산드리아 드로아(Alexandria Troas)로 바꾸었다. 이후 아우구스투스(재위 BC 27~AD 14년) 시대에 드로아는 로마의 식민도시로 승격되어 콜로니아 알렉산드리아 아우구스타 드로아라는 이름을 얻었다. 동시에 로마 본토와 같은 특별한 법적 지위를 부여받으면서, 아나톨리아 서북부에서 가장 중요한 항구도시 가운데 하나로 성장했다.

도시는 트로이 유적지에서 남쪽으로 약 20km 떨어져 있었고, 헬레스폰투스 해협 입구 남쪽 해안에 놓여 동방과 서방, 아시아와 유럽을 연결하는 지정학적 길목을 이루었다. 무엇보다 이곳은 호메로스의 서사시로 기억되는 트로이 문명의 흔적을 품고 있었기에, 그리스와 로마 세계는 자신들의 기원을 이 땅의 신화와 연결하곤 했다. 그런 점에서 바울이 드로아를 발걸음의 분기점으로 삼았다는 사실은 단순한 지리적 선택이 아니라, 복음이 제국의 기원 신화가 서린 땅에서 새로운 역사를 시작했다는 점에서 각별한 의미를 지닌다.

제2차 선교 여정에서 바울은 무시아 내륙을 지나 비두니아로 향하려 했으나 성령의 인도하심으로 길이 막히고 결국 드로아까지 이르게 된다(행 16:7-8). 그 밤, 그는 환상 가운데 "마게도냐로 건너와서 우리를 도우라"(행 16:9)라는 음성을 듣는다. 이 장면은 흔한 꿈이 아니었다. 복음이 아시아를 넘어 유럽으로 확장되는 분기점이었고, 곧이어 바울과 동역자들은 드로아 항구에서 배를 타고 에게해를 건너 네압볼리로 향했다. 이때부터 사도행전의 '우리' 서술이 시작된 것으로 보이며, 바울의 동역자 누가가 합류한 자리도 바로 이곳일 가능성이 크다. 이 항해와 함께 복음은 처음으로 유럽 땅에 뿌리내리게 되었다.

이 '바다를 건너는 사건'은 성경의 구원 역사와도 맞닿아 있다. 아브라함이 갈대아 우르를 떠나 유프라테스강을 건넌 사건, 모세가 이끄는 이스라엘이 홍해를 건넌 해방의 순간, 여호수아가 요단강을 건너 가나안에 들어간 장면은 모두 하나님의 구원이 새로운 단계로 확장되는 분수령이었다. 바울이 드로아에서 에게해를 건너 마케도니아로 들어간 사건 역시 그러했다. 동방과 서방을 가르던 바다가 이제는 복음의 다리가 되었고, 하나님의 구원은 더 이상 한 민족이나 한 지역에 머물지 않고 열방을 향해 뻗어 나갔다.

그러나 드로아의 의미는 단 한 번의 출발지에 그치지 않았다. 제3차 선교 여정을 마친 바울은 예루살렘을 향하는 길에 다시 이 도시에 머물렀다. 그는 동역자들을 먼저 배에 태워 앗소로 보내고, 홀로 약 60km 남짓한 길을 따라 걸어 내려갔다(행 20:13). 단순히 항로를 택했다면 배를 타는 것이 훨씬 수월했지만, 그는 일부러 혼자 걷기를 선택했다. 다가올 예루살렘의 결박과 환난(행 20:23)을 앞두고, 하나님 앞에서 자신을 정리하고 결단하는 고독의 시간이었을 것이다. 이후 그는 앗소에서 동역자들과 합류해 밀레도로 향했고, 그곳에서 에베소 교회의 장로들을 불러 마지막 당부를 전했다. 눈물로 이어진 작별은 단순한 이별이 아니라, 복음 사역을 다음 세대에 넘겨주는 증언이자 유산이었다.

이처럼 드로아에서 앗소를 거쳐 밀레도로 이어진 길은 단순한 항로가 아니었다. 고대 그리스와 로마의 상선과 군선이 끊임없이 오가던 제국의 해안대로 위에서, 바울은 다른 발걸음을 내디뎠다. 그 길은 제국의 패권을 실어 나르던 길이 아니라, 복음의 희망을 전하는 길이었다. 역사 속에서 이 해안대로는 제국을 잇는 전략적 동맥이었지만, 신앙의 관점에서 그것은 하나님 나라가 동방에서 서방으로 확장되는 복음의 길이었다.

결국 드로아는 복음의 방향이 바뀐 출발지이자, 바울이 홀로 걸으며 사명을 다잡았던 침묵의 해안이었다. 무엇보다 이곳은 동방과 서방의 경계선에서 복음이 바다를 넘어 새로운 대륙으로 나아간 순간을 증언한다. 유프라테스강, 홍해, 요단강을 건너 새로운 역사의 장으로 들어간 하나님의 백성처럼, 바울은 에게해를 건너며 복음의 새로운 시대와 공간을 열었다. 역사의 해안대로는 곧 신앙의 해안대로가 되었고, 그 경계 위에서 바울은 복음의 지경을 넓히는 사도적 결단을 내렸다. 이 길 위에서 이스라엘의 소망과 이방의 부르심은 하나의 역동 속에 함께 놓이게 되었다.

드로아와 트로이, 신화와 역사가 만난 자리

드로아는 고대 헬레스폰투스 해협을 마주한 해안 지대로, 에게해를 건너면 곧장 그리스 본토와 이어지는 길목에 자리 잡고 있었다. 본래 드로아라는 이름은 전설적인 도시 트로이를 중심으로 아나톨리아 서북부 전체를 가리키는 지명이었으며, 이는 청동기 시대의 본래 명칭이 아니라 후대 그리스인들이 붙인 이름이었다. 다시 말해, 드로아는 트로이 문명의 실체 위에 덧씌워진 역사적·지리적 개념이면서, 동방과 서방을 잇는 관문으로써 일찍부터 다양한 민족과 문명이 교차하던 전략적 요충지였다. 완만한 해안선과 온화한 기후, 항해에 유리한 조건은 이곳을 고대 문명들의 만남의 장으로 만들었고, 후대 사람들은 드로아를 단순한 지역이 아니라 문명의 회랑으로 기억했다.

무엇보다 이 지역을 세계적으로 유명하게 만든 도시는 트로이(Troia)였다. 고대 그리스 시인 호메로스는 『일리아스』와 『오디세이아』를 통해 트로이를 신화적 무대로 형상화했다. 트로이라는 이름은 전설적인 왕 트로스(Tros)에서 비롯되었으며, 그의 아들 일로스(Ilos)가 세운 도시가 일리온(Ilion)이다. 『일리아스』라는 제목은 바로 이 지명에서 유래했다. 호메로스의 서사시는 단순한 전쟁 이야기를 넘어 인간과 신의 갈등, 용기와 배신, 영광과 파멸을 노래하며, 고대 그리스인들에게 삶과 죽음, 운명과 명예에 대한 세계관을 제시했다. 트로이 전쟁 이야기는 후대 서구 문명이 자신을 이해하는 집단적 기억의 원형이 되었고, 로마인들 또한 자신들의 기원을 트로이 영웅 아이네이스(Aeneis)의 후손으로 연결했다.

19세기 독일 고고학자 하인리히 슐리만은 튀르키예 서부 차낙칼레 인근 히사르르륵 언덕에서 트로이 유적을 발굴하면서, 전설로만 여겨지던 이야기가 일정 부분 역사적 배경을 지녔음을 보여주었다. 발굴 결과 아홉 겹의 도시층이 확인되었고, 그중 일부는 청동기 시대 말기의 격변을 반영하고 있었다. 이로 인해 트로이 전쟁이 전적으로 허구라기보다, 미케네 문명과 히타이트 제국 사이의 실제 충돌을 반영했을 가능성이 제기되었다. 에게해를 무대로 세력을 확장하던 미케네인들은 흑해로 이어지는 헬레스폰투스 해협과 드로아를 장악하려 했고, 이는 아나톨리아 내륙의 강자인 히타이트 제국과 이해관계가 맞부딪히게 했다. 특히 트로이는 곡물, 목재,

금속과 같은 전략 자원의 교역망 요충지였기 때문에 양측의 갈등이 첨예하게 드러날 수밖에 없었다. 고고학적 증거는 트로이가 단순한 변방 도시가 아니라, 미케네와 히타이트 사이에서 중계와 완충의 역할을 했음을 보여준다. 따라서 트로이 전쟁은 신화와 역사가 만난 고대 세계의 긴장과 전환을 드러내는 집단적 기억이었다.

드로아와 트로이는 단지 신화적 배경이 아니라, 동서 문명이 맞부딪히고 다시 이어지는 공간이었다. 청동기 시대에는 미케네와 히타이트가 충돌했고, 이후에도 이 헬레스폰투스 해협은 늘 동방과 서방을 잇는 다리이자 전쟁의 통로로 기능했다. 페르시아 제국의 군대는 헬레스폰투스 해협을 건너 그리스 본토를 침공했고, 알렉산더 대왕은 역으로 이 바다를 건너며 페르시아 정복의 서막을 열었다. 드로아 평원과 헬레스폰투스 해협은 끊임없이 동서 세력이 교차하며 충돌한 무대였고, 그 긴장은 문명사의 반복된 장면으로 남았다.

그리스 본토인들은 트로이의 몰락을 영웅들의 승리로 기억했다. 호메로스의 서사시에서 아킬레우스와 오디세우스는 용맹과 지략의 상징이 되었고, 트로이의 멸망은 그리스 도시국가들의 정체성과 자긍심을 강화하는 서사가 되었다. 반대로 로마인들은 패자의 후손을 자신들의 뿌리로 삼았다. 트로이 영웅 아이네아스는 패망한 도시를 떠나 이탈리아 반도의 라티움에 도착해 새로운 나라의 씨앗을 뿌렸다고 전해지며, 베르길리우스의 서사시 『아이네이스』(Aeneis)는 이 전승을 제국 건국의 정당성과 신성한 기원으로 노래했다. 즉, 그리스는 승자의 기억을, 로마는 패자의 기억을 통해 각자의 정체성을 구축했다. 이 아이러니 속에서 드로아는 단순한 전쟁터가 아니라, 제국의 신화적 출발점이자 동서 세계의 경계가 겹쳐진 무대가 되었다. 이곳은 서구 문명이 자신을 해석하는 기억의 원천이자, 새로운 역사적 전환이 끊임없이 시작되는 상징적 장소였다.

세월이 흘러 바울이 드로아에 도착했을 때, 이곳은 더 이상 신화 속 전쟁의 무대만이 아니었다. 제3차 선교 여정을 마치고 예루살렘으로 향하던 길에 바울이 이곳을 다시 찾은 이유는 성경이 직접 밝히지 않지만, 사도행전은 그가 제자들과 함께 모여 복음을 나누었다고 기록한다(행 20:7-12). 이는 이미 그곳에 공동체가 형성되어 있었음을 보여준다. 또한 고린도후서 2:12에서 바울은 "주 안에서 문이 내게 열렸으되"라고 회상하며, 드로아에서 경험한 복음 전파의 기회를 떠올린다. 그의 재방문은 단순한 경유가 아니라, 이전에 맺어진 복음의 열매와 공동체를 돌보고 격려하기 위한 목회적 방문이었을 것이다. 동시에 드로아는 예루살렘으로 향하는 항로와 육로가 교차하는 요충지로써 동역자들과 사역을 조율하기 위한 지리적 선택이기도 했다.

동서의 관문, 페르시아가 노린 드로아

BC 6세기 중반, 고레스 대왕이 리디아 왕국을 정복하면서 드로아 지역은 페르시아 제국의 지배 아래 들어갔다. 다리우스 1세는 이곳을 사트라피 곧 총독 체제에 편입시키고, 헬레스폰투스 해협을 넘어서는 전략적 거점으로 삼았다. BC 513년 그는 대규모 스키타이 원정을 단행했는데, 이는 흑해 북방의 유목민 세력을 견제하고 흑해 연안을 따라 식량과 자원을 확보하려는 시도였다. 다리우스 1세(재위 BC 522~486년)는 스키타이 원정을 감행하며 제국의 공학과 군사력을 과시했다. 헤로도토스에 따르면 그는 먼저 보스포루스 해협에 배를 이어 부교를 세워 군대를 유럽으로 건너게 했고, 다시 다뉴브강에 거대한 다리를 놓아 트라키아와 흑해 북방 초원을 향해 진군했다(『Historiai』 4.83-85). 그러나 유목민적 전술을 구사한 스키타이와의 전쟁은 명확한 승리를 거두지 못했고, 결국 페르시아군은 철수해야 했다.

이 원정은 정치·군사적으로 뚜렷한 성과를 남기지 못했으나, 중요한 변화를 가져왔다. 다리우스 1세가 귀환길에 트라키아와 마케도니아를 제국 질서 안에 편입시켰다는 사실은 페르시아의 세력이 헬레스폰투스 해협과 에게해 북부까지 뻗어 있었음을 보여준다(헤로도토스 『Historiai』 5.1-2). 이 과정에서 드로아 지역은 페르시아가 에게해와 헬레스폰투스 해협을 관리하는 서방 거점으로 기능하게 되었다. 헬레스폰투스 해협 자체는 다리우스 1세의 스키타이 원정보다는 후대 크세르크세스 1세(재위 BC 486~465년)의 대원정에서 더욱 극적으로 부각된다. 헤로도토스에 따르면, 크세르크세스 1세는 헬레스폰투스 해협에 두 개의 거대한 부교(浮橋, 배다리)를 건설하여 대군을 건너게 했고, 이는 곧 헬레스폰투스 해협이 제국 확장의 관문으로 각인되는 결정적 사건이 되었다(『Historiai』 7.33-36). 따라서 다리우스 1세의 시도와 크세르크세스 1세의 대원정은 함께, 헬레스폰투스 해협을 동서 제국을 연결하는 상징적 공간으로 부각시킨다.

페르시아가 굳이 헬레스폰투스 해협을 선택한 데에는 분명한 이유가 있었다. 이곳은 아시아와 유럽을 잇는 가장 좁은 수로이자, 흑해 자원이 에게해로 흘러드는 교역의 길목이었다. 따라서 해협을 장악한다는 것은 단순히 군대를 건너게 하는 도하 전략을 넘어,

제국의 보급과 확장, 나아가 동서 세계를 하나로 묶으려는 정치적 상징을 담고 있었다. 그 배경에는 마라톤 전투(BC 490년)에서 아테네에 패배한 다리우스 1세의 굴욕을 설욕하려는 과제가 있었다. 크세르크세스 1세는 아버지의 패배를 씻고 에게해 세계를 굴복시켜 제국의 서방 경계를 확장하고자 했다. 그는 헬레스폰투스 해협에 배를 이어 만든 거대한 부교를 설치해 수십만 대군을 건너게 했는데, 이 장면은 고대인들에게 자연의 장벽을 인간의 힘으로 제압한 사건으로 기억되었다. 헤로도토스는 거센 바닷바람에 의해 부교가 무너지자 크세르크세스 1세가 바다를 채찍질하고 쇠사슬을 던져 징벌했다고 전한다. 그의 대군은 트라키아와 마케도니아를 지나며 오늘날 그리스 북부의 암비볼리(Amphipolis)까지 장악했다. 암비볼리는 스트리몬강 하구에 자리한 전략적 요충지로, 금과 은, 목재가 풍부한 곳이었다. 크세르크세스 1세는 이 지역을 확보함으로써 제국의 보급로를 확장하고 자원 공급망을 장악하려 했다. 훗날 아테네와 스파르타가 번갈아 차지하려 했던 이 도시의 중요성은, 크세르크세스 1세의 정복이 단순히 그리스 본토 침공에 그치지 않고 북방 전체를 제국 질서 안에 포함시키려는 야망이었음을 보여준다.

헬레스폰투스라는 이름 자체도 신화적 뿌리를 지닌다. 그리스 전승에 따르면, 아타마스의 딸 헬레(Helle)가 황금양을 타고 오르다가 바다에 빠져 죽은 곳이 바로 이 해협이었고, 그녀의 오빠 프릭소스(Phrixus)는 간신히 살아남아 폰투스의 콜키스로 건너갔다. 이 사건 이후 사람들은 이곳을 '헬레스-폰투스'(Helles-Pontus)라 불렀다. 신화적 명칭은 비극적 죽음을 기억하는 동시에, 이 해협이 역사 속에서 갖게 될 운명적 의미를 상징적으로 드러낸다. 지리적으로 헬레스폰투스 해협은 에게해와 흑해를 잇는 좁은 수로로, 아시아와 유럽을 가장 가까이 이어주는 길목이었다. 이곳을 장악하는 자는 단순히 항로만이 아니라, 두 대륙을 연결하는 교역로와 군사 통로를 손에 넣을 수 있었다. 따라서 고대의 수많은 제국과 도시국가들이 이 바다를 차지하기 위해 다투었고, 헬레스폰투스 해협은 늘 전략적 긴장의 중심이었다. 트로이 전쟁 또한 이 해협을 둘러싼 교역과 패권 다툼과 무관하지 않았을 가능성이 크다. 흑해 연안에서 생산된 곡물·목재·금속 같은 자원은 이 길을 통해 에게해로 흘러들었고, 반대로 지중해의 문화와 세력은 북쪽으로 확산되었다.

이처럼 헬레스폰투스 해협은 단순한 바다가 아니었다. 그것은 문명의 생명선을 차지하기 위한 전쟁의 바다였고, 드로아는 이러한 동서 문명의 충돌과 제국적 야망이 맞부딪히는 전초기지였다.

이 해협을 둘러싼 패권 다툼은 군사 충돌을 넘어, 아시아와 유럽을 잇는 경계선에서 되풀이된 동서 세계의 긴장과 갈등을 압축적으로 보여주는 역사적 무대였다.

헬레니즘과 로마 제국의 전략적 중심지, 드로아

BC 334년, 마케도니아의 알렉산더는 대군을 이끌고 헬레스폰투스 해협을 건넜다. 그의 상륙지는 단순히 군사적으로 가까운 해안이 아니었다. 헬레스폰투스 해협은 트로이 전쟁의 무대로, 그리스인들의 기억 속에 특별한 의미를 지닌 곳이었다. 알렉산더는 이곳에 발을 디디며 스스로 아킬레우스의 후계자로 자리매김했다. 아킬레우스는 트로이 성벽 앞에서 헥토르를 쓰러뜨린 전쟁 영웅이었지만, 동시에 젊은 나이에 비극적으로 죽음을 맞이한 인물이기도 했다. 알렉산더는 이러한 영웅적 기억을 계승해, 자신의 아시아 원정을 그리스의 미완의 복수를 완성하는 길로 의미화했다. 트로이가 그리스의 오래된 원한의 상징이었다면, 그는 그 원한을 되갚는 자이자 새로운 정복의 주인공이 되기를 원했다. 이 제스처는 단순한 상징 행위가 아니라, 신화와 역사를 연결하여 동방 원정에 정치적·종교적 정당성을 부여하는 치밀한 전략이었다.

그러나 그의 사후, 제국은 곧 분열되었다. 디아도코이라 불린 후계자들은 서로 패권을 다투며 전쟁을 이어갔고, 드로아는 그 소용돌이 속에 휘말렸다. 에게해와 아나톨리아 반도를 잇는 관문이자 헬레스폰투스 해협을 지배하는 전략적 요충지였던 이곳은 동방과 서방을 연결하는 군사·경제적 이점을 제공했기에 누구도 쉽게 포기할 수 없는 땅이었다. 후계자들 가운데 안티고노스(BC 323~301년)는 서부 아나톨리아 전역을 장악하며 드로아 지역에 안티고네이아(Antigoneia)라는 신도시를 세워 자신의 세력을 과시했다. 그러나 BC 301년 입수스 전투에서 그는 다른 후계자들인 리시마코스(BC 323~281년)와 셀레우코스(BC 312~281년)의 연합군에 패해 몰락했고, 승리한 리시마코스는 드로아를 차지한 뒤 도시의 이름을 알렉산드리아 드로아(Alexandria Troas)로 개명했다. 리시마코스는 알렉산더가 트로이 유적을 찾아 아킬레우스의 무덤에 경의를 표했던 기억을 의도적으로 계승하면서, 트로이의 전승과 알렉산더의 유산을 자신의 권력 정당성과 연결시켰다. 즉, 알렉산드리아라는 이름에 드로아를 덧붙임으로써 도시를 헬레니즘 세계 속에서 특별한 위상을 지닌 상징적 장소로 자리매김한 것이다. 그러나 리시마코스의 몰락 이후 드로아는 다시 셀레우코스 왕국

(BC 305~63년)과 프톨레마이오스 왕국(BC 303~30년) 사이의 다툼에 휘말렸고, 결국 서부 아나톨리아가 셀레우코스 왕국의 세력권에 편입되었다. 시간이 흐르며 강력한 군주 안티오코스 3세(BC 222~187년)가 등장하자, 드로아 역시 그의 통제 아래 들어가게 되었다.

하지만 안티오코스 3세의 팽창은 로마와의 충돌을 불러왔다. 이미 로마는 제2차 마케도니아 전쟁(BC 200~197년)에서 필리포스 5세를 굴복시키며 에게해에 영향력을 확대하고 있었다. 안티오코스 3세는 그 틈을 노려 그리스 세계로 진출했으나, 로마와의 전쟁(BC 192~188년)에서 패배의 길을 걸었다. 결정적 전환점은 BC 190년 마그네시아 전투였다. 이 전투에서 로마군은 버가모 왕국의 에우메네스 2세와 연합해 안티오코스 3세의 대군을 궤멸시켰고, 결국 BC 188년 체결된 아파메아 조약으로 안티오코스 3세는 소아시아 대부분을 포기해야 했다. 이로써 드로아를 비롯한 지역은 로마의 직접적인 영향권 안에 들어갔다.

로마는 이곳을 자유도시로 지정하고, 항구를 국제 교역의 중심지로 정비했다. 특히 '드로아-네압볼리 항로'는 사실상 로마의 교통 네트워크 속에 편입되어 에그나티아 가도와 연결되었고, 해상과 육로를 잇는 핵심축이 되었다. 이는 제국의 동방 정책에서 중요한 역할을 담당했다. 알렉산더의 유산을 계승한다는 이름으로 세워진 알렉산드리아 드로아는 세월이 흐르며 결국 로마의 질서 속에 편입되었지만, 이는 곧 몰락을 의미하지 않았다. 오히려 로마 제국의 동방 교통망과 국제 무역 체계 속에서 새로운 번영의 길을 열어주었다. 실제로 이 도시는 로마 정치 구상 속에서 특별한 위치를 차지했다. 율리우스 카이사르가 한때 수도를 드로아로 옮기려 했다는 기록이 있으며, 콘스탄티누스 대제 역시 새로운 수도 후보지로 고려했다는 전승이 전해진다. 로마 시대의 드로아는 자치도시의 지위를 부여받아 눈에 띄게 성장했고, 신전과 극장, 목욕탕과 항구 시설이 들어서며 국제적 도시로 자리매김했다. 하드리아누스 황제가 이곳을 방문한 기록은 드로아가 로마 제국 속에서 지녔던 위상을 잘 보여준다.

바울의 여정, 드로아에서 열린 새로운 길

바울이 드로아를 처음 찾은 것은 제2차 선교 여정이었다. 그는 소아시아 내륙을 지나 무시아에 이르렀고, 북쪽 비두니아로 들어가려 했으나 사도행전은 "예수의 영이 허락하지 아니하시는지라”(행 16:7)라고 전한다. 짧은 한 구절이지만, 선교의 길을 결정하는 주권이 사람의 계획이 아니라 성령의 인도하심에 있음을 분명히 드러낸다. 길이 막힌 바울은 북쪽으로 나아가지 않고 서쪽 해안 도시 드로아로 향했다. 이는 단순한 우회가 아니라, 복음의 지평을 근본적으로 바꾸는 분기점이었다. 더불어 드로아는 로마 식민도시(Colonia Alexandria Troas)로 지정되며 잘 정비된 항만과 도로를 갖추었고, 로마 본토에 준하는 법적 지위가 부여된 것으로 알려져 있었다. 이러한 행정적·교통적 기반은 바울이 바다를 건너는 결정을 실제로 가능하게 한 역사적 배경이 되었다.

그곳에서 바울은 환상을 본다. 한 마게도냐(마케도니아) 사람이 나타나 “마게도냐로 건너와서 우리를 도우라”(행 16:9)라고 간청한 것이다. 이는 단순한 도움 요청이 아니라, 복음이 처음으로 유럽 대륙을 향해 건너가도록 이끄는 하나님의 부르심이었다. 바울은 이를 곧 깨닫고 실라, 디모데와 함께 배에 올랐다. 그들은 사모드라게 섬을 거쳐 마케도니아의 관문 네압볼리에 도착했다(행 16:11). 이 항해는 단순한 지리적 이동이 아니었다. 드로아 항구에서 출발한 배는 네압볼리의 선창으로 이어졌고, 그 배후에는 빌립보로 오르는 길과 에그나티아 가도가 연결되어 있었다. 복음은 소아시아의 변방을 넘어, 로마 제국의 중심으로 뻗어 들어가는 새로운 경로를 얻었다. 바다는 경계가 아니라 길이 되었고, 드로아는 그 길의 출발점이 되었다.

흥미로운 것은 바로 이 장면에서 사도행전의 서술 방식이 달라진다는 점이다. "우리가 곧 마게도냐로 떠나가기를 힘쓰니"(행 16:10)라는 구절에서 처음으로 "우리"라는 1인칭 복수가 등장한다. 많은 해석자들이 이것을 누가가 이 시점에서 직접 바울의 여정에 합류했음을 시사하는 표지로 본다. 이후 사도행전 곳곳(행 16:10-17, 20:5-15, 27:1-28:16)에 반복되는 "우리" 서술은 누가가 단순한 역사가가 아니라 길 위의 동역자였음을 드러낸다. 골로새서는 그를 "사랑을 받는 의사"(골 4:14)라 부르고, 빌레몬서는 "나의 동역자"(몬 1:24)로 소개한다. 무엇보다 바울이 로마 감옥에서 홀로 순교를 기다리던 순간, "누가만 나와 함께 있느니라"(딤후 4:11)라고 적은 고백은, 드로아에서 시작된 동행이 마지막까지 이어졌음을 보여준다. 바울은 훗날 "주 안에서 문이 내게 열렸으되"(고후 2:12)라고 회상하며, 이 항구도시에서 경험한 선교의 개방성을 잊지 않았다.

드로아는 바울의 제3차 선교 여정에서도 다시 등장한다. 예루살렘으로 향하던 길에 그는 이곳에서 일주일을 머물며 제자들과 교제했다(행 20:5-12). "그 주간의 첫날에"(행 20:7) 곧 주일 밤에 모인 공동체와 함께 떡을 떼고 말씀을 나눈 장면은 단순한 모임이 아니라, 말씀 선포와 성찬이 어우러진 초대 교회 예배의 한 모습을 보여준다. 밤이 깊어 자정이 되었을 때 청년 유두고가 창가에서 떨어져 숨을 거두었으나, 바울이 그를 껴안자 살아났다. 말씀과 생명의 능력이 함께 드러난 이 사건은, 복음이 단지 가르침이 아니라 공동체를 살려내는 실제적 능력임을 증언한다. 그리고 바로 이 주간, 바울은 동역자들을 배에 태워 앗소로 먼저 보내고 자신은 해안을 따라 도보로 내려갔다(행 20:13). 다가올 결박과 환난을 앞두고 홀로 걷는 길은, 사명을 확인하고 마음을 정돈하는 침묵의 시간이었다. 곧 앗소에서 일행과 합류해 밀레도로 향했고, 그곳에서 에베소 장로들을 불러 눈물의 고별을 남겼다.

이처럼 드로아는 바울의 길에서 늘 전환의 문턱이 되었다. 성령의 인도하심 아래 복음이 아시아에서 유럽으로 건너간 자리, 죽음이 생명으로 바뀐 자리, 그리고 고독한 사도가 동역자를 얻은 순간이 모두 이곳에서 일어났다. 동시에 이 도시는 로마 제국의 에게해 해변대로와 도로망, 항만과 행정이 촘촘히 얽힌 전략적 허브였다. 하나님의 때와 하나님의 길은 사람의 계획을 넘어 역사 속 준비된 토대 위에서 펼쳐졌다. 드로아는 단순히 트로이 전쟁의 기억을 간직한 헬레니즘 항구도시가 아니었다. 그것은 복음의 방향이 새롭게 전환된 땅이자, 공동체의 생명이 살아난 장소였고, 제국의 길을 복음의 길로 바꾸어 놓은 출발선이었다.

바울, 철학의 언덕을 홀로 걸어가다

드로아에서 유두고를 살린 기적 이후, 바울은 예루살렘을 향해 발걸음을 재촉했다. 그러나 그의 이동 방식은 동행들과 달랐다. 사도행전 20:13은 "바울이 걸어서 가고자 하여 그렇게 정하여 준 것이라"고 전한다. 여기서 그리스어 원문은 "ἦν μέλλων αὐτὸς πεζεύειν"(엔 멜론 아우토스 페제우에인)으로, 직역하면 '그 자신이 걸어서 가고자 했다'라는 뜻이다. αὐτὸς(아우토스, '그 자신이 직접')는 강조를 담고 있고, ἦν μέλλων(엔 멜론, '곧 그렇게 하려고 했다')은 의도성을 드러낸다. 그리고 πεζεύειν(페제우에인)은 고대 그리스어에서 단순히 '걸어서 가다, 도보로 이동하다'를 뜻하는 말이지만, 문맥에 따라 '육로를 택하다, 일부러 걸어서 길을 가다' 라는 뉘앙스를 담을 수도 있다. 따라서 이 구절은 단순한 여정의 기술일 수도 있고, 바울이 의도적으로 고독한 길을 선택했다는 결단의 표현일 수도 있다.

앗소는 오늘날 튀르키예 서부 지역 베흐람칼레에 해당하는 고대 항구도시로, 드로아 해안과 이다 산맥(Ida Mountains) 기슭에 자리 잡고 있었다. 천연 항구와 견고한 성벽, 언덕 위의 요새를 갖춘 이곳은 에게해의 전략적 요충지였다. 페르시아와 그리스, 로마의 세력이 교차하며 제국의 충돌과 문화 교류가 끊이지 않던 도시였다. 그러나 앗소는 단순한 군사·상업 거점에 머무르지 않았다. 이 도시는 한때 철학과 지성의 중심지로도 이름을 떨쳤다.

플라톤의 제자 아리스토텔레스는 스승이 세상을 떠난 후(BC 347년), 아테네를 떠나 앗소에 정착했다. 당시 앗소의 통치자이자 플라톤주의자였던 헤르미아스의 초청을 받아 학당을 열었고, 약 3년 동안 정치철학과 자연학, 생물학 연구에 몰두했다. 그는 이 지역과 인근 레스보스섬에서 동식물을 세밀히 관찰하여 『동물지』에 기록했고, 헤르미아스와의 교류를 통해 철학이 정치와 결합된 공동체 이상을 실험했다. 아리스토텔레스가 헤르미아스의 조카(또는 양녀)와 혼인한 것도 이러한 이상을 제도화하려는 시도의 일환이었다. 그러나 페르시아의 침공으로 헤르미아스가 처형당하면서 그 꿈은 무너졌고, 아리스토텔레스는 마케도니아로 건너가 알렉산더의 스승이 되었다. 오늘날에도 앗소 성문 앞에 서 있는 아리스토텔레스 동상은, 이 도시가 단순한 항구가 아니라 철학과 정치 실험의 무대였음을 증언한다.

바울은 바로 그 앗소로 걸어갔다. 드로아에서 공동체와 함께 경험했던 생명의 사건, 즉 죽음에서 살아난 유두고의 회복 이후 바울은 홀로 걷는 길을 택했다. 약 60km 내외의 길을 걸으며 그는 예루살렘에서 맞이할 결박과 환난을 떠올렸을 것이다(행 20:23). 그러나 그의 시선은 예루살렘에만 머물지 않았다. 바울은 이미 "내가 거기 갔다가 후에 로마도 보아야 하리라"(행 19:21)라고 선언했고, 주님께서도 "네가 예루살렘에서 나의 일을 증언한 것 같이 로마에서도 증언하여야 하리라"(행 23:11)라고 말씀하셨다. 그러므로 앗소로 향하는 고독한 걸음은 예루살렘을 넘어 로마로 이어지는 사명의 길, 즉 복음이 제국의 심장부까지 나아가야 한다는 소명을 되새기는 묵상의 시간이었을 것이다. 그 길은 침묵과 기도의 길이었으며, 순교적 헌신을 준비하는 내면의 순례였다. 마치 예수가 겟세마네 동산에서 홀로 기도하며 십자가를 준비했던 것처럼, 바울 역시 고독 속에서 하나님 앞에 서며 마지막 여정을 마음에 새기고 있었던 것이다.

이 도시에서 떠오르는 두 인물, 아리스토텔레스와 바울은 서로 다른 길을 걸었다. 아리스토텔레스는 앗소의 언덕에서 철학과 정치의 이상을 실험하며 이성이 세운 공동체를 꿈꾸었다. 그는 인간을 '이성적 동물'이라 정의하며, 이성과 제도가 인간을 완성한다고 믿었다. 그러나 그 실험은 헤르미아스의 죽음과 함께 무너졌고, 현실 정치 속에서 새로운 길을 찾아야 했다. 반대로 바울은 같은 언덕 아래 항구와 길을 따라 걸으며, 교회를 세우고 복음을 로마까지 전할 사명을 되새겼다. 그는 인간을 "그런즉 누구든지 그리스도 안에 있으면 새로운 피조물이라 이전 것은 지나갔으니 보라 새 것이 되었도다"(고후 5:17)라고 선포하며, 십자가와 부활이 새로운 공동체의 기초임을 증언했다.

아리스토텔레스의 길이 이성의 가능성을 탐구하는 학문의 길이었다면, 바울의 길은 복음을 몸으로 살아내는 순교의 길이었다. 한 사람은 철학의 언어로 인간과 공동체를 설명하려 했고, 다른 한 사람은 십자가의 언어로 하나님 나라를 선포했다. 아리스토텔레스가 이 언덕에서 이성과 정치의 가능성을 실험했다면, 바울은 그 길을 걸으며 복음과 순교의 길을 준비했다. 앗소는 철학과 신앙, 사상과 실천이 교차하는 도시였고, 두 인물의 발걸음은 그 위에 서로 다른 흔적을 남겼다.

밀레도의 눈물, 예루살렘의 결박, 로마의 복음

소아시아 서남부 해안, 에게해와 맞닿은 항구도시 밀레도는 고대 이오니아 문명의 중심지이자 동지중해 해상 교역의 거점이었다. 에스겔은 두로의 무역을 묘사하며 헬본의 포도주와 흰 양털을 언급했는데(겔 27:18, 70인역 성경), 이는 이 지역이 이미 고대부터 활발한 교역망 속에 있었음을 보여준다. 그러나 밀레도의 의미는 단순히 경제적 번영에 있지 않았다. BC 6세기 이곳에서는 탈레스, 아낙시만드로스, 아낙시메네스로 이어지는 밀레도 학파(School of Miletus)가 세계의 기원과 질서를 탐구하며 서양 철학의 문을 열었다. 철학과 무역, 제국과 종교가 교차한 이 도시는 훗날 바울이 눈물의 고별 설교를 남긴 자리로 새로운 의미를 얻게 된다.

로마 시대에도 밀레도는 여전히 중요한 도시였다. 아우구스투스 시기에 황제 숭배가 소아시아 전역으로 확산되면서, 이곳 역시 제의 네트워크에 참여했다. 로마 황제를 '주님'이라 부르는 제국의 질서 속에서, 예수를 '주님'이라 선포하는 복음은 곧 정치적·신학적 충돌을 일으킬 수밖에 없었다. 발굴된 유적은 이 도시의 다층적 성격을 보여준다. 헬레니즘, 로마, 비잔틴의 흔적이 층층이 남아 있고, 특히 15,000명을 수용한 대극장에서 발견된 좌석 비문은 '유대인의 자리와 하나님을 경외하는 이들의 자리'(τόπος Ἰουδαίων τῶν καὶ θεοσεβῶν 토포스 유다이온 톤 카이 테오세본)라 기록되어 있다. 이는 밀레도에 유대인 공동체와 함께 회당에 드나든 이방인 '하나님 경외하는 자들'이 공존했음을 보여준다. 철학과 제국 숭배, 유대 신앙이 교차한 이곳에서 바울은 교회를 향한 눈물의 고별을 남겼다.

사도행전은 바울이 오순절 전에 예루살렘에 이르기 위해 에베소로 들어가지 않고, 장로들을 밀레도로 불러 고별 설교를 한 것으로 기록한다(행 20:16). 그 만남은 단순한 작별 인사가 아니었다. 그는 자신의 지난 사역을 회고하고, 장차 닥칠 고난을 예고했으며, 장로들에게 교회를 양떼처럼 돌보라 당부했다. "내가 달려갈 길과 주 예수께 받은 사명 곧 하나님의 은혜의 복음을 증언하는 일을 마치려 함에는 나의 생명조차 조금도 귀한 것으로 여기지 아니하노라"(행 20:24). 이는 그의 신학과 사역을 집약적으로 드러낸 고백이었다. 눈물은 두려움에서 나온 것이 아니라, 십자가와 부활이 복음의 중심이라는 확신에서 흘러나온 눈물이었다.

고별 후 바울은 곧 항해길에 올랐다. 드로아에서 앗소까지 걸어 내려와 배편으로 밀레도에 이른 그는, 소아시아 남해안을 따라 바다라에 도착해 큰 배로 갈아타고 곧장 페니키아로 향했다. 그러나 그의 여정은 단순한 지리적 이동이 아니었다. 바울은 이미 “오직 성령이 각 성에서 내게 증언하여 결박과 환난이 나를 기다린다 하시나”(행 20:23)라고 고백했다. 가이사랴에서는 예언자 아가보가 그의 허리띠로 손발을 묶으며 다가올 운명을 보여주었고, 동역자들은 눈물로 만류했지만 바울은 “나는 주 예수의 이름을 위하여 결박당할 뿐 아니라 예루살렘에서 죽을 것도 각오하였노라”(행 21:13)라고 답했다. 그의 결단은 고집이 아니라 부활 신앙에서 비롯된 확신이었다.

예루살렘에 도착한 바울은 처음에는 환영을 받았으나 곧 ‘이방인을 성전에 끌어들였다’(행 21:28)라는 고발로 폭동의 한가운데에 섰다. 이는 단순한 오해가 아니라 성전을 둘러싼 긴장의 폭발이었다. 확장된 헤롯 성전은 유대 민족의 자긍심이자 정체성이면서 동시에 로마 권력과의 거래의 무대였다. 대제사장 가문은 총독의 승인 아래 성전세와 제물 경제를 관리했고, 바리새인·사두개인·열심당의 갈등도 첨예했다. 이런 상황에서 바울에 대한 고발은 곧 민족적 배신이자 신성모독으로 받아들여졌다. 그의 체포는 예수의 재판을 떠올리게 한다. 예수께서 성전 권위를 흔들다 정치적 반역자로 십자가에 달렸듯, 바울은 로마 시민권을 근거로 항소하여 벨릭스, 베스도 총독들과 헤롯 아그리파 2세(재위 AD 48~92년) 앞에서 변론한 뒤 황제에게 상소했다(행 25장). 예수는 죽음을 넘어 부활로 구속의 길을 열었고, 바울은 결박을 통해 복음이 로마의 심장부로 향하는 길을 열었다. 젊은 시절 성전을 지키겠다며 교회를 박해하던 그는 이제 이방인과 함께 하나님을 예배하는 공동체를 증언하는 사도로 성전 앞에 섰다. 성전의 담은 그의 길을 막았고 사람들의 분노는 그를 결박했지만, 하나님의 섭리는 그 결박을 통해 새로운 길을 여셨다. 예수의 십자가가 부활의 승리를 낳았듯, 바울의 결박은 패배가 아니라 복음의 확장으로 이어졌다.

결국 밀레도에서 흘린 바울의 눈물은 예루살렘의 결박 속에서 씨앗이 되었고, 그 씨앗은 마침내 로마에서 복음의 열매로 자라났다. 그의 여정은 철학의 도시와 제국의 종교, 성전의 긴장과 로마의 법정을 지나 부활의 복음을 제국의 심장부에 심는 길이었다. 그 길은 단순한 이동이 아니라, 복음이 세상의 질서와 맞서 생명을 증언한 순례였다. 밀레도의 눈물은 약함의 표현이 아니라, 복음의 무게를 감당한 사람의 고백이었다. 눈물과 결박, 그리고 이별의 길 위에서도 그는 멈추지 않았다. 복음은 고난 속에서 자라고, 교회는 그 고난을 통해 다시 세워진다. 바울의 길은 그것을 증언하는 이야기였다.

오늘 우리에게 그 길은 여전히 같은 질문을 던진다. 교회는 무엇을 붙들고 있는가? 세상의 권세와 안전을 따르는가, 아니면 눈물 속에서도 복음을 붙드는가? 처음 사랑을 잃지 않고 "그리스도 예수 안에서" 복음을 살아내는 공동체만이, 결박 속에서도 자유를 증언하고, 쇠사슬 속에서도 하나님의 나라를 드러낼 수 있다. 바울의 길은 그렇게 오늘도 묻는다. 우리는 복음을 증언하는 공동체인가, 아니면 세상의 권세와 타협하며 본질을 잃어가는 공동체인가?

역사와 지리로 만나는

바울이야기

08

빌립보

마케도니아의 관문, 복음의 첫 걸음

AD ROMANOS
SERVVS JESV

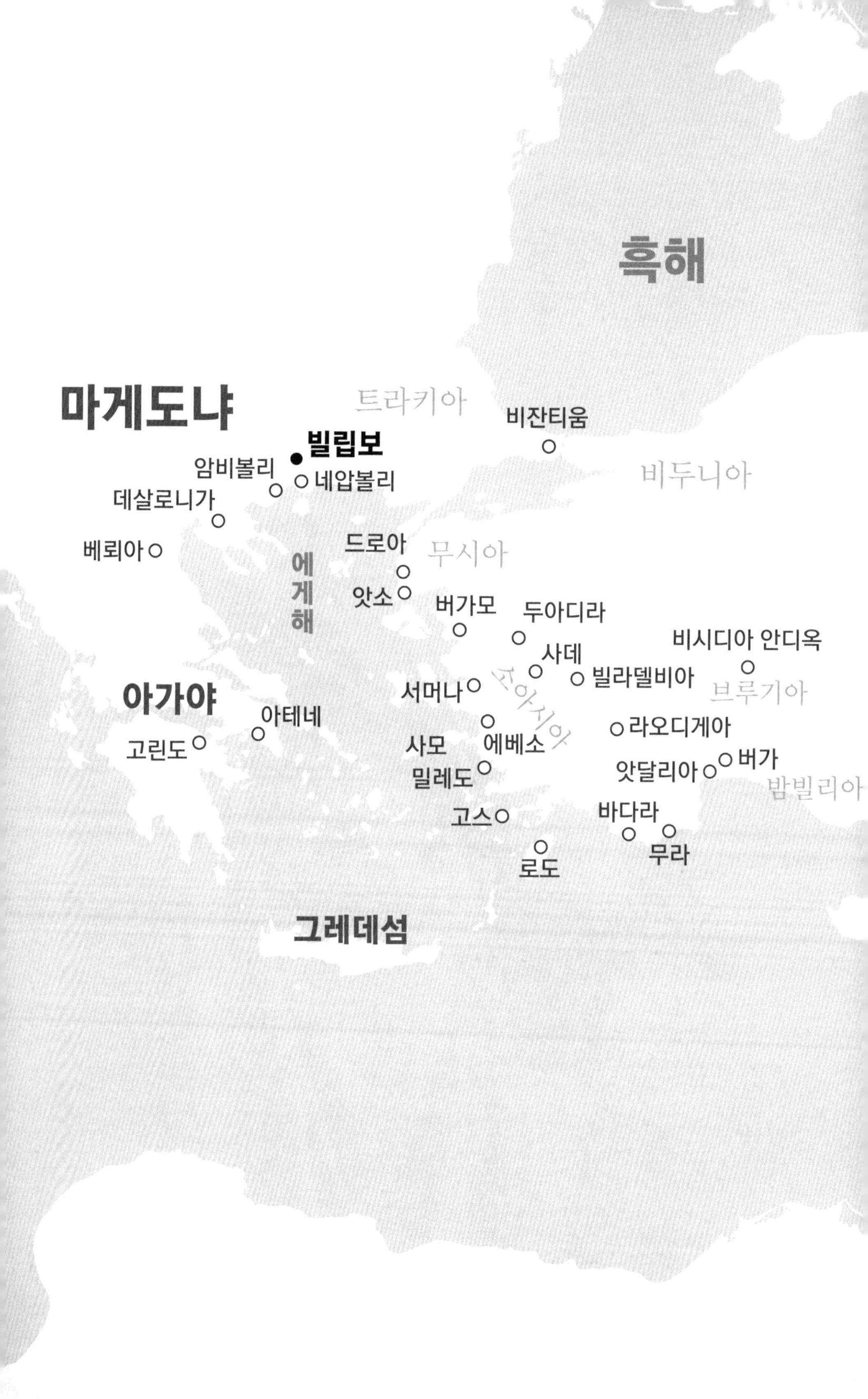
흑해
마게도냐
트라키아
비잔티움
빌립보
암비볼리
네압볼리
비두니아
데살로니가
베뢰아
드로아
무시아
에게해
앗소
버가모
두아디라
비시디아 안디옥
사데
빌라델비아
브루기아
서머나
아시아
아가야
아테네
고린도
에베소
사모
라오디게아
버가
앗달리아
밀레도
밤빌리아
고스
바다라
무라
로도
그레데섬

빌립보
마케도니아의 관문, 복음의 첫걸음

AD 50년경, 바울은 드로아를 떠나 에게해를 건너 빌립보(Philippi)에 도착했다. 그 여정은 단순한 이동이 아니라, 성령의 인도 아래 복음의 방향이 새롭게 열린 순간이었다. 비두니아로 향하던 길이 막히고, 환상 속에서 "마게도냐로 건너와서 우리를 도우라"(행 16:9)라는 부르심이 주어졌을 때, 복음은 처음으로 새로운 대륙을 향해 나아가기 시작했다. 그리고 빌립보 성문 밖 강가에서 만난 여성들, 특히 자색 옷감 장사 루디아가 세례를 받고 자신의 집을 열면서 유럽 최초의 교회가 탄생했다. 복음이 제국의 심장부를 향해 내디딘 첫걸음이 바로 이 자리에서 시작된 것이다.

사도행전은 빌립보를 회당이 없는 첫 번째 유럽 도시로 전한다. 유대교 전승에 따르면 회당은 최소한 열 명의 유대인 남성이 있어야 세울 수 있었는데, 빌립보에는 그조차 없었던 것으로 보인다. 그래서 바울은 "기도할 곳이 있을까 하여"(행 16:13) 성문 밖 강가로 나아갔고, 그곳에서 여인들을 만나 대화했다. 그중 두아디라 출신의 자색 옷감 장사 루디아가 바울의 말씀을 받아들이고 세례를 받았다. 자색 직물은 제국 사회에서 귀족과 권력층이 애용한 고급품이었기에, 루디아는 단순한 상인이 아니라 상당한 경제적 자립을 이룬 여성 가장이었다. 그녀의 집은 곧 빌립보 교회의 출발점이 되었고, 이는 남성 중심의 권위 질서가 지배하던 로마 사회 속에서 복음이 열어젖힌 전혀 다른 질서를 보여주는 상징적 사건이었다.

이 여정에는 루스드라에서 합류한 젊은 동역자 디모데가 있었고, 드로아에서는 사도행전의 저자인 누가가 합류했다. 사도행전 16:10에서 문체가 "우리가 곧 마게도냐로 떠나기를 힘쓰니"라는 1인칭 복수형으로 바뀌는 대목은, 누가가 이 시점부터 직접 동행했음을 보여준다. 따라서 빌립보로 향한 선교팀은 바울, 실라, 디모데, 그리고 누가로 이루어진 작은 일행이었으나, 이들은 마케도니아 땅에 최초로 복음을 전한 역사적 선교팀이었다.

빌립보는 단순한 지방 도시가 아니었다. 본래 알렉산더의 아버지 필리포스 2세(재위 BC 359~336년)가 광산 개발과 군사적 요충지 확보를 위해 세운 도시였으며, 로마 제국 아래에서 그 위상은 더욱 높아졌다. 로마는 마케도니아를 관통하는 에그나티아 가도를 건설했고, 그 한가운데 자리한 빌립보는 교통과 군사, 정치의 중심지로 떠올랐다. BC 42년, 안토니우스와 옥타비아누스가 카이사르 암살 세력을 격파한 빌립보 전투 이후 이 도시는 로마의 식민지로 재편되었다. 전투 직후에는 콜로니아 빅트릭스 필리펜시움(Colonia Victrix Philippensium)이라 불렸으며, 이후 옥타비아누스가 아우구스투스로 권력을 장악한 뒤 콜로니아 율리아 아우구스타 필리펜시스(Colonia Iulia Augusta Philippensis)로 개명되었다. 콜로니아는 '작은 로마'라 불렸으며, 로마 시민권을 부여받은 퇴역 군인들과 가족이 정착해 본토와 동일한 법과 제도가 시행되었다. 바울이 투옥되었을 때 "로마 사람인 우리를 죄도 정하지 아니하고 공중 앞에서 때리고 옥에 가두었다가 이제는 가만히 내보내고자 하느냐 아니라 그들이 친히 와서 우리를 데리고 나가야 하리라"(행 16:37)라고 항변하자 관리들이 두려워하며 석방한 사건은, 이 도시가 철저히 제국의 법질서 속에 운영되던 공간이었음을 잘 보여준다.

바울은 제3차 여정에서도 빌립보를 다시 찾았고(행 20:6), 로마 감옥에서도 이 교회에 편지를 보냈다. 옥중에서 쓴 빌립보서는 감사와 기쁨이 넘치는 편지로, 바울과 빌립보 교회의 각별한 관계를 드러낸다. 이 공동체는 바울을 물질로 지원한 드문 교회였으며(빌 4:15-16), 바울은 그들을 "나의 기쁨이요 면류관인 사랑하는 자들아"(빌 4:1)라고 불렀다. 빌립보는 단순히 제국의 식민지가 아니라,

로마의 권력 질서 속에서도 복음의 자유가 꽃피운 땅이었다. 유럽 최초의 교회가 세워진 이곳에서 하나님의 나라는 여성들과 주변부의 사람들을 통해 시작되었고, 그 교회는 이후 데살로니가와 베뢰아로 확장되는 발판이 되었다.

따라서 빌립보는 바울에게 단순한 도착지가 아니었다. 그것은 제국의 법과 복음의 자유, 권력의 중심과 주변부의 여인들이 교차하는 현장이었고, 동시에 복음이 제국의 심장부를 향해 나아가는 길목이었다. 빌립보는 헬레니즘과 로마의 역사가 겹겹이 쌓인 자리에서, 복음이 새로운 질서를 세우는 현장이 되었다.

크레니데스에서 빌립보로, 헬레니즘의 문을 연 도시

빌립보의 옛 이름은 크레니데스(Krenides)였다. 마케도니아 동쪽 경계에 위치한 이 도시는 트라키아와 맞닿은 평야에 자리 잡고 있었고, 타소스(Thassos)섬에서도 가까웠다. '작은 샘'을 뜻하는 타소스 이름은 오르벨로스 산(Mt. Orbelos)에서 흘러내린 물줄기가 모여 늪을 이루는 지형적 특성을 반영한 것이었다. BC 6세기, 타소스섬 주민들이 세운 그리스 식민도시가 기원이었지만, 그 이전부터 이 일대는 제국의 군사와 경제가 교차하는 전략적 요충지였다.

BC 5세기 초, 다리우스 1세와 크세르크세스 1세가 발칸 반도까지 세력을 확장하면서 트라키아와 마케도니아 동부는 페르시아 제국의 영향권 안에 들어갔다. 크레니데스와 인근 팡게온 산(Mt. Pangaion)은 금과 은 광산으로 유명하여 왕실 재정을 뒷받침했고, 헬레스폰투스 해협을 넘어 그리스 본토로 향하는 침공 경로에도 포함되었다. BC 492년 다리우스 1세의 사위 마르도니오스가, 그리고 BC 480년 크세르크세스 1세의 대군이 그 길을 지나며 그리스 침공을 준비했다. 크레니데스는 더 이상 변방 도시가 아니라, 제국 전쟁이 교차하는 최전선에 놓여 있었던 것이다.

이 지역을 두고 그리스 도시국가들의 이해관계도 복잡하게 얽혔다. 타소스섬은 금광과 무역을 장악하려 했고, 아테네는 델로스 동맹을 기반으로 에게해 전역을 지배하며 흑해 곡물 수송로를 확보하고자 했다. 그러나 아테네의 관심은 주로 해상로에 집중되어 있었고, 늪지대 내륙의 크레니데스까지는 손길이 미치지 않았다. 아테네가 집중한 곳은 흑해 곡물이 오가는 헬레스폰투스 해협과 전략 도시 암비볼리였다. 암비볼리는 델로스 동맹의 핵심 요충지로, 아테네 제국의 번영과 파르테논 신전 건축을 가능케 한 재정적 기반 가운데 하나였다. 반면 마케도니아는 아직 여러 부족으로 흩어진 변방 왕국에 불과했기에, 아테네는 크레니데스의 가치를 제대로 평가하지 못했다. 이 공백을 노린 이가 바로 마케도니아의 신흥 군주 필리포스 2세(재위 BC 359~336년)였다.

BC 360년경, 아테네의 정치 무대에서 몰락해 추방된 정치가 칼리스트라토스(Kallistratos)가 타소스섬 주민들과 손잡고 크레니데스를 재건하려 했는데, 이 시도는 곧 마케도니아의 팽창 정책과 맞부딪혔다. 금광 자원이 풍부한 크레니데스는 아테네와 타소스섬에게는 경제적 이익의 원천이었으나, 필리포스 2세에게는 트라키아로 진출하고 남쪽 그리스 도시국가들의 영향력을 견제할 수 있는 전략적 요충지였다. 결국 BC 356년, 필리포스 2세가 크레니데스를 정복하고 자기 이름을 따서 '빌립보'(Philippi)라 개명함으로써, 이곳은 마케도니아 왕국의 확장 거점이 되었다.

필리포스 2세가 마케도니아 왕위에 오른 뒤 가장 먼저 눈을 돌린 곳은 빌립보 인근 팡게온 산의 금광이었다. 고대 문헌에서는 이 일대를 아실라(Asyla)라 부르기도 했는데, 풍부한 광맥은 마케도니아 재정의 보고였다. 그는 늪지를 배수하고 성벽과 요새를 보강했으며, 금광을 장악해 빌립보에 조폐국을 세우고 금화를 발행했다. 이는 단순한 도시 개발이 아니라 재정·군사·행정을 결합한 치밀한 국가 전략이었다. 그가 확보한 막대한 자원은 장창(사리사)으로 무장한 마케도니아 팔랑크스의 양성으로 이어졌다. 긴 창과 조직적인 전술로 무장한 이 군대는 마케도니아의 힘을 압도적으로 강화했고, 결국 필리포스 2세를 그리스 세계의 패권자로 세우는 발판이 되었다.

그러나 이 지역은 여전히 긴장의 땅이었다. 팡게온 산은 금광 때문에 트라키아인들의 끊임없는 저항을 불러일으켰고, 서쪽의 암비볼리는 아테네가 집착한 전략 요충지였다. 암비볼리가 해상로를 통한 곡물과 무역을 통제했다면, 빌립보는 내륙로를 장악하며 동쪽 트라키아와 에게해를 연결하는 또 하나의 거점이었다. 두 도시는 서로 보완하면서도 경쟁했고, 결국 마케도니아가 그리스 전역을 넘어 동방으로 진출할 수 있는 기반을 마련하는 쌍두마차가 되었다.

따라서 BC 356년 필리포스 2세의 정복과 빌립보 개명은 도시 하나의 변화에 그치지 않았다. 그것은 마케도니아 패권을 열어젖힌 사건이자, 그의 아들 알렉산더가 동방 원정을 준비하는 전략적 출발점이었다. 내륙의 작은 샘터에서 출발한 크레니데스는, 필리포스 2세의 손에 의해 헬레니즘 세계로 향하는 문을 여는 도시 빌립보로 거듭난 것이다.

헬레니즘의 길목, 빌립보

알렉산더의 등장은 세계사의 흐름을 근본적으로 바꾸어 놓았다. 그는 짧은 생애 동안 동방과 서방을 전례 없는 규모로 연결했고, 정치·군사·경제·언어·문화 전반을 아우르는 새로운 시대 곧 헬레니즘의 문을 열었다. 이후 로마 제국이 형성되고 초기 기독교가 뿌리내릴 수 있었던 토양은 바로 이 헬레니즘 세계에서 마련되었다.

그 중심에는 코이네 그리스어(Koine Greek)라는 하나의 공통 언어가 있었다. 알렉산더 이전까지 그리스어는 아티카, 이오니아, 도리아, 아이올리아 등 다양한 방언이 공존했으나, 그의 정복 이후 군대와 행정, 신도시 건설을 매개로 점차 하나의 언어로 수렴되기 시작했다. 아테네의 아티카 방언을 기초로 발전한 코이네는 전쟁터에서 병사들의 의사소통을 가능하도록 했고, 도시의 시장과 회당에서는 상인과 관리들의 교류를 이끌었다. 이름 그대로 '공통된 것'을 뜻하는 이 언어는 제국의 광대한 영토를 하나로 묶는 도구였다. 그러나 코이네 그리스어는 단순한 실용어가 아니었다. 철학과 과학, 문학과 행정, 종교와 교육을 담아내는 문화적 매체였고, 훗날 신약성경이 기록된 언어가 되었으며, 바울이 복음을 전할 수 있었던 토대였다. 인간 제국의 언어였지만 동시에 하나님의 섭리 속에서 복음을 위한 준비된 언어였다.

알렉산더가 세운 헬레니즘 세계는 도시들을 통해 구체화되었다. 그는 원정길에서 아버지 필리포스 2세의 이름을 따거나 자신의 이름을 붙여 새로운 도시를 건설하고, 기존 도시들을 재편했다. 이 도시들은 군사적 요충지이자 행정의 중심지였고, 동시에 헬레니즘을 확산시키는 전초 기지였다. 빌립보는 알렉산더가 직접 세운 신도시는 아니었지만, 마케도니아 본토의 전략적 거점으로서 중요한 의미를 가졌다. 하지만 알렉산더가 죽자 제국은 곧바로 후계자들의 다툼 속에 분열되었다. 카산드로스(BC 305~297년)는 마케도니아와 그리스를, 리시마코스(BC 323~281년)는 트라키아와 소아시아를, 셀레우코스(BC 312~281년)는 수리아와 동방을, 프톨레마이오스(BC 323~283년)는 이집트를 차지했고, 안티고노스(BC 323~301년)는 알렉산더의 제국 전체를 계승하려 했다. 끊임없는 전쟁으로 제국은 여러 왕국으로 갈라졌지만, 헬레니즘 문화는 정치적 분열에도 불구하고 더욱 확산되었다. 각 지역은 나름의 색채를 띠었으나, 코이네 그리스어는 행정과 교육, 철학과 종교의 공용어로 자리 잡으며 광대한 세계를 하나로 엮었다.

이스라엘 유대도 이 거대한 변화의 중심에 있었다. 알렉산더 사후, 이스라엘 지역은 전략적 요충지로서 프톨레마이오스 왕국과 셀레우코스 왕국이 끊임없이 다툰 땅이었다. 초기에는 프톨레마이오스가 이 지역을 장악했으나, BC 198년 파니움(오늘날 바니아스, 신약성경 빌립보 가이사랴) 전투에서 안티오코스 3세가 승리하면서 유대는 셀레우코스 왕국의 지배 아래 들어갔다. 이때부터 유대 사회에는 헬레니즘 문화가 본격적으로 스며들었다. 일부 유대인들은 알렉산드리아와 안디옥 같은 헬레니즘 도시 문화를 동경하며 김나지움과 연극장, 그리스식 제도와 행정을 받아들였고, 예루살렘에도 그리스식 김나지움이 세워졌다. 그러나 이러한 흐름은 전통적 율법과 성전 중심 신앙을 지키려는 이들과 깊은 갈등을 일으특히 안티오코스 4세 에피파네스(재위 BC 175~164년)는 왕권 강화를 위해 종교적 일체화를 추진하면서 갈등을 극도로 심화시켰다. 그는 예루살렘 성전 제사를 중단시키고, 제우스 숭배를 강요했으며, 돼지고기를 제물로 바치도록 명령했다. 성전은 "멸망의 가증한 것"(마 24:15)으로 더럽혀졌고, 율법 준수는 금지되었으며, 이를 어기는 자들은 잔혹하게 처형되었다. 이러한 억압 속에서 하스모니아 가문의 맛다디아와 그의 아들 유다 마카비가 봉기를 일으켰고, 이른바 마카비 혁명(BC 167~164년)이 시작되었다. 이들은 유대 산악 지대를 거점으로 항전하며 예루살렘을 탈환하고 성전을 정결케 하였다. 성전 재봉헌의 사건은 훗날 '수전절'(

요 10:22)로 기념되었다. 이처럼 헬레니즘 제국의 지배와 갈등 속에서 유대는 단순한 변방이 아니라, 신앙과 정체성을 지키려는 투쟁의 중심지가 되었으며, 이는 훗날 복음이 전해질 유대-그리스 세계의 긴장을 예고하는 배경이 되었다.

헬레니즘은 신앙 공동체에 위기를 안겼지만 동시에 새로운 가능성도 제공했다. 그리스어의 확산은 구약성경의 그리스어 번역본인 70인역 성경을 낳았다. BC 3세기 알렉산드리아에서 디아스포라 유대인들이 히브리어 성경을 이해하기 어려워지면서, 번역 작업이 시작되었다. 유대인 학자들이 히브리어 성경을 그리스어로 옮기면서, 율법과 예언서 그리고 지혜서 전통은 헬레니즘 세계의 보편 언어 속에 담기게 되었다. 그 결과 디아스포라 유대인들은 자신의 신앙을 유지할 수 있었고, 이방인들도 유일신 신앙에 접촉할 수 있는 길이 열렸다. 70인역 성경은 단순한 번역 이상의 의미를 지녔다. 이는 유대 신앙이 언어의 장벽을 넘어 확산될 수 있도록 했고, 훗날 초기 그리스도인들이 성경을 인용하고 해석하는 주요 텍스트가 되었다. 바울과 복음서 기자들이 사용한 구약 본문 대부분도 바로 이 70인역 성경을 바탕으로 하고 있었다. 따라서 헬레니즘은 저항의 대상이었을 뿐 아니라, 유대 신앙이 새로운 언어와 사상 속에서 정체성을 모색하게 만든 도전이자 기회였다.

로마 도시 빌립보, 제국 질서의 거점이자 내전의 분수령

빌립보는 본래 마케도니아 왕국의 전략적 요충지였다. 그러나 BC 168년 제3차 마케도니아 전쟁에서 로마가 알렉산더의 후계자 국가 중 하나였던 안티고노스 왕국을 무너뜨리면서 한동안 그 정치적 비중이 약화되었다. 승리한 로마는 반란을 방지하기 위해 마케도니아를 네 개의 행정구역으로 분할 통치했고, 이후 BC 148년에는 이를 정식 속주(Provincia Macedonia)로 편입시켰다. 지리적으로는 유럽 동부에 속했으나, 로마의 행정 체계에서는 동방 속주(Provincia Orientis)의 일부로 관리되었다. 이 시기 빌립보의 외항인 네압볼리가 상업 중심지로 부상했으나, 로마는 동서 교통로를 장악하기 위해 다시 빌립보의 전략적 가치를 주목하게 되었다.

BC 146년 이후 로마는 속주 통합을 위한 대규모 도로망 건설에 착수했다. 그 결과 완성된 것이 총독 그나이우스 에그나티우스(Gnaeus Egnatius)의 이름을 딴 에그나티아 가도(Via Egnatia)였다. 이 길은 서쪽 아드리아해 연안의 디라키움(Dyrrhachium)에서 출발해 동쪽의 비잔티움(Byzantium, 오늘날의 이스탄불)에 이르렀으며, 길이는 약 1,120km에 달했다. 에그나티아 가도는 평범한 교통로가 아니었다. 로마 군단은 이 길을 따라 신속히 이동했고, 황제의 칙령과 법령은 이 도로를 통해 속주 곳곳으로 퍼져 나갔으며, 상인들은 동서 지중해의 물자를 교환했다. 빌립보는 바로 이 길목에 자리하여 제국의 동방과 서방을 연결하는 교차로이자 병참 기지로 기능했다. 훗날 바울 역시 네압볼리에서 이 길을 따라 빌립보로 들어왔으니, 에그나티아 가도는 제국의 도로이자 복음의 길이었다.

이 지정학적 무대는 BC 42년 빌립보 전투에서 역사적 전환점으로 드러났다. 율리우스 카이사르 암살 이후, 공화파 브루투스와 카시우스는 아시아와 수리아 속주에서 병력과 자금을 모아 마케도니아의 빌립보 평원으로 이동했다. 북쪽은 산지라 방어에 유리했고, 남쪽은 해안이 가까워 보급이 용이했으며, 무엇보다 에그나티아 가도가 연결되어 있었다. 이에 맞서 옥타비아누스와 안토니우스는 이탈리아와 서방에서 병력을 이끌고 동진하여 이곳에서 공화파와 격돌했다. 두 차례의 전투 끝에 브루투스와 카시우스는 패배와 자결로 생을 마감했고, 승리는 카이사르파에게 돌아갔다. 이 승리는 로마 공화정의 종말과 제정 체제의 서막을 알린 역사적 분수령이었다. 옥타비아누스는 이 승리를 발판으로 권력을 강화하며, 마침내 아우구스투스로 변모해 로마 제국의 첫 황제가 되는 길을 열었다.

이 거대한 전환 속에서 빌립보는 헬레니즘과 로마를 잇는 다리 역할을 했다. 빌립보 전투 직후 도시는 로마의 식민지로 재편되었고, 콜로니아 빅트릭스 필리펜시움(Colonia Victrix Philippensium)으로 지정되었다. 이후 아우구스투스 치세에는 콜로니아 율리아 아우구스타 필리펜시스(Colonia Iulia Augusta Philippensis)로 개명되었다. 헬레니즘의 유산 위에 로마의 질서가 덧입혀지면서, 빌립보는 제국의 변방에서 중심으로 이동했다. 정착민으로는 퇴역 군인들이 우선적으로 배치되었고, 이들은 로마 시민으로서 본토와 동일한 법적 권리를 부여받았다. 두 명의 집정관이 다스리는 행정 체제가 도입되어, 단순한 식민지화가 아니라 로마의 제도와 질서를 속주에 직접 이식하는 실험이 이루어졌다. 콜로니아는 흔히 '작은 로마'(parva Roma)라 불렸으며, 언어와 법률, 종교와 건축 양식까지 로마의 문화를 그대로 옮겨 놓은 듯한 도시였다. 퇴역 군인의 정착은 지역 방어와 경제 활성화를 동시에 이루었고, 빌립보는 제국 통치의 모범 무대로 자리 잡았다.

이후 도시는 점차 황제 숭배가 제도적으로 정착된 곳으로 변모했다. 광장에는 황제의 동상과 제단이 세워졌고, 황제를 신과 함께 기리는 제사가 공적으로 행해졌다. 퇴역 군인과 그 가족들은 로마 본토 시민과 같은 권리를 누렸으나, 동시에 황제에 대한 충성과 제국적 가치 속에 살아야 했다. 빌립보는 군사적으로 로마 군단의 주둔과 원정의 요충지였고, 행정적으로 황제의 명령과 총독부의 지시가 동방 속주 전역으로 퍼져 나가는 거점이었다. 경제적으로는 광산의 금과 은, 그리고 에그나티아 가도를 따라 이동하는 물자가 모여드는 시장이었으며, 문화적으로는 로마식 광장과 법정, 극장이 헬레니즘적 유산과 결합해 새로운 도시 질서를 형성했다.

따라서 빌립보는 단순한 내전의 전장이 아니었다. 이곳은 헬레니즘의 흔적 위에 로마의 권력이 덧입혀지고, 군사·행정·경제·종교가 한데 얽혀 제국 질서를 구현한 새로운 제국 도시였다. 바로 이 빌립보에서 훗날 바울은 유럽에 복음을 전하는 첫발을 내디뎠다. 제국의 황제 숭배 도시에서 바울은 "예수는 주님이시다"라는 선포를 시작했으니, 이는 로마의 이념과 정면으로 충돌하는 복음의 선언이었고, 제국의 심장부를 향해 나아가는 '하나님의 나라' 운동의 출발점이었다(빌 3:20-21).

강가에서 시작된 교회, 리디아와 빌립보 공동체

바울이 처음으로 마케도니아 땅에 발을 내디딘 곳은 빌립보였다. 사도행전의 저자 누가는 그가 AD 50년 무렵 드로아를 떠나 네압볼리를 거쳐 빌립보에 도착했다고 전한다. 사도행전 16:13에 따르면, 바울은 안식일에 성문 밖 강가로 나갔다. 누가는 그곳을 "기도할 곳"(προσευχή 프로세우케)이라 불렀는데, 이는 정식 회당(συναγωγή 수나고게) 대신 사용된 표현이었다. 만약 유대인 공동체가 회당을 세울 만큼 충분히 컸다면 '회당'이라는 말이 등장했을 것이다. 유대교 전승에 따르면 회당을 세우려면 최소한 열 명의 유대인 남성이 필요했기에, 빌립보의 유대인 공동체는 그 수에 미치지 못했음을 알 수 있다. 따라서 강가의 기도처는 규모가 작은 공동체가 모여 임시로 예배하던 장소였으며, 누가의 기록대로 여성들이 중심이 되어 있었다는 사실은 이를 뒷받침한다. 또한 유대교 전통에서 강가나 샘가와 같은 물가는 정결례와 기도의 장소로 자주 활용되었기 때문에, 빌립보의 신앙인들이 자연스럽게 강가에 모였음을 이해할 수 있다. 바울은 회당을 피한 것이 아니라, 도시의 현실 속에서 가장 자연스럽게 신앙적 만남이 이루어지는 자리 곧 강가의 기도처를 찾았던 것이다.

이 자리에서 등장한 인물이 바로 루디아였다. 사도행전은 그녀를 "하나님을 섬기는 루디아라 하는 여자"(행 16:14)라 소개한다. 이는 유대인은 아니지만 유대교 신앙에 호감을 가지고 회당 예배에 참여하던 이방인을 가리키는 표현이었다. 같은 맥락에서 '하나님을 경외하는 자'라는 말도 쓰였는데, 두 표현 모두 본질적으로 유대교 신앙에 매료된 이방인을 지칭한다. 루디아는 그 대표적인 인물이었다. 그녀는 소아시아 지역 두아디라 출신으로, 두아디라는 염색업과 직물 생산으로 유명한 도시였다. 훗날 요한계시록에도 교회가 언급될 만큼 신앙의 흔적이 이어진 곳이기도 하다. 루디아는 자주색 직물을 다루는 상인이었는데, 자주색은 제국 사회에서 귀족과 황제에게 공급되던 귀한 염료였다. 따라서 그녀는 단순한 여성 상인이 아니라 국제적 유통망과 연결된 경제적 영향력을 가진 인물이었을 가능성이 크다.

로마 사회에서 여성은 대체로 남성의 보호 아래 있었지만, 루디아는 독립적인 지위와 재력을 가진 여성이었다. 사도행전은 "주께서 그 마음을 열어 바울의 말을 따르게 하신지라"(행 16:14)라고 기록한다. 루디아의 회심은 단순한 관심이 아니라 복음의 능력에 대한 깊은 응답이었다. 그녀는 가족과 종들에게도 복음을 전해 함께 세례를 받았고, 자신의 집을 바울 일행의 거처로 내어주었다. 이 집은 빌립보 최초의 가정교회가 되었다. 로마 사회에서 '집'(οἶκος 오이코스)은 거주 공간만이 아니라 가족, 노예, 경제 활동, 신앙이 얽힌 생활 단위였다. 따라서 루디아의 집이 곧 교회가 되었다는 사실은 복음이 가정과 사회의 가장 기본적인 구조 속으로 스며들었음을 보여준다.

루디아의 회심은 복음의 본질을 잘 드러내는 상징적 사건이었다. 그녀는 유대인도 아니고, 남성도 아니며, 당시 사회적 기준으로는 주변부에 속한 이방인 여성이었다. 그런데 바로 그녀가 유럽 대륙에서 최초로 기록된 세례자로 등장한다는 사실은, 복음이 전통적 장벽을 넘어서는 힘을 지녔음을 보여준다. 바울이 갈라디아서에서 선언한 "너희는 유대인이나 헬라인이나 종이나 자유인이나 남자나 여자나 다 그리스도 예수 안에서 하나이니라"(갈 3:28)라는 말씀은, 루디아의 사건 속에서 역사적 현실로 구체화된 셈이다.

오늘날 빌립보에는 루디아를 기념하는 세례터가 남아 있다. 그리스 정교회는 1972년에 그녀를 성인으로 추대했고, 1974년 팔각형 예배당을 세워 이곳을 기념의 장소로 삼았다. 지금도 이곳은 '루디아 세례터'라 불리며, 매년 5월 20일 전후의 성 루디아 기념일에는 세례식이 거행된다. 전 세계에서 찾아온 순례자들은 강가에서 복음이 뿌리내린 사건을 기념하며, 2,000년 전의 만남이 지금도 이어지고 있음을 체험한다. 작은 기도처에서 시작된 복음은 국경과 전통을 넘어 확장되었고, 루디아의 집에서 열린 교회는 이후 빌립보 교회로 이어지며 바울 사역의 든든한 동역자가 되었다. 그리고 훗날 로마 감옥에서 기록된 바울의 옥중서신 곧 빌립보서 속에 담긴 감사와 기쁨의 고백은 바로 이 첫 만남에서 싹튼 관계가 얼마나 깊고 지속적이었는지를 보여준다.

빌립보 감옥, 권력과 복음이 만난 자리

빌립보 선교 중 바울은 점치는 여종을 귀신의 권세에서 해방시키는 사건을 겪었다(행 16:16-18). 사도행전에 '점치는 영'으로 번역된 그리스어 표현은 'πνεῦμα πύθωνα'(프뉴마 퓌토나)인데, 직역하면 '퓌톤의 영'이다. 이 말은 델포이 신탁을 지키던 뱀 퓌톤(πύθων)의 전승에서 비롯된 것으로, 고대인들은 이 영이 점을 치는 능력을 준다고 믿었다. 델포이 신탁은 아폴론 신의 권위를 상징했고, 헬레니즘 세계와 로마 초기까지도 여전히 종교적 영향력을 지니고 있었다. 따라서 여종의 점치는 능력은 단순한 개인적 행위가 아니라, 당시 사회에 널리 퍼져 있던 신탁 문화와 연결된 것으로 이해되었다. 게다가 마케도니아와 트라키아 일대에는 토착 무속 신앙이 강하게 남아 있었기 때문에, 그녀는 헬레니즘과 지역 전통이 뒤섞인 신앙 환경 속에서 신탁을 전하는 매개자로 여겨졌을 것이다. 그러나 그녀는 국가가 인정한 제의 집단에 속한 신탁 여사제가 아니라, 철저히 한 개인의 재산으로 소유된 노예였다. 그녀의 능력은 주인들의 경제적 이익을 위해 착취당하고 있었다.

바울이 이 여종을 해방시킨 사건은 단순히 개인을 자유롭게 한 일이 아니었다. 그것은 종교적 권위와 경제적 구조를 동시에 흔든 일이었다. 여종의 주인들은 즉각 반발했고, 곧바로 바울과 실라를 고발해 도시 행정관들을 움직일 수 있었다는 사실은 그들이 단순한 민간인이 아니라 사회적 영향력이 큰 유력 계층이었음을 시사한다. 실제로 빌립보는 은퇴한 로마 군인들이 정착한 식민도시로, 제국에 대한 충성과 정치적 발언권을 가진 시민들이 도시 질서를 주도하고 있었다. 여종의 주인들 역시 이런 구조 속에서 경제력과 사회적 지위를 지닌 인물이었을 것이다.

빌립보는 단순한 행정 식민지가 아니라 종교적 공간이기도 했다. 발굴 조사에 따르면 도시 중심부에는 헬레니즘 시대의 신전과 더불어, 로마 제국 시기에는 다양한 신들에게 바쳐진 제단과 황제 숭배 흔적이 확인된다. 이런 환경 속에서 바울이 선포한 복음, 즉 오직 예수만이 '주님'(κύριος 퀴리오스)이라는 메시지는 단순한 신앙 고백이 아니라 기존 질서에 대한 정면 도전으로 들렸을 것이다. 황제 숭배가 곧 시민 충성을 입증하는 행위였던 사회에서 "예수를 주님으로 믿으라"는 선포는 곧 "카이사르가 주님이 아니다"라는 선언으로 이해될 수 있었다. 따라서 여종 해방 사건은 헬레니즘 종교 전통과 충돌한 사건이자, 복음이 사회·경제·정치 질서를 근본적으로 새롭게 하라는 요구를 드러낸 사건이었다.

여종의 주인들은 더 이상 수익을 얻지 못하자 바울과 실라를 시 당국에 고발했다(행 16:19). 그들은 이들이 유대인이라는 점을 부각시키며 로마 시민에게 합당하지 않은 풍속을 전한다고 주장했다(행 16:20-21). 이는 법적 문제라기보다 민족적·문화적 긴장을 자극하는 전략이었다. 당시 빌립보의 행정은 두 명의 집정관들이 맡았는데, 그들은 군중의 압력에 떠밀려 정식 재판이나 심문도 없이 바울과 실라를 구타하고 깊은 감옥에 가두었다(행 16:22-24). 그러나 이는 로마 시민권자에게는 적용될 수 없는 명백한 불법이었다.

로마 시민권은 단순한 명예가 아니라 실질적인 법적 보호를 담보했다. 시민은 정식 재판 없이 체포되거나 고문당하지 않았으며, 채찍질 같은 신체 형벌은 원칙적으로 금지되었다. 또한 상소권(ius provocationis)을 통해 지방 관리의 판결에 불복하여 황제에게 직접 호소할 수 있었다. 따라서 관리가 시민권자의 권리를 침해하면 그 자신이 로마 정부의 처벌을 받을 수 있었다. 그러나 빌립보의 행정관들은 시민권 확인조차 하지 않은 채 군중심리에 휩쓸려 법을 자의적으로 집행했다. 로마법과 질서를 자랑하던 식민도시 빌립보에서 이런 일이 벌어졌다는 사실은 아이러니였다.

그럼에도 바울과 실라는 폭력에 저항하지 않고 감옥 안에서 하나님께 기도하며 찬송했다(행 16:25). 그날 밤 큰 지진이 일어나 감옥의 문이 열리고 쇠사슬이 풀리는 기적이 일어났다. 간수는 두려움에 바울 앞에 엎드려 "내가 어떻게 하여야 구원을 받으리이까"라고 물었고(행 16:30), 바울은 "주 예수를 믿으라 그리하면 너와 네 집이 구원을 받으리라"(행 16:31)라고 선포했다. 그 간수와 온 가족은 그날 복음을 받아들이고 세례를 받았다. 감옥과 간수, 즉 제국 권력과 폭력의 상징이 복음을 통해 가정과 교회로 변모한 순간이었다. 오늘날 빌립보 유적지에는 '바울의 감옥'으로 전해지는 석조 구조물이 남아 있는데, 실제 장소인지는 단정할 수 없으나 당시 감옥의 열악한 현실을 보여주는 상징적 흔적으로 간직되고 있다.

다음 날 통치자들은 사건을 조용히 덮으려 했으나, 바울은 로마 시민으로서 자신들이 불법적으로 구타당하고 모욕당했음을 지적하며 공개적 사과를 요구했다. 이는 단순한 개인의 명예 회복이 아니었다. 복음이 불법적이고 위험한 운동으로 오해받지 않도록 하기 위함이었다. 바울은 복음이 제국의 법과 질서를 무너뜨리는 것이 아니라, 그 안에서도 당당히 설 수 있는 진리임을 분명히 드러내고자 했다. 이 사건은 바울에게 단순한 수난의 경험이 아니었다. 그것은 복음이 세상 권력과 충돌할 수밖에 없는 본질을 드러낸 상징적 장면이었고, 동시에 제국 한가운데서도 합법적 질서 안에서 담대히 증언될 수 있음을 보여주는 신학적 진술이었다. 훗날 감옥에서 쓴 바울의 편지, 특히 빌립보서에 넘쳐 흐르는 기쁨과 확신은, 이 빌립보 감옥 사건이 그에게 중요한 신학적 전환점이 되었음을 보여준다.

제국의 심장에서 전해진 기쁨의 편지

바울이 로마 감옥에서 빌립보 교회에 보낸 편지는 단순한 안부가 아니었다. 그것은 멀리 떨어진 공동체를 향한 감사의 표현이자, 제국의 심장부 한가운데서 울려 나온 신앙의 증언이었다. 그 글 속에는 바울의 삶과 고난, 그리고 빌립보 교회와 쌓아 온 깊은 관계가 고스란히 담겨 있었다.

바울은 제2차 선교 여정에서 처음 빌립보에 도착해 강가의 기도처에서 루디아를 만났고, 그녀의 집에서 교회가 시작되었다. 귀신들린 여종을 해방시킨 사건으로 감옥에 갇히기도 했는데, 지진과 간수의 회심 사건은 해프닝이 아니었다. 그것은 복음이 도시의 권력과 질서 속으로 파고들며 새로운 공동체를 세우는 전환점이었다. 이 만남은 단순한 스침이 아니라, 바울과 빌립보 교회가 깊이 얽혀 동역의 길을 걷게 되는 출발이었다.

세월이 흐른 뒤, 바울은 예루살렘에서 체포되어 가이사랴에 2년간 머물렀고, 로마 시민권자로서 황제에게 상소하여 마침내 제국의 수도에 이르렀다. 전통적으로 많은 이들은 바울이 이때 로마 감옥에서 빌립보서를 기록했다고 본다. 다만 일부 학자들은 에베소나 가이사랴 수감 중 집필되었을 가능성도 제기하지만, 어느 곳에서든 상황은 크게 다르지 않았다. 바울은 군인에게 사슬에 묶인 채 가택 연금 상태로 지내면서도 방문객들을 맞아 복음을 전할 수 있었고, 생계와 사역은 외부의 도움에 의존해야 했다.

바로 이때 빌립보 교회가 다시 등장한다. 그들은 에바브로디도를 로마까지 보내 바울을 돕게 했다. 그는 사역 중 병들어 죽을 뻔했지만 회복했고, 바울은 그를 "나의 형제요 함께 수고하고 함께 군사 된 자요 너희 사자로 내가 쓸 것을 돕는 자"(빌 2:25)라고 불렀다. 작은 지방 도시의 교회가 제국의 수도까지 파송자를 보내고 물질과 소식을 전한다는 것은 결코 쉬운 일이 아니었다. 그러나 빌립보 교회는 바울의 사역을 기꺼이 감당했고, 바울은 감옥에서 그들의 헌신에 응답하며 편지를 썼다. 빌립보서 곳곳에는 바울과 빌립보 교회의 특별한 관계가 묻어난다. 다른 교회들이 머뭇거릴 때에도 그들은 꾸준히 바울을 지원했고, 바울이 데살로니가와 고린도에 있을 때에도 물질을 보냈다. 바울은 이들의 수고가 헛되지 않았음을 확인하며, 자신이 처한 상황 속에서도 복음은 여전히 전진하고 있음을 전하고자 했다. 무엇보다 빌립보서는 바울의 신학이 가장 따뜻하게 드러나는 편지다. 감옥이라는 한정된 공간 속에서도 그는 "주 안에서 항상 기뻐하라 내가 다시 말하노니 기뻐하라"(빌 4:4)라고 외쳤다. 그 기쁨은 상황이 좋아져서가 아니라, 복음이 계속 전해지고 있다는 사실에서 비롯된 기쁨이었다. 또한 그는 "너희 안에 이 마음을 품으라 곧 그리스도 예수의 마음이니"(빌 2:5)라고 하며, 자신을 비우고 종의 형체를 입어 십자가에 순종하신 예수의 길을 교회의 본보기로 제시했다. 로마 시민권을 특권으로 삼던 도시의 그리스도인들에게 바울은 "우리의 시민권은 하늘에 있는지라"(빌 3:20)라고 선언했다. 로마의 권위와 법질서를 넘어, 하늘의 주권이 진정한 시민권임을 드러낸 것이다.

놀랍게도 이 편지는 감옥에서 나온 글답지 않다. 무거운 절망이나 체념 대신, 곳곳에서 희망과 기쁨이 흘러넘친다. 과거를 함께 걸어온 기억, 현재의 고난 속에서도 이어지는 동행, 그리고 다시 만날 미래에 대한 기대가 편지 곳곳에 녹아 있다. 바울은 철창에 갇혀 있으면서도 자신이 여전히 공동체와 깊이 연결되어 있음을 확인하고 싶어 했다. 그래서 이 편지는 단순한 개인의 안부가 아니다. 그것은 로마 제국의 심장부에서 작은 도시 교회와 사도가 어떻게 서로를 붙들며 복음을 살아냈는지를 보여주는 살아 있는 증언이었다. 제국의 감옥은 바울의 몸을 가둘 수 있었지만, 그의 언어와 신앙, 그리고 기쁨을 가둘 수는 없었다. 편지를 통해 전해진 그의 목소리는 빌립보 교회의 믿음을 더욱 굳게 세웠고, 다시 바울에게 위로와 용기를 되돌려 주었다.

빌립보서는 서로가 서로를 지탱하는 복음의 연대(solidarity)를 증언한다. 그 연대는 제국의 억압보다 강했고, 시대를 넘어 살아 움직이는 하나님의 말씀으로 남았다. 이 짧은 서신은 감옥에 갇힌 한 사도의 고백이 아니라, 복음 안에서 서로의 삶을 나누고 붙든 공동체의 초상이었다. 바울과 빌립보 교회는 멀리 떨어져 있었지만, 그들의 마음은 하나의 복음으로 연결되어 있었다. 그 연대 속에서 고난은 낙심이 되지 않았고, 결박은 오히려 복음의 자유를 드러냈다.

바울의 편지는 그래서 개인의 신앙 고백이 아니라, 공동체가 함께 만들어낸 믿음의 이야기다. 그 안에서 복음은 이론이 아니라 관계로, 가르침이 아니라 삶으로 살아 있었다. 바울은 감옥에서 갇혀 있었지만, 교회는 사랑으로 그를 자유롭게 했다. 복음의 능력은 고립된 한 사람의 외침이 아니라, 서로를 붙들고 일으키는 공동체의 사랑 속에서 드러났다. 바로 그 자리에서 복음은 다시 살아 움직였고, 사랑은 제국의 질서를 넘어 새로운 세상을 열었다.

오늘의 교회는 이 편지 앞에서 다시 묻지 않을 수 없다. 우리는 서로의 짐을 지고, 함께 기뻐하며, 함께 울고 있는가? 아니면 제국의 언어처럼 효율과 경쟁, 자기 확신의 벽 안에 갇혀 있지는 않은가? 바울과 빌립보 교회가 보여준 복음의 연대는 과거의 기록이 아니라, 오늘의 교회를 향한 부르심이다. 빌립보서는 감옥에서 쓰인 한 편지이지만, 그 안에는 자유와 기쁨, 그리고 새로운 삶으로의 초대가 담겨 있다. 세상이 무너질 때, 교회는 다시 이 편지로 돌아가야 한다. 서로를 붙드는 사랑과 나눔, 그리고 복음 안에서 다시 하나 되는 기쁨, 그것이 오늘의 그리스도인들이 회복해야 할 복음의 능력이다.

09

데살로니가

제국의 길 위에 선 마케도니아의 수도

AD ROMANOS
SERVVS JESV

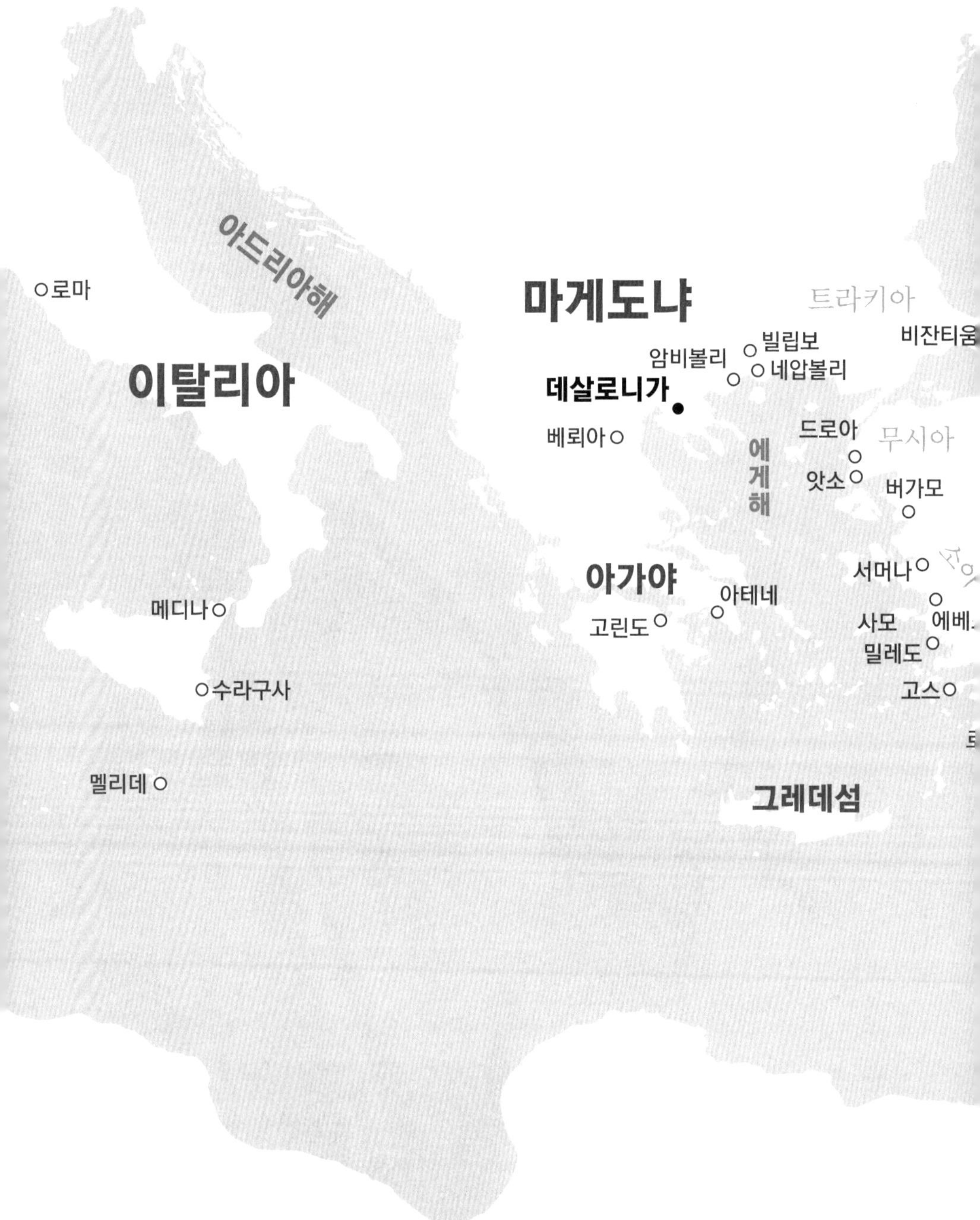

아드리아해
로마
이탈리아
마게도냐
트라키아
비잔티움
빌립보
암비볼리
네압볼리
데살로니가
베뢰아
드로아
무시아
에게해
앗소
버가모
아가야
서머나
아테네
고린도
사모
밀레도
고스
메디나
수라구사
멜리데
그레데섬

데살로니가

제국의 길 위에 선 마케도니아의 수도

바울이 데살로니가(Thessalonica)에 도착했을 때, 복음은 제국의 심장부와 정면으로 충돌했다. 짧은 기간 동안 교회가 세워졌지만, 곧 유대인들의 고발이 뒤따랐다. "다른 임금 곧 예수라 하는 이가 있다 하더이다 하니"(행 17:7). 이 한마디는 곧 복음이 로마 황제의 권위와 맞부딪히는 사건이었고, 데살로니가는 그 최초의 격전장이 되었다.

마케도니아 지방의 중심지였던 데살로니가는 바울의 제2차 선교 여정에서 처음으로 등장한다. 바울은 빌립보 감옥에서 풀려난 뒤 루디아의 집에서 형제자매들과 작별 인사를 나누고, 로마 제국의 대동맥인 에그나티아 가도를 따라 서쪽으로 향했다. 암비볼리와 아볼로니아를 지나 도착한 곳이 바로 데살로니가였다(행 16:40-17:1). 오늘날에도 이 도시는 아테네에 이어 두 번째로 큰 도시로, 광역권 약 110만 명이 거주하며 북부 지방의 관문이자 주요 항구도시로 기능한다. 현대의 위상과 마찬가지로, 고대에도 데살로니가는 단순한 항구도시가 아니라 마케도니아 속주의 행정 수도로 자리 잡아 정치적·군사적 중심지의 위엄을 자랑했다.

도시의 기원은 BC 315년으로 거슬러 올라간다. 마케도니아 왕 카산드로스(실제적인 통치 BC 305~297년)는 알렉산더의 이복누이이자 자신의 아내였던 테살로니케(Thessalonike)의 이름을 따서 이 도시를 건설했다. 이후 BC 168년 피드나 전투에서 로마가 마케도니아 왕국을 무너뜨린 뒤, BC 148년에 마케도니아가 속주로 편입되면서 데살로니가는 곧 로마 제국의 행정 중심지이자 에그나티아 가도의 주요 거점으로 성장했다. 아드리아해에서 비잔티움에 이르는 동서 교역의 관문에 위치한 덕분에 정치적·경제적 영향력이 컸고, 다양한 문화와 종교가 어우러지는 국제적 도시가 되었다. 도시 곳곳에는 여러 신전과 황제 숭배 제단이 세워져 있었으므로, 바울이 복음을 전한 현장은 제국의 이데올로기와 정면으로 맞서는 공간이기도 했다.

바울은 늘 그러했듯 먼저 유대인 회당을 찾아 성경을 해석하며 예수의 십자가 죽음과 부활이 메시아의 약속 성취임을 증언했다. 동시에 거리의 그리스인들과 경건한 이방인들에게도 복음을 전했다. 그의 짧은 체류 동안 신앙 공동체가 세워졌고, 이들의 열정과 헌신은 후일 바울의 서신에 고스란히 반영되었다. 하지만 유대인들의 반발은 거셌다. 그들은 바울을 황제의 권위를 거스르는 자로 몰아세웠고, "다른 임금 곧 예수라 하는 이가 있다"라는 고발은 도시를 큰 소동에 휘말리게 했다. 바울과 동역자들은 결국 박해를 피해 도시를 떠날 수밖에 없었다.

그들은 다시 에그나티아 가도를 따라 서쪽으로 향하다가 대로에서 벗어나 내륙의 베뢰아에 이르렀다. 로마의 정치가 키케로가 '길에서 벗어난 마을'이라 부른 베뢰아는 고대 지리학자 스트라보의 기록처럼 '산의 기슭에 자리한 도시'였다(『Geographica』 7.7.9). 그곳의 사람들은 데살로니가와 달리 말씀을 기꺼이 받아들이며, 날마다 성경을 스스로 상고했다(행 17:11). 그러나 박해자들은 이곳까지 뒤따라왔고, 바울은 결국 아테네를 거쳐 고린도로 이동했다. 고린도에 머무는 동안에도 그는 데살로니가 교회를 잊지 않고 두 통의 편지를 보냈다. 그것이 바로 신약성경에 전해지는 데살로니가전서와 후서이다. 학자들은 일반적으로 이 두 편지를 바울의 가장 초기 서신으로 이해하며, 신약성경 전체에서도 가장 이른 문서에 속한다고 본다. 따라서 데살로니가전서와 후서는 단순한 목회적 권면을 넘어, 초대 교회의 신앙과 소망이 가장 생생하게 담긴 최초의 기록으로 평가된다.

바울은 제3차 선교 여정을 마치고 예루살렘으로 돌아가는 길에 다시 데살로니가를 찾았다. 그와 동행한 이들 가운데는 데살로니가 출신 아리스다고와 세군도가 있었다. 특히 아리스다고는 이후 바울과 함께 로마로 가는 여정에도 동행하며 같은 배를 탔다고 전해진다(행 20:4, 27:2). 이는 그가 단순한 교회의 일원이 아니라 바울과 생명을 나눈 동역자였음을 보여준다.

오늘날 성경 독자들에게 데살로니가라는 이름이 낯설지 않은 이유는 화려한 유적 때문이 아니라, 바울의 편지와 공동체의 믿음이 남긴 흔적 때문이다. 데살로니가는 제국의 대로를 타고 흘러간 복음의 길 위에서, 바울의 사역이 역사와 지리를 가로지르며 이루어진 사건임을 증명하는 도시였다. 지금도 북부 지방의 심장부로 살아 있는 이 도시는, 고대와 현대를 이어주는 현장으로써 바울의 발걸음을 다시금 기억하게 한다.

헬레니즘과 로마를 잇는 관문, 데살로니가

데살로니가는 단순한 항구도시가 아니었다. 그 이름 속에는 마케도니아의 승리와 헬레니즘 세계의 격변, 그리고 로마 제국의 질서가 차례로 겹쳐져 있었다. 도시의 탄생과 성장은 고대 그리스가 고전기(BC 480년경~323년)의 분열을 지나 새로운 시대, 곧 헬레니즘과 로마의 세계로 넘어가는 거대한 전환을 보여준다.

BC 5세기 페르시아 전쟁의 승리는 그리스인들에게 자유와 자긍심을 안겨주었지만, 그 영광은 오래가지 않았다. 아테네는 델로스 동맹을 기반으로 사실상 제국처럼 군림했고, 이에 맞선 스파르타는 펠로폰네소스 전쟁을 일으켰다. 긴 전쟁은 도시국가들을 피폐하게 만들었고, 아테네는 몰락했으며 승리한 스파르타조차 내분과 쇠퇴 속에 오래 버티지 못했다. 잠시 테베가 패권을 차지했으나, 그리스 세계를 안정시킬 만한 힘은 되지 못했다. 분열과 쇠퇴, 그리고 끝없는 경쟁이 이어졌다.

바로 이때 변방으로 여겨지던 마케도니아가 부상했다. 그리스 북부 올림포스 산을 넘어 자리한 이 왕국은 풍부한 자원과 평야를 가졌지만, 귀족 중심의 왕정과 부족적 분열 때문에 오랫동안 약소국으로 남아 있었다. 그러나 필리포스 2세(BC 359~336년)가 왕위에 오르면서 상황은 달라졌다. 그는 젊은 시절 테베에서 인질로 지내며 그리스의 정치와 군사 체제를 직접 배웠고, 돌아와 팔랑크스 보병과 기동력 있는 기병을 결합한 군사 혁신을 이끌었다. 필리포스 2세는 군사력뿐 아니라 외교에도 능했다. 혼인 동맹으로 세력을 묶고, 협박과 회유로 도시국가들을 굴복시켰다. BC 352년 크로쿠스 평원의 승리는 그의 부상을 알리는 신호탄이었고, BC 338년 카이로네이아 전투에서 아테네와 테베의 연합군을 무너뜨리자, 그리스 세계는 마케도니아의 지배 아래 들어갔다. 그는 고린도 동맹을 조직해 도시국가들을 하나로 묶고 페르시아 원정을 준비했다.

필리포스 2세를 이은 알렉산더는 아버지가 마련한 토대 위에서 더 큰 꿈을 실현했다. 그는 불과 10여 년 만에 소아시아에서 인도에 이르는 대제국을 건설했다. 그의 정복은 단순한 군사적 승리가 아니라, 그리스 문화가 동방으로 퍼지고 동방의 전통이 그리스와 융합되는 헬레니즘 시대의 서막이었다. 알렉산더는 도시 건설자이기도 했다. 그는 정복지 곳곳에 알렉산드리아를 세워 군사적 거점이자 문화적 중심지를 만들었다. 그러나 BC 323년에 알렉산더가 갑작스럽게 세상을 떠나자 제국은 곧 균열했다. 후계자가 없던 탓에 장군들이 제국을 나누어 가졌다. 마케도니아와 그리스를 차지하려 한 카산드로스, 이집트를 다스린 프톨레마이오스, 동방의 광대한 영토를 장악한 셀레우코스, 소아시아와 수리아를 두고 다툰 안티고노스. 제국은 수차례 전쟁과 동맹, 배신 속에 분열되었다.

이 혼란 속에서 권력을 손에 넣은 인물이 카산드로스였다. 그는 알렉산더의 집정관 안티파트로스의 아들로, 처음에는 페르디카스와 맞섰다가 동맹을 바꾸며 안티고노스, 프톨레마이오스, 리시마코스와 손잡고 권력을 확대했다. 그러나 그의 이름을 어둡게 남긴 것은 알렉산더 왕조에 대한 철저한 숙청이었다. 카산드로스는 권력을 장악한 뒤, 알렉산더의 어머니 올림피아스를 처형하고, 이어 알렉산더의 미망인 록사네와 아들 알렉산더 4세마저 암살했다. 이로써 그는 정통 계승자를 제거하고 스스로 왕국의 주인이 되었다.

카산드로스는 알렉산더 왕조의 정통 계승자들을 철저히 숙청해 권력을 장악했지만, 스스로 합법적 후계자임을 보여줄 상징이 필요했다. 그래서 BC 315년, 카산드로스가 세운 새로운 도시가 데살로니가였다. 사실상 신도시를 건설했다기보다, 테르마(Therma)를 비롯한 20여 개의 작은 정착지를 통합해 대도시로 만든 것이었다. 그는 알렉산더의 이복누이이자 자신의 아내였던 테살로니케의 이름을 도시명으로 삼아, 자신의 정권을 정당화하고자 했다. 도시의 입지는 탁월했다. 내륙에 있던 옛 수도 펠라와 달리, 데살로니가는 에게해 북부의 테르마이 만을 끼고 있었고, 북쪽 발칸과 남쪽 에게해, 동쪽 비잔티움으로 이어지는 교차로에 자리했다. 비옥한 마케도니아 평원을 배후에 두고 항만을 통해 지중해와 연결된 이 도시는 정치적 수도이자 경제적 중심지로 성장할 수밖에 없었다.

헬레니즘 시대의 데살로니가는 활발한 국제도시였다. 항만과 아고라에는 지중해 전역의 상인들이 몰려들었고, 곡물과 목축, 노예와 향료, 목재와 광물이 활발히 거래되었다. 김나지움과 극장은 문화와 교육의 중심지였고, 신전과 제단은 도시의 종교적 풍경을 장식했다. 제우스와 아르테미스, 디오니소스의 신전이 서 있었고, 항해자들은 포세이돈에게 제물을 바쳤다. 이집트 기원의 세라피스와 이시스 신앙도 유입되어 종교적 다양성을 더했다. 이후 로마 시대에 접어들면서 정치적 충성의 상징으로 황제 숭배 제단까지 세워졌다.

그러나 마케도니아의 영광은 오래가지 않았다. BC 168년 피드나 전투에서 로마 장군 아이밀리우스 파울루스가 마지막 왕 페르세우스를 꺾자 왕국은 붕괴했다. 로마는 잠시 네 개의 자치구로 분할 통치했으나, BC 148년 제4차 마케도니아 전쟁에서 안드리스코스의 반란을 진압한 뒤 이 지역을 정식 속주로 편입했다. 그 과정에서 데살로니가는 점차 속주의 행정 중심으로 자리매김했다. 로마는 데살로니가에 자유도시(civitas libera)의 지위를 부여해 자치권과 세금 감면을 허락했는데, 이는 로마와의 협력 관계를 반영한 것이었다. 무엇보다 아드리아해 디라키움에서 비잔티움까지 이어진 에그나티아 가도가 이 도시를 관통하면서, 데살로니가는 지중해 동서 교역로의 심장부로 떠올랐다.

데살로니가의 역사는 고대 그리스 세계의 변화 그 자체였다. 아테네와 스파르타의 몰락 이후 혼란에 빠진 그리스 세계, 그 혼란을 틈타 변방에서 중심으로 올라선 마케도니아, 알렉산더가 세운 제국과 그 붕괴, 디아도코이의 전쟁, 그리고 카산드로스가 정착지를 통합해 세운 새로운 수도. 여기에 로마의 질서가 겹쳐지면서 도시는 다시금 새로운 무대를 맞이했다. 후일 바울이 이곳을 찾았을 때, 데살로니가는 이미 마케도니아 왕조의 승리와 헬레니즘의 유산, 그리고 로마 제국의 권력이 중첩된 무대였다. 변방에서 시작해 헬레니즘과 로마 세계를 잇는 관문으로 성장한 이 도시는 지금도 고대 세계의 장대한 흐름을 증언하는 살아 있는 현장이다.

로마 제국의 동방 거점, 데살로니가

BC 168년 피드나 전투는, 오늘날 테르마이 만 연안에 있던 마케도니아 도시 피드나에서 벌어진 전투로 마케도니아와 헬레니즘 세계의 운명을 가른 분수령이었다. 로마 제국은 아이밀리우스 파울루스 장군이 마지막 왕 페르세우스를 꺾자 마케도니아 왕국은 무너졌고, 헬레니즘 세계의 패권은 로마로 넘어갔다. 그러나 이 승리는 단순한 일회적 충돌이 아니라, 오랫동안 이어진 마케도니아 전쟁과 로마의 동방 확장 전략이 응축된 결과였다.

로마와 마케도니아가 처음 충돌한 것은 제2차 포에니 전쟁(BC 218~201년) 중이었다. 카르타고의 한니발이 이탈리아를 위협하던 때, 마케도니아의 왕 필리포스 5세는 로마가 서방 전선에 묶여 있는 틈을 타 동방에서 세력을 확장하려 했고, 한니발과 동맹을 모색했다. 로마는 이를 좌시하지 않았고, 제1차 마케도니아 전쟁(BC 214~205년)이 발발했다. 결말은 뚜렷하지 않았지만, 로마는 마케도니아를 잠재적 위협으로 분명히 인식하게 되었다. 이후 벌어진 제2차 마케도니아 전쟁(BC 200~197년)에서 로마는 테살리아 라리사 동쪽 키노스케팔라이 구릉에서 벌어진 전투에서 팔랑크스를 무너뜨리며 승리했다. 티투스 플라미니누스 장군은 고린도 지협 이스트미아에서 열린 제전에서 '그리스의 자유'를 선포했지만, 이는 진정한 해방이라기보다는 로마 영향권 편입을 알리는 선언에 가까웠다. 그러나 마케도니아는 쉽게 굴복하지 않았다. 제3차 마케도니아 전쟁(BC 171~168년)에서 왕 페르세우스는 다시 세력을 규합해 일부 그리스 도시국가들과 동맹을 맺으며 로마의 동방 확장에 저항했다. 로마에게 이는 용납할 수 없는 일이었다. 지중해 패권을 확립하려던 로마는 동방의 불안 요소를 제거해야 했고, 마케도니아는 마지막 장애물이었다.

양측은 피드나 평원에서 최후의 결전을 벌였다. 마케도니아의 팔랑크스는 오랜 세월 그리스 전장을 지배한 최강의 전술이었으나, 지형의 굴곡과 전열의 흐트러짐 속에서 기동성과 유연성을 갖춘 로마 군단의 공격을 버텨내지 못했다. 전투는 단 하루 만에 끝났고, 수천에서 수만 명에 이르는 병력이 쓰러졌다. 페르세우스는 포로로 잡혀 로마 개선식에 끌려갔고, 마케도니아 왕국은 역사의 무대에서 사라졌다.

로마는 처음에 마케도니아를 네 개의 자치구로 분할해 간접 지배했지만, 이 체제는 오래가지 못했다. 결국 안드리스코스의 반란을 진압한 제4차 마케도니아 전쟁(BC 150~148년) 이후, 마케도니아는 정식 속주로 편입되었다. 초기에 암비볼리가 행정 중심지 역할을 했으나, 곧 데살로니가가 속주의 수도로 자리잡았다. 테르마이 만의 천연 항만과 내륙과 해안을 잇는 교차로, 그리고 동서 교역의 대동맥인 에그나티아 가도의 중심에 위치한 이 도시는 로마가 속주를 다스리고 군대를 이동시키며 교역을 통제하기에 최적이었다. 학문적 분류에서 마케도니아는 흔히 로마의 동방 속주들(Provinciae Orientales)에 포함되며, 데살로니가는 그 심장부로 기능했다.

데살로니가는 곧바로 로마 행정과 군사의 중심지로 변모했다. 총독이 거주하며 법령을 공포하고 재판을 주관했으며, 세금과 군사 명령이 이곳에서 내려졌다. 항만은 군수와 교역의 거점이었고, 에그나티아 가도를 따라 로마 군단은 동서로 신속히 이동했다. 마케도니아 평원의 곡물, 발칸의 목재와 광물, 에게해의 수산물과 무역품이 이곳을 통해 흘러들었고, 동방의 향료와 비단, 서방의 포도주와 올리브유가 교차했다. 국제 상인들이 몰려든 아고라는 활기를 띠었고, BC 42년 빌립보 전투 이후 자유도시(civitas libera)의 지위를 얻은 데살로니가는 세금 감면과 자치권까지 보장받으며 경제적 활력을 이어갔다. 도시의 외형도 로마적 풍경으로 바뀌었다. 광장과 개선문, 공중 목욕장과 극장, 수로망이 들어섰고 도로는 포장되었다. 오늘날 발굴된 고대 포룸 유적과 수로 시설은 그 흔적을 보여준다. AD 4세기 초 갈레리우스 황제가 세운 개선문은 신약성경 시대보다 훨씬 후대의 것이지만, 황제의 승리와 권위를 도시 한 복판에 새겨 넣은 대표적 기념물이다.

무엇보다 데살로니가를 로마 제국의 도시로 각인시킨 가장 강렬한 표식은 황제 숭배였다. 아우구스투스 이후 황제는 단순한 정치 지도자가 아니라 신적인 존재로 선포되었다. 본래 로마에서는 죽은 황제만을 디부스(divus)라 칭했으나, 동방 속주에서는 살아 있는 황제에게도 경배가 행해졌다. 헬레니즘 세계가 이미 군주를 신격화하는 전통을 지녔기에, 황제 숭배는 이 지역에서 더욱 빠르게 뿌리내렸다. 데살로니가에는 황제 신전과 제단이 세워졌고, 광장에는 황제의 조각상이 서 있었다. 헌정 비문에는 '황제와 그의 가문을 위하여'라는 문구가 반복되었으며, 시민들은 황제의 동상 앞에서 향을 피우고 제물을 바치며 충성을 고백했다. 이는 종교라기보다는 정치적 의례이자 시민적 결속의 상징이었다. 자유도시의 특권을 유지하기 위해서라도 데살로니가는 황제 숭배에 적극 참여할 수밖에 없었다. 황제의 생일과 즉위 기념일에는 제전과 경기, 퍼레이드가 열렸고, 도시의 사회적 결속은 황제의 이름 아래 강화되었다. 엘리트 계층은 황제를 기리기 위해 건물과 기념비를 세웠으며, 지금까지 남은 비문들 가운데 황제를 신적 존재로 높여 부른 흔적도 발견된다. 'Dominus et Deus'(주님이자 신)라는 칭호는 특히 도미티아누스 황제 시대에 제국 전반에서 사용되었으며, 데살로니가 역시 그러한 제국적 숭배 체계에 깊이 참여한 도시였다.

그러나 바로 이 황제 숭배의 언어는 바울의 복음과 정면으로 충돌했다. 로마 세계에서 황제는 '주님'(κύριος 퀴리오스)이라 불렸고, '구원자'(σωτήρ 소테르)로 칭송받았다. 황제를 위한 제의는 곧 로마의 평화를 유지하는 의례였다. 그러나 바울은 이 도시 한복판에서 예수를 '주님'이라 선포했다. 그것은 단순한 신학적 고백이 아니라 황제 숭배 질서 전체에 대한 근본적 도전이었다. 데살로니가는 로마 제국의 눈에 단순한 정복지가 아니었다. 행정의 중심이었고, 군사 전략의 거점이었으며, 교역의 허브였다. 그리고 무엇보다 황제 숭배를 통해 제국의 충성이 가시적으로 드러난 무대였다. 정복지를 제국 질서 속에 편입하는 방식이 집약적으로 드러난 도시, 그것이 바로 로마 시대의 데살로니가였다. 동시에 그 한복판에서 복음이 울려 퍼졌으니, 이 도시는 제국의 길과 하나님의 길이 맞부딪힌 현장이었다.

데살로니가, 제국과 복음이 만난 자리

바울이 마케도니아 땅에 처음 발을 디딘 곳은 에게해의 관문 항구 네압볼리였다. 그는 아시아의 드로아를 떠나 사모드라게를 거쳐 이튿날 네압볼리에 도착했다고 사도행전은 전한다(행 16:11). 곧장 빌립보를 거쳐 에그나티아 가도를 따라 서쪽으로 약 150km를 이동하자, 로마 속주 마케도니아의 수도이자 최대 도시인 데살로니가가 눈앞에 펼쳐졌다.

바울은 언제나 그랬듯 먼저 유대인 회당을 찾았다. 사도행전은 데살로니가에 회당이 있었음을 분명히 전한다(행 17:1). 회당은 단순한 예배처가 아니라 율법 교육, 공동 행정, 이방인 개종자와의 교류가 이루어지는 복합적 공간이었다. 바울은 세 차례의 안식일 동안 모세오경과 예언서를 풀어 설명하며, 메시아가 고난받고 죽음에서 부활해야 함을 증언했고, 자신이 전하는 예수가 바로 그 메시아임을 선포했다(행 17:2-3). 이 메시지는 단지 유대인만을 향한 것이 아니었다. 회당에 함께 있었던 "그 중의 어떤 사람 곧 경건한 헬라인의 큰 무리와 적지 않은 귀부인"(행 17:4) 역시 복음을 받아들였다. "경건한 헬라인"은 유대교에 매력을 느낀 이방인들로, 안식일 예배에 참석하고 율법의 윤리적 가치를 존중했으나 정식 개종자는 아니었다. 다신교 문화에 비판적이었던 이들은 유일신 신앙에 마음이 끌렸고, 바울 선교의 중요한 접점이 되었다. 또한 "귀부인"은 도시 상류층 여성들을 가리키며, 회당과 다양한 종교 활동에 참여하고 후원자의 역할을 하던 인물들이었다. 이들이 복음을 받아들였다는 사실은 바울의 메시지가 단순히 주변부에 머무르지 않고 도시의 사회적 중심부로 파고들었음을 보여준다.

그러나 복음의 확산은 곧바로 갈등을 불러왔다. 유대인 공동체 일부는 강하게 반발했고, 바울의 영향력이 그리스인(헬라인) 개종자들 사이로 널리 퍼지자 시민들을 선동하고 불량배들을 동원해 소요를 일으켰다. 그들은 바울이 머물던 야손의 집을 습격했으나 그를 붙잡지 못하자, 야손과 몇몇 그리스도인들을 도시 관리들에게 끌고 갔다. 고발의 핵심은 단순한 종교적 차이가 아니었다. 그들은 바울 일행을 "천하를 어지럽게 하던 이 사람들"(행 17:6)이라 부르며, 황제의 권위를 위협하는 또 다른 임금, 예수를 전한다고 고발했다. 이는 제국 질서 속에서 매우 심각한 정치적 혐의였다. 로마 사회에서 황제 숭배는 정치적 충성의 상징이자 질서 유지의 핵심이었고, 예수를 '주님'으로 고백하는 것은 황제 외의 다른 주권자를 선포하는 행위로 간주될 수 있었다. 황제 숭배가 공적 규범이던 데살로니가에선, 이런 주장이 곧 황제를 거스르는 일로 받아들여졌다. 결국 야손과 동료들은 보석금을 내고 풀려났으나, 바울은 더 이상 도시에 머물 수 없어 급히 떠나야 했다. 남겨진 교회는 이제 막 태어나자마자 박해 속에 놓였다.

이 사건의 배경에는 제국 전역에 퍼져 있던 유대인 공동체와 그로 인한 긴장이 자리했다. AD 49년 황제 클라우디우스(글라우디오, 행 18:2)는 로마에서 유대인 추방령을 내렸는데, 수에토니우스는 유대인들이 '크레스투스'(Chrestus)라는 인물 때문에 끊임없이 소동을 일으켰다고 기록한다(『Divus Claudius』 25.4). 이는 초기 기독교 복음이 유대인 공동체 내부 갈등을 촉발한 것으로 이해된다. 로마의 유대인 회당에서는 예수를 메시아로 인정할 것인가를 두고 논쟁이 격화되었고, 정치적 소요로 이어졌다. 클라우디우스는 질서 유지를 위해 유대인들을 추방했고, 추방된 이들이 데살로니가 같은 동방 도시로 유입되었다는 직접 증거는 없지만, 그러한 여파가 동방 공동체에도 긴장감을 불러일으켰을 가능성은 충분하다. 이러한 배경 속에서 바울의 선교는 단순한 종교 논쟁이 아니라 도시의 안정과 제국 질서를 흔드는 민감한 사건으로 비쳤다.

이 모든 한가운데서 야손의 역할은 특별했다. 그는 단순히 바울에게 숙소를 제공한 인물이 아니었다. 그의 집은 초대 교회의 거점이었고, 그는 자신의 재산과 신분을 걸고 공동체를 보호했다. 학자들은 그가 디아스포라 유대인 출신으로 회당과 그리스 사회를 잇는 가교였을 가능성을 제기한다. 그는 바울을 지지하며 공동체의 대표로서 시민들의 고발을 감당했다. 신학적으로 그는 바울이 데살로니가전서에서 언급한 '환난 중에도 믿음을 지킨 자들'(살전 1:6)의 대표적 인물이자, '하나님의 나라를 위하여 고난을 겪는 자'(살후 1:5)의 구체적 모습이었다. 바울은 데살로니가를 떠날 수밖에 없었지만, 교회를 결코 잊지 않았다. 그는 고린도에서 데살로니가전서와 후서를 기록한 것으로 전해지며, 이를 통해 그리스도인들을 위로하고 교훈했다. 데살로니가전서는 바울의 친서로 널리 인정되며, 신약성경에서 가장 초기 문서로 꼽힌다. 두 서신은 환난 가운데 있는 그리스도인들을 격려하고 종말 신앙에 대한 균형 있는 이해를 제시하며, 바울과 데살로니가 교회의 깊은 유대감을 보여준다.

데살로니가는 단순히 바울이 스쳐 간 도시가 아니었다. 이곳은 복음이 제국의 권력과 황제 숭배라는 거대한 체제와 정면으로 만난 첫 무대였다. 회당에서 시작된 선포는 도시의 골목과 광장으로 번져 나가며 제국 질서에 균열을 내기 시작했다. 황제를 주님이라 부르는 세계의 심장부에서 "예수를 주님"이라 고백하는 목소리가 울려 퍼진 것이다. 이 충돌 속에서 바울은 단순한 설교자가 아니라 새로운 세계를 여는 사자의 자리에서 서 있었고, 데살로니가는 복음과 제국이 맞부딪힌 최초의 격전지로 역사의 한가운데 서게 되었다.

바울, 카이사르의 명령에 맞서다

데살로니가의 유대인들은 바울과 그의 동료들을 고발하기 위해

야손의 집을 습격했다. 그러나 이미 바울은 피신한 상태였고, 대신 야손과 몇몇 형제들이 도시 관리들 앞에 끌려갔다. 이 관리들은 데살로니가의 시민 행정을 맡은 관원들로, 그리스어로 πολιτάρχαι(폴리타르카이)라 불렸다(행 17:6). 이 칭호는 신약성경에서는 사도행전에만 나오지만 마케도니아 지역 비문에서도 확인된다. 오늘날 대영박물관에 보관된 데살로니가 비문에서 이 명칭이 발견되었는데, 이는 누가가 실제 도시 행정 구조를 정확히 알고 기록했음을 입증하는 고고학적 증거다.

그들의 고발은 단순한 종교 논쟁이 아니었다. "이 사람들이 다 가이사의 명을 거역하여 말하되 다른 임금 곧 예수라 하는 이가 있다"(행 17:7)라는 것이었다. 이는 황제 숭배를 부정하고 로마 질서를 위협한다는 정치적 혐의였다. 로마 제국에서 카이사르(가이사)의 명령은 단순한 행정 지시가 아니었다. 황제의 말은 곧 법이었고, 제국 질서를 유지하는 최종 권위였다. 따라서 예수라는 또 다른 임금을 선포한다는 것은 황제 외의 새로운 통치자를 세우는 행위로 들릴 수밖에 없었다. 당시 데살로니가는 로마와 충성 맹세로 긴밀히 묶인 도시였기에, 이 고발은 도시 전체의 안정을 흔드는 심각한 문제였다.

고고학 발굴은 이러한 긴장을 잘 보여준다. 데살로니가의 광장과 공공건물에서는 황제를 기념하는 조각상과 헌정 비문이 다수 발견되었다. 아우구스투스를 기념한 조각 파편은 황제가 신적 존재로 숭배되었음을 보여주며, 또 다른 조각은 클라우디우스로 추정되는 황제 형상으로 학계의 주목을 받는다. 이와 함께 발견된 비문들에는 '황제와 그의 가문을 위하여'라는 문구가 반복되는데, 이는 데살로니가가 황제 숭배의 중요한 거점이었음을 보여준다.

황제 숭배는 로마 사회에서 정치적 충성의 상징이자 시민적 결속을 확인하는 의례였다. 율리우스 카이사르는 암살 후 원로원의 결정으로 'Divus Julius'(신격화된 율리우스)라 불리며 최초로 신격화되었다. 아우구스투스는 자신을 'Divi Filius'(신의 아들)라 칭하며 이를 제도화했고, 속주마다 황제 숭배 신전이 세워졌다. 동방 도시들에서는 이미 헬레니즘 왕국을 신격화하는 전통이 있었기 때문에, 황제 숭배는 쉽게 뿌리내렸다. 이후 네로와 도미티아누스 같은 황제들은 더욱 노골적으로 자신의 신성을 선포했으며, 특히 도미티아누스는 스스로 'Dominus et Deus'(주님이자 신)라 불리게 했다. 이런 맥락에서 데살로니가와 같은 도시에서 예수를 주님이라 선포하는 일은 곧 제국 체제에 대한 반역으로 받아들여졌다.

바울과 초기 그리스도인들에게 황제는 결코 주님이나 신이 될 수 없었다. 그들에게 '주님'(κύριος 퀴리오스)은 오직 십자가에 달려 죽으시고 부활하신 예수 그리스도뿐이었다. 다메섹으로 가는 길에서 부활의 주를 만난 바울은 바리새인으로서의 열심을 내려놓고, 모든 민족에게 복음을 전하는 사도의 길을 걷게 되었다. 그는 로마 제국이 자랑하던 '팍스 로마나' 곧 황제의 이름으로 강요된 질서와 평화가 아니라, 십자가를 통해 주어진 하나님의 평화를 선포했다. 바로 이 지점에서 '유앙겔리온'(εὐαγγέλιον)이라는 말이 중요한 의미를 갖는다. 본래 '기쁜 소식' 혹은 '복음'을 뜻하는 이 단어는 로마 제국에서 황제의 즉위나 탄생을 기념하는 공식 정치 용어였다. 실제로 BC 9년 소아시아 프리에네(Priene)에서 발견된 아우구스투스 비문은 그의 탄생을 '온 세상에 주어진 기쁜 소식'으로 선포한다. 그러나 바울은 같은 단어를 사용해 예수의 죽음과 부활, 그리고 재림을 선포했다. 유대인들에게는 이 소식이 이사야 40-55장에서 약속된 회복의 성취로 들렸지만, 로마 제국의 귀에는 황제의 권위를 부정하고 도전하는 반역의 언어로 울려 퍼졌던 것이다.

따라서 데살로니가에서 바울이 당한 고발은 단순한 신학 논쟁이 아니었다. 그것은 카이사르의 명령에 맞선 예수의 복음이었고, 황제의 신성 질서에 도전하는 선언이었다. 데살로니가는 로마 제국의 질서가 가장 뚜렷하게 드러나는 무대였으며, 동시에 복음이 제국의 언어와 충돌한 첫 격전지였다. 이곳에서 바울은 카이사르와 예수 중 누가 진정한 주님인가를 선포한 증언자로 서 있었다.

데살로니가, 노동의 손길에서 울려 퍼진 복음

바울이 데살로니가에 도착했을 때, 이 도시는 마케도니아 속주의 정치적 수도이자 경제적 중심지로 성장하고 있었다. 테르마이만을 낀 항구는 동서 교역의 길목이었고, 동방에서 온 향신료와 직물, 서방에서 들여온 공예품과 금속제품이 이곳을 통해 시장에 흘러들었다. 데살로니가는 로마 제국 안에서 손꼽히는 상업 도시였으며, 도심을 관통하는 에그나티아 가도는 로마와 비잔티움을 연결하는 가장 중요한 군사·상업적 통로였다.

그러나 항구는 단순히 교역품이 드나드는 관문이 아니었다. 배가 정박하면 하역 노동자와 노예들이 포도주와 올리브유가 담긴 항아리, 곡물 자루와 목재를 나르며 부두를 분주히 채웠다. 조선공과 목수는 배를 수리하고 돛과 밧줄을 손질했으며, 어부들은 고기를 잡아 어시장에 내다 팔았다. 항구와 맞닿은 시장 골목에는 제빵업자, 정육업자, 직조업자, 금속 세공인, 도공들이 작업장을 열고 생계를 이어갔다. 여성들도 대체로 방직과 직조, 음식 판매, 종교 제전 준비 등 다양한 영역에서 도시 경제에 기여했을 것으로 보인다. 데살로니가의 경제는 곧 노동의 리듬 속에서 살아 움직였고, 항구와 시장, 길드와 작업장은 제국 질서가 일상 속에 구현되는 무대였다.

노동 현실은 경제적 차원에만 머무르지 않았다. 장인과 상인들은 대개 직능 조합(guild)에 속해 있었는데, 이러한 조합은 직업 단체라기보다 종교적 성격을 띠는 경우가 많았다. 여러 도시에서 확인되듯, 조합은 제우스, 디오니소스, 아르테미스 같은 신들을 기리는 제전에 참여했으며, 황제의 생일과 즉위 기념일 같은 제국의 축제에도 동원되었다. 데살로니가에서도 황제 숭배와 관련된 비문과 유적이 발견되며, 다른 그리스-로마 도시의 관행에 비추어 볼 때 이곳 길드들 또한 유사한 구조를 가졌을 가능성이 크다. 황제와 그의 가문을 기리는 제단 앞에서 향을 피우고 제물을 바치는 일은 충성의 상징이었고, 이는 노동자와 장인들의 일상에도 깊숙이 스며들었을 것이다. 따라서 데살로니가에서 노동은 생업의 차원을 넘어, 제국 권위와 황제 숭배 질서를 드러내는 무대였다고 볼 수 있다. 바울이 바로 이런 현장에서 "예수만이 주님"이라고 선포했을 때, 이는 종교적 고백을 넘어 사회적·정치적 질서 전체에 대한 도전으로 들릴 수밖에 없었다.

바울이 종사했던 천막 제작(σκηνοποιός 스케노포이오스)은 본래 유대 전통에서 율법 교사들이 자주 겸하던 생업 가운데 하나였으며, 헬레니즘 도시 사회에서도 꾸준히 수요가 있는 직업이었다. 다만 귀족이나 부유한 계층의 눈에는 이러한 수공업이 상대적으로 낮은 신분의 노동으로 보였을 수 있다. 고대 도시 사회는 대체로 상류 귀족층, 로마 시민권을 지닌 상인·지주, 자유민 장인과 기술자, 그리고 노예 계층으로 구분되었으나, 실제 현실은 훨씬 더 복잡했고 장인 중에도 안정된 생활을 누린 이들이 있었다. 그럼에도 바울은 의도적으로 노동의 자리에 섰다. 이는 생계 전략이나 겸손이 아니라, 복음의 성육신적 성격을 드러내는 선택이었다. 그는 말로만 복음을 전하지 않고, 손에 굳은살이 박히는 수고와 땀을 통해 복음이 무엇인지를 몸으로 보여주었다.

유대 전통에서도 노동은 거룩한 삶의 일부였다. 창세기 2:15은 "여호와 하나님이 그 사람을 이끌어 에덴 동산에 두어 그것을 경작하며 지키게" 하셨다고 말한다. 노동은 타락 이후의 벌이 아니라 창조 질서 속에 주어진 인간의 사명이었다. 지혜문학은 게으름을 꾸짖고(잠 6:6-11), 부지런한 손길을 칭송했으며(잠 10:4), "사람마다 먹고 마시는 것과 수고함으로 낙을 누리는 그것이 하나님의 선물"로 선포했다(전 3:13). 율법도 노동과 쉼의 균형을 강조했다. "엿새 동안은 힘써 네 모든 일을 행할 것이나 일곱째 날은 네 하나님 여호와의 안식일인즉 너나 네 아들이나 네 딸이나 네 남종이나 네 여종이나 네 가축이나 네 문안에 머무는 객이라도 아무 일도 하지 말라"(출 20:9-10)라는 계명은 노동을 존중하면서도 하나님 안에서의 쉼을 보장했다.

이러한 전통은 미쉬나와 탈무드에서도 이어졌다. 『미쉬나』는 '율법은 생업과 함께 해야 오래 지속된다'(Avot 1:10)라고 말하며, 토라 연구와 노동이 분리될 수 없음을 강조한다. 또 '사람이 자녀에게 일거리를 가르치지 않으면 도둑질을 배우게 될 것이다'(Kiddushin 4:14)라는 경고는 노동을 공동체 질서의 기둥으로 삼았다. 『바빌로니아 탈무드』 역시 '율법 연구와 세속 직업이 결합되면 죄를 막아준다'(Berokhot 8a)라고 하며, 나아가 '노동은 사람을 존귀하게 만든다'(Nedarim 49b)라고 선언한다. 곧 노동은 하나님께 드리는 거룩한 실천이자, 공동체를 지탱하는 윤리적 행위로 이해되었다.

바울의 가르침은 이 유대적 맥락 속에서 이해된다. 그는 "무슨 일을 하든지 마음을 다하여 주께 하듯 하고 사람에게 하듯 하지 말라"(골 3:23)라고 권면했고, "일하기 싫어하거든 먹지도 말게 하라"(살후 3:10)라고 단언했다. 이는 단순한 근면 훈계가 아니라, 창조 질서와 유대적 노동 윤리를 복음 안에서 새롭게 해석한 신학적 선언이었다. 바울은 데살로니가에서도 "너희 아무에게도 폐를 끼치지 아니하려고 밤낮으로 일하면서 너희에게 하나님의 복음을 전하였노라"(살전 2:9)라고 고백한다. 그가 실제로 어디서 노동했는지에 대한 구체적 기록은 남아 있지 않지만, 아마도 시장이나 항구 근처의 작업장에서 손수 일했을 것이다. 그는 노동을 통해 교회에 본을 세우고자 했다. "우리에게 권리가 없는 것이 아니요 오직 스스로 너희에게 본을 보여 우리를 본받게 하려 함이니라"(살후 3:9)라는 고백처럼, 그의 땀과 손길은 게으름과 의존을 경계하게 했고, 서로의 짐을 나누는 새로운 공동체 질서를 형성했다.

바울의 삶과 말은 분리되지 않았다. 그의 손이 다루던 천 조각 사이에서 하나님의 새 창조가 사람들의 일상 속으로 스며들었고, 그 현장은 제국의 신전보다 낮은 자리였으나, 오히려 더 오래 지속될 하나님 나라의 증언이 되었다. 데살로니가의 노동 현장에서 울려 퍼진 복음은 권력과 지배가 아니라 섬김과 나눔으로 드러났으며, 이는 로마의 권위와는 다른 질서, 곧 하나님 나라의 새로운 길을 여는 울림이었다.

데살로니가, 복음의 충돌과 신앙의 증언

데살로니가전서와 후서는 바울이 기록한 초기의 편지로, 신약성경 안에서도 가장 이른 시기의 문서로 평가된다. 기록 시기는 대체로 AD 50~51년경, 장소는 바울이 고린도에 머물던 시기로 본다. 사도행전 18장은 바울이 고린도에서 체류하던 때 실라와 디모데가 합류했다고 전하며(행 18:5), 갈리오 총독의 재판이 AD 51~52년에 있었던 사실은 이 연대를 뒷받침한다. 따라서 데살로니가전서와 후서는 평범한 개인 서신이 아니라, 가장 초기 그리스도인들의 믿음과 소망, 그리고 교회 공동체의 정체성을 드러내는 최초의 신앙 문서라는 점에서 특별한 의미를 지닌다.

바울은 제2차 선교 여정에서 빌립보, 데살로니가, 고린도 등 마케도니아와 아가야 속주의 주요 도시들에 교회를 세웠다. 데살로니가에서는 세 번의 안식일 동안 회당에서 유대인과 경건한 이방인들에게 복음을 전했다. 그러나 그의 선포는 곧 유대인 공동체 일부의 격렬한 반발을 불러왔다. 그들은 바울과 일행이 제국 질서를 위협한다고 고발하며 폭력배들을 선동해 군중 소요를 일으켰다(행 17:5). 당시 바울은 야손의 집에 머물고 있었는데, 야손은 바울을 숨겨주었다는 이유로 시 당국에 끌려가 보석금을 내야 했다. 결국 바울은 밤중에 베뢰아로 피신해야 했고, 이후 아테네를 거쳐 고린도에 이르렀다. 고린도에 머물던 바울에게 실라와 디모데가 마케도니아에서 돌아와 데살로니가 교회의 소식을 전했다. 놀랍게도 공동체는 외부의 박해 속에서도 믿음을 굳게 지키고 있었다. 이는 바울에게 큰 기쁨과 위로가 되었고, 그는 곧 편지를 써서 이들을 격려하고자 했다. 이렇게 탄생한 편지가 데살로니가전서이며, 이어서 데살로니가후서가 기록되었다. 두 편지는 단순한 상황 보고서가 아니라, 환난 속에서 복음으로 살아가는 공동체를 향한 사도의 애정과 목회적 돌봄을 담은 문서였다.

데살로니가전서의 구조는 분명하다. 바울은 먼저 공동체의 '믿음, 사랑, 소망'(살전 1:3)을 칭찬하며, 환난 중에도 흔들리지 않는 신앙을 격려했다. 이어서 거룩한 생활(살전 4:1-12)을 권면하며, 마지막으로 그리스도의 재림(παρουσία 파루시아)에 대한 올바른 이해를 가르쳤다(살전 4:13-5:11). 이는 죽음과 종말에 대한 두려움으로 흔들리던 그리스도인들을 위로하기 위한 실제적 목회적 가르침이었다. 그러나 공동체 안에는 여전히 재림에 대한 오해가 남아 있었다. 데살로니가후서는 이런 과도한 기대와 혼란을 교정하기 위해 기록된 것으로 보인다. 바울은 재림의 시기는 즉각적이지 않으며, 먼저 "불법의 사람 곧 멸망의 아들"이 나타나야 함을 설명했고(살후 2:3-4), 종말론적 열정 때문에 게으름과 무질서에 빠진 이들을 엄중히 훈계했다(살후 3:6-15). 따라서 두 편지는 하나의 공동체가 초기 박해와 종말 신앙의 긴장 속에서 어떻게 균형을 찾아갔는지를 잘 보여준다.

그러나 데살로니가는 잠시 머문 도시가 아니었다. 이곳은 복음이 처음으로 제국의 종교와 철학, 그리고 정치 질서와 정면으로 부딪힌 무대였다. 회당에서 시작된 복음은 곧 광장과 가정으로 흘러들었고, 야손과 같은 디아스포라 유대인들이 그 공동체의 보호자이자 신앙의 동역자로 섰다. 그러나 복음은 곧 도시의 질서와 충돌했다. 황제를 '주님'으로, 제국의 평화를 '구원'으로 여겼던 세상에서 "예수는 주님이시다"라는 바울의 선포는 단순한 신앙의 언어가 아니라 제국의 신학을 전복시키는 선언이었다. 그것은 권력과 신성의 경계를 흔드는 사건이었고, 신앙이 정치와 철학의 중심을 다시 묻는 도전이었다.

그 충돌 속에서 데살로니가 교회는 환난을 견디며 믿음을 지켰다. 그들의 믿음은 도시의 구조와 상충했지만, 동시에 새로운 질서를 만들어내는 힘이 되었다. 그래서 바울은 그들을 향해 "그러므로 너희가 마게도냐와 아가야에 있는 모든 믿는 자의 본이 되었느니라"(살전 1:7)라고 칭찬했다. 그들의 신앙은 단지 개인의 헌신이 아니라, 제국의 질서 한가운데서 하나님 나라의 대안을 증언한 공동체적 믿음이었다. 이들의 존재는 복음이 '종교'가 아니라 '새로운 사회적 실재'로 작동하기 시작했음을 보여준다. 바울은 "우리가 어떻게 너희 가운데에 들어갔는지와 너희가 어떻게 우상을 버리고 하나님께로 돌아와서 살아 계시고 참되신 하나님을 섬기는지와 또 죽은 자들 가운데서 다시 살리신 그의 아들이 하늘로부터 강림하실 것을 너희가 어떻게 기다리는지를 말하니 이는 장래의 노하심에서 우리를 건지시는 예수시니라"(살전 1:9-10)라고 선포했다. 이는 황제를 '주님'과 '구원자'로 높이던 제국의 신성 질서와 정면으로 충돌하는 선언이었다. 바울이 "예수는 주님이시다"라고 외쳤을 때, 그것은 언어의 문제가 아니라 세계관 전체를 전환시키는 사건이었다. 그는 복음이 인간의 종교적 영역에 머무르지 않고, 제국의 권세와 경제, 철학과 정치의 중심을 새롭게 재구성하는 힘임을 선포했다.

이 서신들은 바울의 복음 이해가 도시 사회 속에서 어떻게 살아 움직였는지를 보여준다. 바울은 재림을 기다리는 신앙이 현실을 떠나는 것이 아니라, 바로 그 현실 속에서 사랑과 노동과 연대로 구체화되어야 한다고 가르쳤다. 그는 "일하기 싫거든 먹지도 말라"(살후 3:10)라고 단언하며, 신앙이 세상의 책임과 분리될 수 없음을 일깨웠다. 데살로니가의 복음은 하늘의 약속이 아니라 땅 위의 삶을 새롭게 조직하는 힘이었다.

데살로니가는 그렇게 신앙이 사회의 변두리에서가 아니라 제국의 중심 한복판에서 증언된 자리였다. 복음은 도시의 철학과 경제, 권력과 신성의 질서를 뒤흔들며 새로운 인간과 새로운 공동체를 세워갔다. 그러나 그 도시는 단지 고대의 기억으로 머물지 않는다. 오늘의 교회 역시 같은 질문 앞에 서 있다. 우리는 어떤 복음을 선포하고 있는가? 세상의 압력과 불안 속에서 교회는 여전히 믿음과 소망과 사랑으로 세상을 비추는가, 아니면 제국의 질서와 편안함에 안주하는가?

바울과 데살로니가 교회가 보여준 신앙의 모범은 지금도 우리를 부른다. 복음은 안전한 신앙의 울타리를 벗어나 세상의 중심으로 들어가 생명과 정의를 증언하라고 부르고 있다. 복음은 여전히 제국의 한복판에서 세상의 힘을 넘어 살아 있다. 그리고 오늘의 교회는 그 복음의 빛으로 세상을 비추는 대안적 공동체로 서야 한다. 믿음은 단지 머무는 것이 아니라, 세상을 향해 나아가는 힘이다. 데살로니가는 바로 그 사실을 증언하는 도시였다. 복음이 세상을 바꾸는 첫 현장이자, 지금도 여전히 복음이 우리를 세상 속으로 부르시는 자리다.

역사와 지리로 만나는

바울이야기

10

아테네

신들의 도시에서 부활의 복음과 마주하다

AD ROMANOS

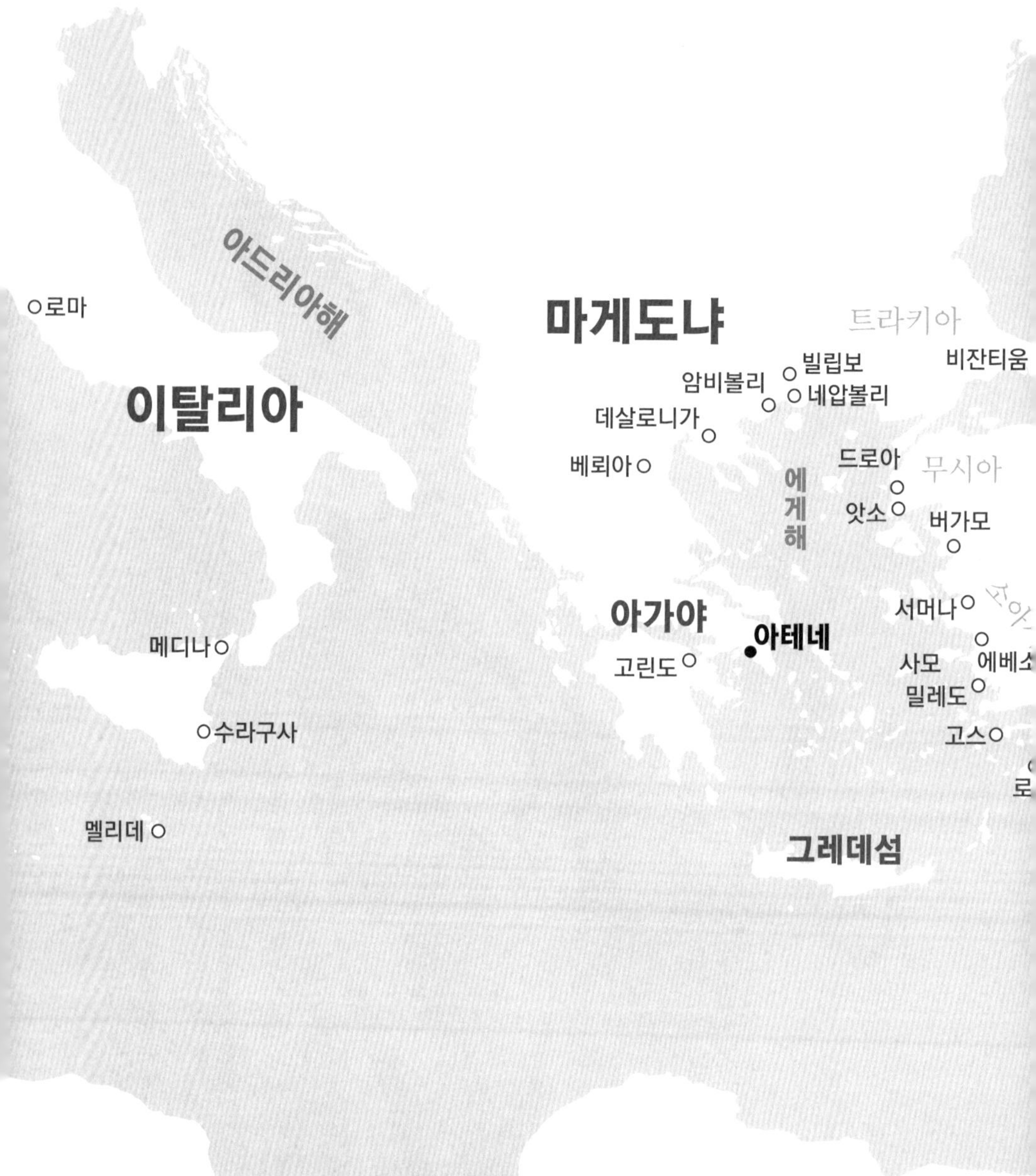
아드리아해
로마
이탈리아
마게도냐
트라키아
비잔티움
빌립보
암비볼리
네압볼리
데살로니가
베뢰아
드로아
무시아
에게해
앗소
버가모
아가야
아테네
서머나
메디나
고린도
사모
에베소
밀레도
수라구사
고스
멜리데
그레데섬

아테네
신들의 도시에서 부활의 복음과 마주하다

바울이 아테네(Athens 아덴)에 들어섰을 때, 그는 단순히 새로운 도시에 도착한 것이 아니었다. 아크로폴리스 아래 아레오바고에서서 "알지 못하는 신"(행 17:23)을 가리키며 복음을 선포했던 그 장면은, 헬레니즘 철학의 중심부에서 복음이 드러난 상징적 순간이었다. 고대 세계의 지적 심장부에서 바울은 철학자들과 시민들 앞에 서서, 십자가와 부활이라는 전혀 다른 길을 제시했다.

아테네는 고대 그리스 세계에서 가장 빛나는 도시 가운데 하나였다. 스파르타가 군사적 힘으로 자신을 드러냈다면, 아테네는 정치와 철학, 예술과 문화에서 독보적인 자리를 차지했다. 소위 고전기(the Classical Period, BC 480~323년)에 들어서면서 아테네는 페르시아의 거대한 침략을 막아내는 과정에서 그리스 도시국가 가운데 선두에 섰다. 그 승리는 단순한 군사적 성취가 아니라, 자유와 공동체 가치를 지켜낸 역사적 상징이었다. 아테네는 또한 민주주의를 제도화하여 시민들이 직접 정치에 참여하는 체제를 발전시켰다. 물론 이는 성인 남성 시민에 국한되었고, 전체 인구의 약 10~15% 정도만이 실제로 정치에 참여할 수 있었다. 여성, 노예, 외국인 거주자는 배제되었지만, 그럼에도 불구하고 아테네의 제도는 고대 세계에서 전례 없는 정치적 실험이었고 이후 서구 정치사에 깊은 영향을 끼쳤다.

아테네는 문학·철학·예술의 눈부신 성장을 이루며 고대 세계를 압도하는 문화적 힘을 발휘했다. 마케도니아의 지배 아래 정치적 독립은 잃었으나, 여전히 그리스 문화와 철학의 심장부로 기능했고, 로마 시대에 이르러서는 스스로 세계 문화의 수도라 부르며 자부심을 드러냈다. 소크라테스, 플라톤, 아리스토텔레스, 에피쿠로스 등 수많은 사상가들이 이곳을 정신적 고향으로 삼았던 것도 그 때문이었다. 아크로폴리스 위로 우뚝 솟은 파르테논 신전은 도시의 자부심을 상징했으며, 그 아래 자리한 아레오바고(Areopagos)와 아고라(Agora)는 정치적 토론과 종교적·철학적 논의가 오갔던 현장이었다. 아레오바고는 본래 살인 사건이나 종교 문제를 다루던 고대 법정이었지만, 로마 시대에는 공적 심의와 철학적 토론이 함께 이루어지는 상징적 공간으로 기능했다. 이곳에서 신과 세계, 인간과 정의를 둘러싼 논쟁이 끊임없이 이어졌고, 아테네는 고대 세계 지성의 정점이자 문명의 상징이었다.

바울의 제2차 선교 여정에서 아테네 방문은 바로 그 헬레니즘 세계의 심장부에 들어서는 사건이었다. 그는 마케도니아 사람의 환상을 따라 서방(Occident)으로 건너갔으나 여정은 순탄치 않았다. 빌립보에서는 점치는 영에 붙들린 여종을 치유한 일로 매질을 당하고 감옥에 갇혔으며, 풀려난 직후 데살로니가로 향했으나 그곳에서도 유대인들의 거센 반발에 시달렸다. 베뢰아에서는 말씀을 사모하는 이들을 만났지만, 데살로니가에서 쫓아온 유대인들이 방해하자 결국 실라와 디모데를 남겨둔 채 홀로 아테네로 향해야 했다. 그의 발걸음은 늘 긴박한 도피와 위협 속에 놓여 있었으나, 바로 그 과정을 통해 복음은 점점 더 넓은 무대, 그리고 사상의 심장부로 나아가고 있었다. 일부 학자들은 바울의 본래 목적지가 아가야 속주(Provincia Achaia)의 수도 고린도였으며, 아테네는 예기치 않은 경로에서 머물게 된 중간 기착지였다고 보기도 한다. 그러나 결과적으로 바울은 헬레니즘 철학의 중심과 마주하게 되었고, 복음은 고대 사유의 가장 치열한 현장에 서게 되었다. 아테네 도착은 단순한 피신이 아니라, 하나님이 복음을 새로운 무대 위에 세우신 섭리의 사건이었다.

아테네에 머무는 동안 바울은 회당에서 유대인과 경건한 이방인들에게 그리스도를 증언했다. 그러나 그의 사역은 회당에 머물지 않았다. 아고라 한복판에서 철학자들과 시민들을 상대로 논쟁을 벌였고, 마침내 아레오바고에 서게 되었다. 그곳에서 바울은 당시 아테네를 대표하던 두 학파, 에피쿠로스학파와 스토아학파와 맞섰다. 에피쿠로스학파는 쾌락을 최고의 선으로 보되 단순한 향락이 아니라 고통을 피하고 평정을 유지하는 삶을 강조했고, 스토아학파는 자연과 운명에 순응하며 덕을 추구하는 삶을 이상으로 삼았다. 그러나 바울은 전혀 다른 길을 제시했다. 인간의 지혜와 논리로 도달할 수 없는, 십자가에서 죽으시고 부활하신 예수 그리스도를 통한 구원의 복음을 증언한 것이다. 이 순간은 헬레니즘 철학이 오랜 세월 탐구해 온 신과 세계의 문제와 하나님의 계시가 정면으로 충돌하는 자리였다. "알지 못하는 신에게"(행 17:23) 제단을 세워둔 아테네 사람들 앞에서, 바울은 그들이 알지 못한 채 경배하던 분을 선포했다. 철학적 지성의 도시 중심에서 바울은 오랜 사유의 갈망을 넘어서는 복음의 진리를 담대히 증언하고 있었다.

신화의 아테나에서 역사의 아테네로

그리스의 도시국가 아테네(Ἀθῆναι)는 지혜와 전쟁의 여신 아테나(Ἀθηνᾶ)의 이름에서 비롯되었다. 도시의 기원을 설명하는 신화 가운데 가장 유명한 이야기는 바로 아테나와 포세이돈의 경쟁이다. 두 신은 아테네의 수호신 자리를 두고 겨루었고, 제우스는 시민들에게 선물을 제시하라고 명했다. 포세이돈은 바위를 쳐 바닷물을 솟구치게 했다는 전승이 가장 널리 알려져 있지만, 다른 판본에서는 소금 샘이나 말(馬)을 선물했다는 이야기도 전해진다. 아테나는 올리브나무를 심었고, 시민들은 전쟁의 힘보다 평화와 풍요를 상징하는 올리브를 선택했다. 그 결과 아테나는 도시의 수호신이 되었으며, 아테네는 여신의 이름을 따르게 되었다. 단순한 신화처럼 보이지만, 그 속에는 아테네 시민들의 가치관이 담겨 있었다. 그들은 힘보다는 지혜와 풍요, 전쟁보다는 공동체적 번영을 지향했던 것이다.

또 하나의 중요한 이야기는 건국 영웅 테세우스와 그의 아버지 아이게우스의 신화이다. 테세우스는 아테네 청년들이 미노타우로스에게 제물로 바쳐지는 것을 막기 위해 크레타로 향했고, 괴물을 무찌른 뒤 무사히 돌아왔다. 그러나 귀환길에 흰 돛을 올리기로 한 약속을 잊은 탓에, 그의 아버지 아이게우스는 아들이 죽은 줄로 오해하고 절벽에서 몸을 던졌다. 그 바다는 이후 그의 이름을 따라 '아이게우스 해'(Aegean Sea, 에게해)라 불리게 되었다고 신화는 전한다. 테세우스는 괴물을 무찌른 영웅을 넘어, 여러 부족을 통합해 아테네의 민주적 기반을 마련한 건국의 상징으로 기억되었다. 아테나는 제우스와 메티스 사이에서 태어난 딸로, 투구와 창, 올빼미와 올리브나무를 상징물로 지닌 총명한 여신이었다. 전쟁의 신 아레스가 파괴적 힘을 대표했다면, 아테나는 전략과 지혜로 인간에게 은혜를 베푸는 존재였다.

아테네의 도시 구조 역시 신화와 밀접히 연결되어 있었다. 그리스의 도시국가들은 대개 '높은 성'을 뜻하는 '아크로폴리스'를 중심으로 형성되었다. 오늘날에도 아테네를 찾으면 아크로폴리스로 오르는 가파른 언덕길에 서게 된다. 흰 대리석으로 닳아 반짝이는 계단을 밟으며 오르면, 멀리 에게해가 펼쳐지고 언덕 위로 파르테논 신전이 위용을 드러낸다. 고대인들에게 이곳은 평범한 건축물이 아니라 신을 위한 성역이었다. 언덕 아래 평지는 시민들의 삶의 공간이었고, 언덕 위 아크로폴리스는 신성한 영역이었다. '파르테논'(Parthenon)이라는 이름은 '처녀'를 뜻하는 '파르테노스'(Παρθένος)에서 유래했으며, 이는 아테나 여신의 순결과 수호자의 성격을 드러낸다. 신전 내부 지성소에는 조각가 피디아스가 만든 아테나 파르테노스의 거대한 황금상이 안치되어 있었고, 시민들은 제전 때마다 신상 앞에 제물을 바치며 도시의 평화를 기원했다.

파르테논 신전은 BC 480년 페르시아 제국의 침공으로 아크로폴리스가 파괴된 뒤, 아테네가 정치적·군사적으로 재기하던 시점에 새롭게 지어졌다. 페르시아 전쟁에서 승리한 아테네는 델로스 동맹을 주도하며 해상 제국으로 떠올랐고, 페리클레스는 동맹의 기금을 사용해 아크로폴리스를 재건하는 대규모 사업을 추진했다. BC 447년에 시작된 공사는 10여 년 만에 내부가 완성되었고, BC 432년에는 외부까지 마무리되었다. 조각가 피디아스가 총감독을 맡았고, 익티누스와 칼리크라테스가 설계를 담당했다. 신전의 장식은 단순한 미적 조형물이 아니라 아테네의 정치적 메시지를 담은 상징이었다. 켄타우로스와 라피타이족의 전투(켄타우로마키아), 트로이 전쟁, 여전사 부족 아마조네스와의 싸움(아마조노마키아), 올림포스 신과 거인족의 전투(기간토마키아)는 모두 야만과 문명, 외적과 아테네 세계의 대비를 드러내며, 스스로를 문명의 중심으로 여긴 아테네인의 세계관을 새겨 넣었다.

그러나 이 신전은 세월 속에서 끊임없는 변화를 겪었다. AD 6세기 초 무렵 교회로 개조되었고, 비잔틴 제국 유스티니아누스 황제(재위 AD 527~565년) 시대에는 파르테노스 마리아 교회 곧 마리아를 위한 교회로 확고히 자리 잡았다. 아테나의 순결한 이미지는 마리아의 상징과 겹쳐지며 새로운 신앙의 중심지가 되었다. 1456년 오스만 제국이 아테네를 정복했을 때에는 모스크로 개조되었고, 17세기에는 병기고로 사용되다가 1687년 베네치아 군의 포격으로 큰 피해를 입었다. 오늘날 무너진 기둥과 파편은 그 충격을 여전히 증언한다. 19세기 초, 영국의 엘긴 백작은 오스만 당국의 허가를 받아 파르테논 조각 일부를 런던으로 반출했다. 이른바 '엘긴 마블'에는 아테나의 탄생 장면, 아테나와 포세이돈의 수호신 경쟁, 판아테나이아 제전의 행렬이 묘사된 부조들이 포함되어 있다. 지금도 대영박물관에 전시되어 있지만, 그리스는 이 조각들이 민족 정체성과 기억의 일부라며 반환을 요구해왔다. 2009년 새로 개관한 아크로폴리스 박물관은 원래 자리에 조각을 복원할 공간을 마련했고, 오늘날까지 반환 논쟁은 제국주의의 유산과 문화재 귀속 문제를 둘러싼 세계적 쟁점으로 남아 있다.

파르테논 신전은 결국 단순한 건축물이 아니다. 신화 속 아테나와 건국 영웅 테세우스의 기억, 페르시아 전쟁과 제국의 영광, 비잔틴과 오스만 튀르크 제국의 흔적, 근대 제국주의의 상흔이 층층이 쌓여 있는 아테네의 역사 그 자체다. 아크로폴리스 언덕에 서서 파르테논을 바라보는 이들은 무너진 기둥 사이로 과거의 영광과 상처가 함께 서려 있음을 본다. 그것은 곧 '도시와 인간이 신을 어떻게 기억해왔는가'라는 근원적인 질문을 오늘날에도 던지고 있다.

민주주의와 철학의 시작, 아테네

고대 아테네는 단순히 정치 제도의 실험장이 아니라, 인간의 이성과 공동체적 가치를 깊이 사유했던 철학의 도시였다. 이 도시는 아크로폴리스의 파르테논 신전과 함께 아고라라 불리는 광장을 중심으로 발전했다. 아고라는 법정이자 민회장이었고, 철학자들이 시민들과 마주 앉아 질문을 던지고 대화를 나누던 지성의 무대였다. 소크라테스는 바로 이 공간에서 사람들에게 삶과 정의, 인간다움에 대해 묻고 또 물으며 철학을 일상 속에 심어갔다.

아테네의 정체성은 처음에는 신화와 영웅담에 뿌리를 두고 있었다. 아테나와 포세이돈의 경쟁, 테세우스의 모험과 같은 이야기는 도시의 기원을 설명해주었고, 아크로폴리스 위에 세워진 파르테논 신전은 그 신화적 기억을 돌에 새긴 상징물이었다. 그러나 세월이 흐르며 아테네는 신화의 도시에서 철학의 도시로 변모했다. 신들의 이야기와 영웅의 무용담이 권위를 뒷받침하던 자리에서, 이제는 시민들의 합의와 법, 그리고 이성이 새로운 권위를 세워갔다. 곧 신화(μῦθος 뮈토스)의 세계에서 이성적 사고, 즉 로고스(λόγος)의 세계로 옮겨간 것이다. 자연 현상과 사회 질서를 신들의 변덕이 아니라 보편적 원리와 합리적 구조로 이해하려는 시도가 본격화되면서, 아테네는 철학의 고향이자 민주주의의 토양으로 자리 잡았다.

BC 621년, 드라콘(Dracon)은 최초로 성문법을 제정하며 정의와 질서의 원칙을 세웠다. 그러나 그의 법은 귀족 중심으로 매우 가혹했다고 전해진다. 현존하는 조문은 주로 살인 사건에 관한 것이지만, 후대 아테네 사람들은 '사소한 범죄에도 사형을 내렸다'라는 인상을 남기며 그 법을 '피로 쓰인 법'이라고 불렀다. 드라콘의 법은 무질서한 관습을 일정 부분 통제했으나, 귀족 중심의 권력 구조를 고착화하며 사회적 불만을 더 키웠다. 이 불만을 개혁하기 위해 BC 594년 솔론(Solon)이 집정관으로 선출되었다. 당시 아테네는 귀족의 토지 독점과 심각한 빈부격차, 그리고 채무를 갚지 못한 농민이 자신과 가족을 노예로 내맡기는 제도로 인해 분열의 위기에 놓여 있었다. 솔론은 드라콘의 법을 대폭 개정하고, 채무로 인한 노예화를 폐지했다. 그는 이를 '세이사크테이아'(σεισάχθεια)라고 불렀는데, 이는 농민들의 가장 큰 고통을 덜어주는 획기적 조치였다. 또한 일정한 부채를 감면해 사회적 긴장을 완화했고, 귀족이 독점하던 정치 참여를 재산 규모에 따라 넓혔다. 그는 시민을 네 계급으로 나누어, 상위 계급은 고위직을 맡을 수 있도록 하고, 하위 계급에게도 민회와 법정에 참여할 권리를 부여했다. 특히 모든 시민이 법정에 참여할 수 있도록 함으로써 귀족의 전횡을 견제할 장치를 마련했다.

솔론의 개혁은 빈부 갈등을 완전히 해결하지는 못했지만, 시민들에게 처음으로 자신이 정치의 주체라는 자각을 심어주었다. 민주주의는 참여와 자율의 비전 속에서 싹트기 시작했고, 이는 훗날 아테네의 정치적 정체성을 규정하는 기초가 되었다. 이러한 제도적 토대는 페르시아와의 전쟁을 맞이한 아테네를 지탱하는 힘이 되었다. 만약 드라콘의 성문법과 솔론의 개혁을 통해 최소한의 공정성이 확보되지 않았다면, 아테네는 내부 분열로 무너졌을 것이다. 페르시아 전쟁은 단순한 외적과의 충돌이 아니라 공동체의 질서와 의식이 시험대에 오른 사건이었다. 아테네가 그 전쟁에서 승리하며 정치적 자긍심을 세울 수 있었던 것은 이미 수십 년 전부터 쌓아온 제도와 개혁의 성과 덕분이었다.

BC 5세기 초, 아테네는 페르시아의 침입을 막아내며 정치적 자부심을 드높였다. 이 승리는 민주주의의 자양분이 되었고, 철학 역시 힘을 얻었다. 소크라테스(BC 469~399년)는 아고라에서 시민과 대화하며 철학을 삶 속에 실천했다. 그는 '너 자신을 알라'는 명제를 통해 자기 인식과 도덕적 책임을 강조했고, 누구나 성찰할 능력이 있다는 믿음을 바탕으로 철학을 전개했다. 그러나 그와 함께 활동한 소피스트들은 다른 길을 걸었다. 고르기아스, 프로타고라스, 이소크라테스와 같은 소피스트들은 '인간은 만물의 척도'라는 명제 아래, 절대적 진리보다는 설득과 수사, 현실에 맞는 의견의 중요성을 강조했다. 이는 아테네 민주정의 공적 토론 문화와 맞물리며 큰 영향을 끼쳤다.

소크라테스의 제자 플라톤(BC 427~347년)은 스승의 죽음을 목격한 뒤 철학을 더 이상 개인의 대화에 머물게 하지 않고 체계적이고 이상적인 세계관 속으로 끌어올렸다. 그는 소피스트들의 ' 현실에 맞는 의견'(δόξα 독사)을 비판하고, 변치 않는 '보편적 진리'(ἐπιστήμη 에피스테메)를 추구했다. 그가 말한 '이데아'(ἰδέα)는 단순한 개념이 아니라 현실 너머에 존재하는 변치 않는 실재였으며, 이를 통해 진리와 정의를 사유했다. 『국가』에서는 철학자가 다스리는 정의로운 공동체를 상상했다. 플라톤이 세운 학교 아카데메이아(Akademeia)는 철학을 교육과 정치의 중심으로 끌어올렸다. 플라톤의 제자 아리스토텔레스(BC 384~322년)는 인간을 '공동체 안에서 살아가는 존재'로 보았으며, 철학의 영역을 논리학·윤리학·정치학으로 넓혔다. 그는 구체적인 삶 속에서 덕을 실천하는 '중용'(μεσότης 메소테스)의 가치를 강조했고, 이론과 경험을 결합하여 철학을 지적 탐구와 시민적 삶을 잇는 다리로 세웠다.

페르시아 전쟁 이후 아테네는 델로스 동맹을 주도하며 해상 제국으로 성장했다. 페리클레스(활동 시기 BC 461~429년)는 민주주의를 제도적으로 성숙시키고, 시민들에게 정치 참여의 기회를 보장했으며, 아크로폴리스 재건과 파르테논 신전 건축을 추진했다. 파르테논은 단순한 종교 건축을 넘어 아테네 민주주의와 시민 정신, 그리고 인간 중심 철학의 상징이었다. 그러나 BC 431년 펠로폰네소스 전쟁이 발발하자 아테네는 장기적인 전쟁과 정치 혼란, 선동가들의 득세 속에서 민주주의의 약점을 드러냈고, BC 404년 스파르타에 패배하면서 큰 타격을 입었다. 이후 민주정은 잠시 회복되기도 했으나, 아테네의 전성기는 이미 저물고 있었다.

이후 철학은 도시국가의 이상을 넘어 개인의 내면과 삶의 방식에 주목하게 되었다. 헬레니즘 시대에 등장한 스토아 철학과 에피쿠로스학파는 격변의 시대 속에서 흔들리지 않는 마음 곧 '아타락시아'(ἀταραξία, 평정)를 추구했다. 스토아 철학은 인간의 이성을 우주를 다스리는 보편적 이성인 '로고스'(λόγος)와 하나로 보았다. 따라서 인간은 자연의 질서에 조화를 이루며 살아야 한다고 여겼다. 일어나는 모든 일을 이성적으로 받아들이고 흔들리지 않는 마음으로 대응하는 삶을 이상으로 삼았다. 이는 운명론이 아니라, 이성으로 세상의 질서와 조화를 이루려는 생각이었다. 에피쿠로스학파는 쾌락을 향락이 아니라 고통이 없는 마음의 평온함 곧 아타락시아(ataraxia)로 이해했다. 그들은 세상의 모든 것이 더 이상 나눌 수 없는 아주 작은 입자인 원자로 이루어졌다고 보았다. 이 원자들이 모였다 흩어지며 세상의 모든 현상이 생겨나기 때문에, 세상은 신의 뜻이 아니라 자연의 질서로 움직인다고 생각했다. 따라서 죽음은 감각이 사라지는 자연스러운 과정이므로 두려워할 이유가 없었다. 이러한 가르침은 하나의 철학 이론이 아니라, 세상을 이성적으로 이해하고 삶의 불안을 다스리려는 태도였다. 그러나 그 뿌리는 여전히 아고라, 곧 시민의 삶이 숨 쉬는 공간에 있었다. 아테네는 전쟁의 승리와 패배, 자만(ὕβρις 휘브리스)과 무질서(ἀταξία 아탁시아)를 경험했지만, 철학은 그러한 혼란 속에서도 시민을 지탱하는 내적 힘이자 새로운 질서를 모색하는 길잡이였다. 에피쿠로스의 사상 또한 그 연장선에 있었다. 그는 외적 성공보다 마음의 평화를, 도시의 혼란보다 내면의 질서를 추구하며, 철학이 인간을 자유롭게 하는 힘임을 보여주었다.

아테네는 단순한 고대의 도시가 아니라, 인간의 이성과 자유가 만난 장소였다. 훗날 바울이 아레오바고에 서게 되었을 때, 그는 바로 이 지적 전통과 맞닥뜨렸다. 스토아 철학이 강조한 것은 우주적 로고스에 따라 사는 삶이었고, 에피쿠로스학파가 추구한 것은 고통 없는 평정의 삶이었다. 그러나 바울은 그 모든 철학적 탐구를 넘어서는 복음을 선포했다. 창조주 하나님, 죽은 자의 부활, 그리고 장차 임할 심판이라는 메시지는 스토아의 이성주의도, 에피쿠로스의 평온도 담을 수 없는 진리였다.

스토아가 인간의 이성으로 평정을 찾으려 했던 자리에서, 바울은 하나님의 은혜와 부활의 능력에서 오는 참된 평화(Shalom)를 전했다. 에피쿠로스가 죽음을 해석하며 두려움을 극복하려 했던 자리에서, 바울은 십자가와 부활을 통해 죽음을 이긴 하나님의 주권을 선포했다. 그가 말한 '그리스도 안의 자유'는 내적 평정만이 아니라, 무질서와 오만을 넘어서는 새로운 삶의 길이었다. 철학이 불안한 세상(ἀταξία 아탁시아) 속에서 평온과 질서(ἀταραξία 아타락시아)를 모색했다면, 복음은 그 평온을 넘어서는 참된 평화,

즉 하나님 나라의 질서를 아테네 한복판에서 증언했다. 철학이 인간의 이성을 통해 길을 찾으려 했던 자리에서, 바울은 계시의 하나님을 선포했고, 이는 아테네 철학자들의 세계관과 정면으로 부딪혔다. 신화의 도시에서 철학의 도시로 변모한 아테네는, 그 순간 다시 한번 새로운 도전에 직면했다. 인간의 사유가 닿을 수 없는 지점에서, 복음은 전혀 다른 차원의 진리를 열어 보였던 것이다.

동맹에서 제국으로, 아테네와 델로스 동맹의 변화

아테네는 처음부터 자유와 공동체 질서를 실험하는 도시였다. 드라콘의 성문법과 솔론의 개혁은 귀족 중심의 질서를 완화하고 시민 참여의 기초를 놓았으며, 클레이스테네스의 제도 개혁(BC 508년)은 민주정의 틀을 본격적으로 확립했다. 혈통 대신 시민의 합의가 권위를 갖는 질서가 자리 잡으면서, 아테네는 고대 그리스 세계의 정치적 실험장이자 민주정의 본보기로 부상했다.

이러한 내부 개혁의 성과는 외부 전쟁 속에서 드러났다. 페르시아 제국은 오늘날 튀르키예 서부 지역까지 세력을 넓히며 이오니아의 그리스 도시들을 복속시켰고, 이들의 반란은 본토와 페르시아 제국의 충돌로 이어졌다. 다리우스 1세와 크세르크세스 1세가 이끈 두 차례의 침공은 마라톤 전투(BC 490년), 살라미스 해전(BC 480년), 플라타이아이 전투(BC 479년)에서 그리스의 승리로 끝났다. 특히 살라미스에서 아테네 해군이 거둔 승리는 전쟁의 향방을 바꾸었고, 아테네 시민들에게 민주정의 활력을 증명하는 사건이 되었다. 이 전쟁은 군사적 충돌만이 아니라 자유와 전제의 대립으로 이해되었고, 승리의 경험은 공동체 의식을 더욱 강화했다. 그러나 동시에 또다시 동방에서 침략이 닥칠 수 있다는 두려움은 사라지지 않았다. 이 불안 속에서 BC 478년, 아테네는 에게해 연안과 도서 지역의 도시들과 함께 델로스 동맹을 결성했다. 본부는 델로스섬에 두었고, 아폴론 신전의 금고에 공동 기금을 보관했다. 각 도시국가는 병력이나 함선, 또는 금전적 공물을 제공하며 방위에 참여했고, 공동 회의가 의사결정을 맡았다. 초기 델로스 동맹은 자발적 연대 성격이 강했다. 그 목적은 분명했다. 페르시아의 재침략에 대비하고, 여전히 페르시아 지배 아래 있던 이오니아 도시들을 해방하는 것이었다.

하지만 시간이 흐르면서 동맹은 점차 아테네 중심으로 기울기 시작했다. 많은 도시들이 병력 대신 금전적 공물을 바치자 아테네의 해군력은 압도적인 우위를 확보했고, 아테네는 동맹의 대표자에서 제국의 지배자로 변모해 갔다. BC 454년, 공동 금고가 델로스에서 아테네 아크로폴리스로 옮겨진 사건은 결정적인 전환점이었다. 겉으로는 금고를 안전하게 지킨다는 명분이었으나, 실제로는 아테네가 동맹 자원을 자유롭게 사용할 수 있는 계기가 되었다. 이때부터 델로스 동맹은 사실상 아테네 제국으로 변했다. 아테네는 동맹 기금으로 막강한 삼단노선 함대를 유지하며 에게해 제해권을 장악했고, 동맹국들은 아테네의 화폐와 도량형을 강제로 사용해야 했고, 분쟁이 생기면 아테네 법정에 호소해야 했다. 페리클레스 시대에 들어서 아테네는 이 자원을 활용해 아크로폴리스를 재건하고 파르테논 신전을 세웠다. 이는 아테네 시민들에게는 자부심이었지만, 동맹국들에게는 자신들의 공물이 빛나는 대리석 기둥으로 변한 것이었다. 자유를 지킨다는 이름으로 시작한 연합이 다른 도시의 자유를 억압하는 제국의 체제로 변해버린 것이다.

이 모순은 곳곳에서 반발을 낳았다. 사모스섬 반란(BC 440년)과 미둘레네 사건(BC 427년)은 대표적 사례였다. 두 도시는 모두 델로스 동맹에 속했으나, 강력한 해군력과 자치권을 의식하며 아테네의 간섭을 거부했다. 사모스섬은 밀레도와의 분쟁에 아테네가 개입하자 반란을 일으켰고, 페리클레스는 직접 함대를 이끌고 9개월 동안 포위전을 벌인 끝에 성벽을 헐고 함선을 몰수했으며, 막대한 배상금을 부과했다. 미틸레네는 펠로폰네소스 전쟁 초기 스파르타의 지원을 기대하며 봉기했으나 진압되었고, 아테네 민회는 처음에는 시민 전체를 학살하고 노예화하자는 극단적인 결정을 내렸다가 하루 만에 철회했다. 그러나 결국 지도자들이 처형되고 토지가 몰수되면서 도시의 자율성은 철저히 무너졌다. 아테네는 동맹의 맹주가 아니라 두려움의 대상이 되었고, 델로스 동맹은 더 이상 방위 연합이 아니라 아테네 제국의 도구로 굳어졌다.

결국 아테네의 제국적 팽창은 스파르타와의 충돌로 이어졌다. 스파르타는 펠로폰네소스 동맹을 주도하며 아테네를 견제했고, 그리스 세계는 두 체제로 나뉘어 전쟁에 돌입했다. BC 431년 발발한 펠로폰네소스 전쟁은 무려 27년간 이어졌다. 아테네는 해군력을 바탕으로 초반 우위를 점했지만, 전염병으로 시민 다수가 희생되고 지도자 페리클레스가 사망하면서 전세는 흔들렸다. 알키비아데스의 배신과 시칠리아 원정의 참패는 아테네의 힘을 크게 약화시켰다. 여기에 페르시아가 스파르타를 지원하면서 전세는 완전히 역전되었고, 마침내 BC 404년 아테네는 항복을 선언했다. 성벽은 허물어지고 해군은 해체되었으며, 델로스 동맹은 사실상 사라졌다.

델로스 동맹의 전개는 도시국가 간의 연대가 어떻게 제국적 지배로 변질될 수 있는지를 보여주는 상징적 사례다. 아테네는 동맹을 통해 정치적 주도권과 경제적 번영을 누렸지만, 동시에 내부의 갈등과 외부의 적개심을 키운 끝에 자신이 구축한 질서의 붕괴를 경험했다. 그러나 아테네의 몰락은 곧 그리스 세계 전체의 혼란으로 이어졌다. 펠로폰네소스 전쟁에서 승자가 된 스파르타는 아테네의 성벽을 허물고 해군을 해체했으나, 제국을 운영할 행정력과 외교적 역량이 부족했다. 강압적 통치는 곧 반발을 불러일으켰고, 불과 몇 년 만에 각지에서 반란이 일어났다. 이 틈을 타 아테네는 점차 정치적, 군사적 회복을 시도하며 민주정을 되살리고 해군을 재건했다. BC 4세기 들어 아테네는 제국을 다시 세우려 하지 않고, 상호 방위를 내세운 제2차 아테네 해상 동맹(BC 378년)을 결성했다. 이번에는 동맹국들의 자율성을 존중한다고 명문화했지만, 시간이 지나며 다시 아테네 중심으로 기울었다. BC 357년 동맹 전쟁에서 키오스, 로도스, 비잔티온 등 주요 동맹국들이 반기를 들자, 동맹은 사실상 와해되었다. 이상과 현실의 괴리는 다시금 드러났고, 아테네의 패권은 더 약화되었다.

아테네의 민주정은 여전히 철학과 문화의 중심으로 남았지만, 동맹에서 제국으로 변모한 과정은 아이러니를 드러냈다. 내부 시민에게는 자유였던 제도가 외부 동맹국에게는 억압으로 다가왔던 것이다. 자유를 지키려는 연합은 제국으로 변질되었고, 그 제국은 결국 몰락을 불러왔다. BC 404년 펠로폰네소스 전쟁의 패배와 함께 아테네 고전기의 화려한 전성기는 막을 내렸으며, 이는 헬레니즘 이전 고대 그리스 시대 아테네의 역사를 마무리 짓는 상징적인 장면으로 남았다.

헬레니즘 시대의 아테네

델로스 동맹의 패권을 누리던 아테네는 펠로폰네소스 전쟁(BC 431~404년)에서 스파르타에 패배하면서 정치적·외교적 영향력을 급격히 잃었다. 이후 잠시 회복을 시도했지만, 동맹의 결성과 해체가 반복되었고, 끊임없는 내분과 불신은 결국 마케도니아의 개입을 불러왔다.

필리포스 2세(BC 359~336년)는 장창(σάρισα 사리사)으로 무장한 마케도니아 팔랑크스를 조직하는 군사 개혁을 통해 마케도니아를 강력한 세력으로 탈바꿈시켰다. BC 338년 카이로네이아 전투에서 아테네와 테베의 연합군은 처참히 패했고, 이 패전은 아테네가 더 이상 정치적 주도권을 쥘 수 없음을 보여주었다. 전쟁 후

필리포스 2세는 고린도 동맹(League of Corinth)을 결성하여 도시 국가들을 형식상 동등한 연합으로 묶었으나, 실제로는 마케도니아의 패권 아래 두었다. 아테네는 고전기의 민주적 자율성과 제국적 영향력을 동시에 상실했다.

알렉산더 대왕이 BC 323년에 갑작스럽게 죽자 제국은 후계자들에 의해 분할되었다. 아테네는 이 틈을 타 독립을 시도했으나, 그리스 본토의 테살리아 지방에서 벌어진 라미아 전쟁(BC 323~322년)에서 마케도니아 장군 안티파트로스에게 패배했다. 그 결과 아테네는 더 강력한 종속을 맞게 되었고, 이후 안티파트로스(BC 334~319년)와 카산드로스(실제적인 통치 BC 305~297년)가 섭정과 왕으로 활동하며 아테네를 간접 통치했다. 민회와 법정은 겉으로는 존속했으나, 외교와 군사 같은 핵심 권한은 제국의 의중에 종속되었고, 고전기의 직접 민주정은 껍데기만 남았다.

그러나 쇠퇴한 것은 정치였을 뿐, 아테네는 여전히 철학의 도시였다. 플라톤이 세운 아카데메이아(Ἀκαδήμεια)와 아리스토텔레스의 뤼케이온(Λύκειον)은 헬레니즘 시대에도 학문과 교육의 중심으로 남았다. 특히 아리스토텔레스는 필리포스 2세의 아들 알렉산더의 스승으로, 마케도니아 정치권력과 깊은 관계를 맺었다. 그의 사상은 보편 질서와 자연법칙이라는 개념을 통해 헬레니즘 세계관의 철학적 토대를 마련했다. 이 때문에 헬레니즘 철학은 단순히 아테네 전통에서 비롯된 것이 아니라, 마케도니아 제국의 보편적 구상 위에서 재편된 사유였다.

그러나 알렉산더의 죽음은 아테네에게 또 다른 시험대였다. 아테네는 마케도니아의 지배에서 벗어나기 위해 라미아 전쟁(BC 323~322년)을 일으켰다. 그러나 최후의 크란논 전투(BC 322년)에서 패배하면서 독립의 꿈은 무너졌고, 다시 마케도니아의 지배 아래 굴복하고 말았다(디오도루스, 『Bibliotheca historica』 18.17-18). 이 패전 이후 민주정 전통을 지키려는 세력은 몰락했고, 마케도니아 친화 세력이 권력을 장악했다. 플루타르코스(AD 46~120년)는 로마 제국 시대에 활동한 그리스의 역사 작가로, 『영웅전』(Parallel Lives)에서 아테네 장군 포키온의 생애를 전한다. 그의 기록에 따르면, 포키온은 마케도니아와 협력하며 아테네의 안정을 도모했으나, 결국 반역자로 몰려 BC 318년에 처형당했다(『영웅전』 포키온 전기 36-37). 이 일은 아테네 내부의 정치적 분열과 제국 질서에 맞설 힘을 잃은 폴리스 민주정의 한계를 보여준다.

이러한 상황 속에서 아테네 철학자들은 새로운 학파들을 세워, 사유의 전통을 이어갔다. 키티온 출신 제논(BC 334~262년)은 아고라 북쪽 스토아 포이킬레(Stoa Poikile)에서 강의하며 스토아학파를 열고, 우주적 이성과 로고스에 순응하는 삶을 강조했다. 에피쿠로스(BC 341~270년)는 도시 외곽의 정원(Κῆπος 케포스)에서 학파를 세워 고통의 부재와 평정심을 최고의 선으로 삼았다. 정치의 무대는 사라졌지만, 철학적 탐구는 오히려 더욱 풍성해졌고, 아테네는 여전히 '지성의 도시'라는 별칭을 지켰다. 그러나 새로운 사상들은 언제나 평온하게 받아들여지지 않았다. 스토아학파가 말한 '우주 시민'의 비전은 전통적 폴리스(도시국가) 질서와 충돌했고, 에피쿠로스학파의 무신론적 성향과 죽음 이후 삶의 부정은 전통 종교 제의와 갈등을 빚었다. 아테네는 정치적 종속, 사상적 긴장, 사회적 변화를 동시에 겪으며 복잡한 도시 정체성을 드러냈다.

헬레니즘 왕국들은 여전히 아테네의 상징성을 높이 평가했다. 버가모 왕국의 아탈로스 2세 필라델포스(재위 BC 159~138년)는 자신의 도시 아고라 동쪽에 장대한 스토아를 기증했는데, 이는 외부 왕조가 아테네를 문명의 중심으로 존중했음을 보여주는 기념물이었다. 건축 양식도 변모하여, 고전기의 단정하고 절제된 도리아 양식은 헬레니즘 시대에 들어 장식성과 웅장함을 강조하는 고린도 양식으로 변화했고, 아테네는 여전히 예술과 건축의 실험장이었다. 도시 사회의 구조도 크게 바뀌었다. 시민권을 가진 아테네인의 수는 줄어들었고, 외국인 거주민(μέτοικοι 메토이코이), 상인, 장인, 철학자, 노예들이 경제와 문화를 떠받쳤다. 이는 아테네를 활력 있는 국제도시로 만들었지만, 동시에 전통적 시민 공동체의 정체성을 약화시키는 긴장을 낳았다. 따라서 헬레니즘 시대의 아테네는 철학과 학문만의 도시는 아니었다. 마케도니아와의 충돌 속에서 정치적 자율을 잃고, 새로운 사상과 전통 질서가 충돌하며, 사회가 재편되는 복합적 공간이었다. 그리고 그 모든 긴장 위에서 철학은 아테네의 권위를 지탱하는 마지막 자산이자, 세계와 대화하는 언어가 되었다.

이러한 배경 속에서 사도 바울이 AD 50년경 아테네에 도착했을 때, 그는 단순히 고전기(BC 480~323년)의 영광을 되새기는 폐허를 본 것이 아니었다. 아테네는 여전히 살아 있는 철학과 사상의 중심지였다. 사도행전 17장은 바울이 아고라에서 에피쿠로스학파와 스토아학파 철학자들과 논쟁했고, 결국 아레오바고에서 복음을 선포했음을 전한다. 본래 귀족 평의회였던 아레오바고는 로마 시대에도 종교·도덕 문제를 다루는 권위 기관으로 남아 있었으며, 외래 사상을 검증하는 무대였다. 바울의 설교는 단순한 전도가 아니라, 헬레니즘 세계의 지성적 중심에서 철학과 복음이 정면으로 맞부딪히는 사건이었다.

로마 제국 시대의 아테네

로마 제국 시대의 아테네는 겉으로는 한때의 영광을 잃은 듯 보였지만, 여전히 고대 세계의 지식과 철학의 중심지로 기능하며 고유한 정체성을 이어가고 있었다. 로마 치하의 아테네는 과거의 유산 위에 남은 폐허가 아니라, 그 전통을 보존하고 새로운 맥락 속에서 재구성하며 살아 있는 도시로 존재했다.

고전기(BC 480~323년)의 아테네는 민주주의와 철학, 예술과 극문학에서 눈부신 발전을 이루었다. 페리클레스(재임 BC 461~429년)의 주도로 파르테논 신전이 세워졌고, 소크라테스·플라톤·아리스토텔레스와 같은 철학자들이 활동하며 그리스 사상의 정수를 형성했다. 그러나 알렉산더의 동방 원정 이후 헬레니즘 시대가 열리면서 아테네의 정치적 영향력은 급속히 쇠퇴했고, 대신 알렉산드리아 같은 도시들이 새로운 중심지로 부상했다. 그럼에도 아테네는 철학과 교육의 전당이라는 위상을 잃지 않았다. 플라톤의 아카데메이아와 아리스토텔레스의 뤼케이온은 수 세기 동안 아테네를 학문의 도시로 빛내던 상징이었다. 그러나 BC 1세기, 아테네는 로마와 폰토스 왕국의 충돌, 즉 제1차 미트리다테스 전쟁(BC 89~85년)의 소용돌이에 휘말렸다. 미트리다테스 6세를 지지한 아테네는 로마의 공격 대상이 되었고, BC 86년 로마 장군 술라(Sulla)가 도시를 포위했다. 치열한 공방 끝에 아테네는 함락되었고, 성벽과 건물, 도서관과 학교가 불타거나 약탈당했다. 이로써 아카데메이아와 뤼케이온 역시 큰 타격을 입었으며, 오랜 학문적 전통은 회복할 수 없는 상처를 남기게 되었다. 아테네는 정치적 자율뿐 아니라 지적 중심으로서의 위상마저 로마 제국의 힘 앞에서 무너져 내렸다. 이로써 두 학당은 제도로서 끊겼지만, 그 전통은 다양한 철학 학파와 학문 활동을 통해 로마 제국 시대까지 계승되었다. 이 때문에 아테네는 여전히 철학을 배우려는 지중해 각지의 젊은이들로 활기를 띠었다.

특히 옥타비아누스 아우구스투스(재위 BC 27~AD 14년) 이후 로마 귀족 사회는 아테네를 문화적 교양의 본보기로 여겼다. 아우구스투스 자신은 악티움 전투 당시 아테네가 안토니우스를 지지한 탓에 처음에는 거리를 두었으나, 로마 사회 전반에서는 아테네 유학이 교양의 상징으로 자리 잡았다. 하드리아누스 황제(재임 AD 117~138년)는 아테네에 막대한 투자를 기울여 도서관, 김나지움, 신전 등을 세웠고, 그리스 신들을 기리는 전통을 계승하면서 동시에 황제 숭배를 위한 사원도 건축하여 아테네를 제국 질서 속에 새로운 위상을 부여했다.

그러나 다른 로마 도시들과 달리 아테네에서는 황제 숭배가 절대적 권위를 독점하지 못했다. 황제 숭배 제도가 도입되었음에도, 철학 전통이 깊이 뿌리내린 도시였기에 그것은 단순한 복종이 아니라 해석과 논쟁의 주제가 되었다. 스토아 철학자들은 자연법과 이성에 기초한 통치를 강조하며, 황제의 신격화보다는 통치자의 덕을 기준으로 삼았다. 아테네의 지적 풍토 속에서 황제 숭배는 절대적 명령이 아니라 질문과 비판을 동반한 사상적 담론이 되었고, 이는 로마 권위와 그리스 전통 사이의 긴장을 잘 보여준다. 정치적 자율성은 상실했지만, 아테네는 문화적·학문적 중심지로서 정체성을 확장해 나갔다. 아고라와 아크로폴리스는 여전히 도시의 핵심 공간이었고, 철학도들은 소크라테스의 발자취를 따라 걷는 자리에서 과거와 현재가 만나는 아테네를 경험할 수 있었다.

아테네는 유대인 문화와도 연결되어 있었다. 제2성전 시대 후반의 유대교는 헬레니즘 문화 한가운데서 자기 정체성을 새롭게 세워가는 과정에 있었고, 아테네 또한 그 같은 흐름 속에 놓여 있었다. 디아스포라 유대인 공동체가 아테네에 자리 잡고 있었으며, 회당을 중심으로 율법과 신앙을 지켜갔다. 요세푸스는 로마 제국의 여러 그리스 도시들에 유대인 공동체가 존재했음을 전한다(『유대고대사』 14.7.2). 아테네가 직접 언급되지는 않지만, 이를 근거로 학자들은 아테네에도 디아스포라 유대인 공동체가 있었을 가능성이 크다고 본다. 이들은 도시 당국의 보호 아래 회당을 세우고 신앙을 유지했으며, 아테네의 종교적 다양성 속에서 제도적 기반과 종교적 자율성을 확보했다. 또한 스토아 철학과 플라톤주의는 영혼·윤리·창조와 같은 주제를 통해 유대 사상과 교차하며 상호 영향을 주고받았다.

이러한 종교적·문화적 다원성은 단순히 철학과 기독교의 만남을 위한 배경일 뿐 아니라, 유대와 아테네의 외교적 교류로도 이어졌다. 유대의 헤롯 대왕(재위 BC 37~4년)은 아테네와 교류하며 신전과 공공건축을 기증했고, 그 대가로 '그리스의 친구'라는 칭호를 얻었다(요세푸스, 『유대 고대사』 15.3.5). 그의 아들 헤롯 아켈라오(재위 BC 4~AD 6년) 또한 아테네에서 교육을 받고 시민권을 부여받았다는 기록이 전한다. 확정적인 사실로 보기는 어렵지만, 그가 유대-헬레니즘의 중개자 역할을 했음을 시사한다. 따라서 아테네는 철학의 도시이자 유대 지배자들과의 외교적 교류의 장, 그리고 디아스포라 유대인이 정체성을 보존하고 재해석하는 공간이기도 했다.

이런 배경 속에서 바울의 아테네 방문은 상징적인 사건이었다. 사도행전 17장은 바울이 제2차 선교 여정에서 아테네에 도착해 우상 숭배와 철학적 다원주의를 목격하고, 아레오바고에서 지성인들과 논쟁했음을 전한다. 그는 "알지 못하는 신"의 제단을 인용하며 창조주 하나님과 심판의 날, 그리고 부활의 복음을 선포했다. 이는 유대적 계시 신앙을 헬레니즘 철학 언어로 번역한 대표적 사례였다. 학자들은 바울이 아테네를 찾은 이유를 두 가지로 본다. 첫째, 아테네가 철학과 종교 담론의 중심지였기에 복음을 헬레니즘 세계 한복판으로 끌어들이려는 전략적 목적이 있었을 것이다. 둘째, 데살로니가와 베뢰아에서의 박해 이후 피신과 재정비의 성격이 있었을 수도 있다. 그러나 바울은 제3차 여정에서는 아테네를 다시 찾지 않았다. 그 이유에 대해서는 학자들의 해석이 분분하다. 일부는 아테네에서의 선교 성과가 크지 않았기 때문이라고 보며, 다른 일부는 고린도와 에베소처럼 교회가 활발히 형성되는 도시들에 집중했기 때문으로 본다.

바울은 단순한 충돌이 아니라 대화를 시도하며 문화와 사상의 경계를 넘어섰다. 아테네는 이미 유대교 전통과 철학이 공존해 온 복합적인 도시였고, 그 속에서 기독교는 새로운 신학적 지형을 개척해 나갔다. 로마 제국 시대의 아테네는 그리스 고전기의 후예로서 유산을 계승한 도시였을 뿐 아니라, 유대교와 기독교, 철학과 신앙, 동방과 서방이 만나는 교차로였다. 그것은 죽은 폐허가 아니라, 과거의 전통을 오늘의 의미로 새롭게 해석하며 여전히 살아 있는 지성의 도시였다.

아레오바고에 선 바울, 철학의 심장부에서 복음을 외치다

바울은 제2차 선교 여정에서 공적 단상에 선 경험을 두 차례 했다. 하나는 아테네의 아레오바고(행 17:19)였고, 또 다른 하나는 고린도의 법정 '비마'(행 18:12)였다. 아테네에서는 철학자들이 바울을 붙들어 아레오바고로 데려가 복음을 전하게 했지만, 고린도에서는 유대인들의 고발로 강제로 끌려가 피고인으로 서야 했다. 고고학자들은 이런 법정이나 공적 장소의 단상을 '비마'(βῆμα)라 부른다. 코이네 그리스어 당시에는 '베마'로 발음되었지만, 현대 그리스어에서는 '비마'로 불리며 여전히 '단상, 연단, 발판'을 뜻하는 일상적 단어로 사용된다.

순례자들이 아테네와 고린도 유적지를 찾을 때마다 비마를 주목하는 이유는, 구약성경에서 '산당'을 가리키는 히브리어 '바마'(בָּמָה)와 발음과 의미가 닮았기 때문이다. 두 단어는 어원적으로 직접 연결되지는 않지만, 모두 '높은 곳'을 뜻한다는 점에서 흥미로운 연관성을 가진다. 그러나 성격은 달랐다. 바마가 이방 신을 위한 제단이었다면 비마는 공적 연설과 재판의 단상이었다. 구약성경의 예언자들이 바마를 무너뜨리려 했다면, 바울은 오히려 비마에 올라 예수 그리스도를 선포했다. 그는 폭력이나 선동으로 신전을 허무는 대신, 아레오바고의 단상에서 "내가 두루 다니며 너희가 위하는 것들을 보다가 알지 못하는 신에게라고 새긴 단도 보았으니 그런즉 너희가 알지 못하고 위하는 그것을 내가 너희에게 알게 하리라 우주와 그 가운데 있는 만물을 지으신 하나님께서는 천지의 주재시니 손으로 지은 전에 계시지 아니하시고 또 무엇이 부족한 것처럼 사람의 손으로 섬김을 받으시는 것이 아니니 이는 만민에게 생명과 호흡과 만물을 친히 주시는 이심이라"(행 17:23-25)라고 증언했다. 바로 이 차이가 바울 선교의 성격을 뚜렷하게 드러낸다.

빌립보와 데살로니가에서 핍박과 고난을 겪고, 베뢰아에서 잠시 힘을 얻은 바울은 홀로 아테네에 도착했다(행 17:10-15). 철학과 예술, 민주정의 전통으로 지중해 세계의 문화적 수도라 불리던 이 도시는, 이제 바울에게 새로운 무대가 되었다. 그는 더 이상 회당의 반대 세력에 시달리지 않았지만, 회당과 아고라를 오가며 유대인과 그리스인 모두에게 예수를 전했다(행 17:17). 그 열정은 곧 당대 철학의 양대 흐름이던 에피쿠로스학파와 스토아학파와의 논쟁으로 이어졌다. 호기심과 경계심이 뒤섞인 아테네 사람들은 바울을 철학적 논쟁의 최고 무대, 아레오바고로 데려갔다.

그곳에서 바울은 아테네인들의 마음을 사로잡는 말로 연설을 시작했다. "바울이 아레고바고 가운데 서서 말하되 아덴 사람들아 너희를 보니 범사에 종교심이 많도다"(행 17:22). 여기서 "종교심이 많도다"로 번역된 그리스어 '데이시다이몬'(δεισιδαίμων)은 '두려워하다'(δείδω 데이도)와 '신적 존재'(δαίμων 다이몬)가 결합된 말이다. 고대 그리스에서 '다이몬'(δαίμων)은 낮은 등급의 신적 존재를 가리켰지만, 성경은 이를 '귀신'(마 8:31) 혹은 '모든 신들'(시 96:5)로 번역했다. 그렇다면 바울의 표현은 단순한 칭찬이라기보다, 온갖 우상으로 가득 찬 아테네의 현실을 풍자한 말일 가능성이 크다. 이어 그는 "내가 두루 다니며 너희가 위하는 것들을 보다가 알지 못하는 신에게라고 새긴 단도 보았으니 그런즉 너희가 알지 못하고 위하는 그것을 내가 너희에게 알게 하리라"(행 17:23)라며, 만물을 지으신 창조주 하나님을 선포했다.

바울은 아테네인들의 철학적 언어를 빌려 설교를 이어갔다. 그는 '호 테오스'(ὁ θεός)라는 표현을 사용해, 아테네 사람들이 자연히 이해하던 신개념을 창조주 하나님으로 새롭게 선포했다. 그는 그분이 천지의 주재이며, 사람 손으로 지은 신전에 거하지 않는 하나님임을 설명했다. 그러나 그의 설교의 중심은 언제나 복음이었다. 그는 예수의 부활을 증언하며, 그것이야말로 하나님이 세상을 심판하시고 새 생명을 주시는 표징임을 강조했다(행 17:31). 그러나 아테네는 바울에게 호락호락한 땅이 아니었다. 십자가와 부활의 메시지는 철학자들에게 어리석고 받아들일 수 없는 이야기였고(행 17:32-33; 고전 1:27), 결국 몇몇 사람만이 바울을 따랐을 뿐, 교회가 본격적으로 형성되지는 않았다.

그럼에도 아레오바고에서의 바울은 특별한 의미를 지닌다. 아테네는 소크라테스와 플라톤, 아리스토텔레스를 낳은 철학의 도시였고, 당시에도 스토아학파와 에피쿠로스학파가 활발히 논쟁하던 지성의 수도였다. 그런 철학의 심장부 한가운데서 바울은 담대히 복음을 선포했다. 그는 철학자들과 같은 언어로 논쟁하면서도, 복음을 철학의 한 갈래로 축소하지 않았다. 아레오바고에 선 바울은 철학과 지성을 넘어선 하나님의 말씀을 전했고, 그 장면은 철학의 심장부에서 복음이 정면으로 도전한 순간으로 역사에 남았다.

바울의 전략적 언어, "알지 못하는 신에게"

바울이 아레오바고 언덕 곧 아테네의 전통적 공론장에 섰을 때, 그의 눈앞에 펼쳐진 도시는 더 이상 고대 그리스의 전성기, 즉 페르시아 전쟁 이후나 델로스 동맹 시대의 아테네가 아니었다. 그러나 여전히 이 도시는 철학과 예술, 그리고 민주 정치의 이상을 상징하는 문화적 중심지였다. 바울은 도시를 거닐다가 무수한 제단과 신상들 사이에서 하나의 독특한 제단을 발견했다. 거기에는 이렇게 새겨져 있었다. "알지 못하는 신에게"(Ἀγνώστῳ θεῷ 아그노스토 테오).

사도행전 17:22-23에서 바울은 바로 이 표현을 인용한다. 그는 이 신을 "하나님께서는 천지의 주재시니"(행 17:24), 즉 성경이 증언하는 유일하신 하나님으로 동일시한다. 단순한 수사가 아니라, 고대 세계의 종교 언어를 전략적으로 차용한 것이다. 실제로 AD 2세기 지리학자 파우사니아스는 아테네에 '알려지지 않은 신들에게' 바쳐진 여러 제단이 있었음을 기록한다(『Description of Greece』 1.1.4). 이 복수형 표현은 특정 신을 지칭하기보다, 인간의 지식이나 이름으로는 규정할 수 없는 신적 존재에 대한 경외심을 드러낸다. 즉, 인간 인식 너머의 초월적 실재에 대한 종교적 여백을 남겨 둔 것이다.

이와 유사한 사유는 동시대 문헌에서도 확인된다. AD 1세기의 철학자 디오 크리소스톰은 연설 속에서 사람들이 '알려지지 않은 신들에게' 제사를 드린다고 언급하며, 신적 존재 앞에서 인간의 무지를 인정하는 겸허한 태도를 보여준다(『Orationes』 12.27, 36.39-41). AD 3세기의 저술가 필로스트라투스도 『소피스트들의 생애』에서 아테네에 '알려지지 않은 신에게' 바쳐진 제단이 있었음을 전한다는 해석이 제기된다. 고고학적 증거도 이를 뒷받침한다. 로마에서 출토된 한 비문에는 '기꺼이 그리고 마땅히 알려지지 않은 신에게 서원을 이행하다'(VOTUM SOLVIT LIBENS MERITO DEO IGNOTO)라는 문구가 새겨져 있는데, 이는 미지의 신에게 제물이 바쳐졌음을 보여준다. 또한 아테네 아고라 지역에서 발견된 일부 무명의 제단 역시 특정 신의 이름 없이 조성된 것으로, '알려지지 않은 신에게' 헌정된 것일 가능성이 제기된다.

흥미롭게도 이러한 표현은 그리스 세계에서 최고의 신전으로 알려진 델포이에서는 발견되지 않았다. 델포이는 아폴론의 이름으로 신탁이 선포되던 성소로, 신의 의지가 직접 드러나는 '계시의 공간'이었다. 그러나 그리스 세계에서 종교와 철학은 서로 분리된 영역이 아니었다. 신전은 단순한 제사의 장소가 아니라, 인간이 신의 질서를 이해하려는 사유의 현장이었다. 델포이가 신탁을 통해 신의 뜻을 듣는 자리였다면, 아테네는 철학과 담론을 통해 신의 본질을 탐구하는 도시였다.

바로 그 지점에서 "알지 못하는 신에게"라는 제단의 의미가 생겨났다. 아테네 사람들은 신의 존재를 부정하지 않았으나, 인간의 이성이 결코 신의 본질을 완전히 파악할 수 없다는 사실을 인정했다. 이 제단은 인간의 인식이 멈추는 경계에서 신적 신비를 인정하는 겸허함의 표징이었다. 델포이가 신의 절대적 권위를 드러냈다면, 아테네는 인간의 이성과 신적 신비가 만나는 긴장을 품은 도시였다.

따라서 "알지 못하는 신에게"라는 문구는 단순한 철학적 상징이 아니라, 그리스·로마 세계의 종교적 실천 속에서 형성된 구체적 신앙 언어였다. 바울은 바로 이 언어를 빌려, 아테네인들이 막연히 두려워하면서도 알지 못했던 존재를 성경의 하나님과 동일시했다. 그는 이렇게 선포했다. 그는 이렇게 선포했다. "우주와 그 가운데 있는 만물을 지으신 하나님께서는 천지의 주재시니 손으로 지은 전에 계시지 아니하시고 또 무엇이 부족한 것처럼 사람의 손으로 섬김을 받으시는 것이 아니니 이는 만민에게 생명과 호흡과 만물을 친히 주시는 이심이라 인류의 모든 족속을 한 혈통으로 만드사 온 땅에 살게 하시고 그들의 연대를 정하시며 거주의 경계를 한정하셨으니"(행 17:24-26).

바울의 말은 아테네인들의 무지를 단순히 비판하기 위한 것이 아니었다. 그의 표현은 풍자적이면서도 동시에 깊은 통찰을 담고 있었다. 그는 아테네 사람들이 두려움과 경외로 붙들고 있었던 "알지 못하는 신"의 제단을 빌려, 그들이 무의식적으로 찾고 있던 참된 신의 실체를 드러내려 했다. 철학과 종교가 분리되지 않았던 고대의 도시 아테네에서, 바울은 바로 그 경계 위에 서 있었다. 그는 철학자의 언어로 복음을 말하면서도, 복음을 철학의 일부로 축소하지 않았다.

아테네의 아레오바고에서 바울이 전한 메시지는 분명했다. 인간이 인식하지 못했던 "알지 못하는 신"은 이제 예수 그리스도의 부활을 통해 스스로 드러내신 하나님이라는 것이다. 이 선언은 지식과 신앙, 탐구와 계시가 만나는 결정적인 순간이었다. 철학의 도시 한복판에서 바울은 복음을 단지 사상의 경쟁 속에 놓지 않고, 진리 자체의 선포로 세웠다. 아테네는 예로부터 철학과 예술, 그리고 민주정의 이상을 통해 인간 이성의 영광을 보여준 도시였다. 그러나 그 자리에 선 바울은, 인간의 지혜가 도달하지 못하는 자리에 계신 하나님을 증언했다. 그의 설교는 철학에 대한 비판이 아니라, 인간의 사유를 넘어서는 계시의 초청이었다.

오늘 우리에게 아테네의 아레오바고는 여전히 하나의 질문으로 남는다. 우리는 여전히 "알지 못하는 신"을 논하고 있는가, 아니면 이미 드러난 하나님을 예배하고 있는가? 복음은 철학과 문화의 경계를 넘어, 오늘도 세상의 지적 심장부와 삶의 중심을 향해 선포되고 있다. 그것은 단순한 사상이나 논리의 확장이 아니라, 살아 있는 하나님의 자기 계시이며, 인간의 모든 지혜를 새롭게 비추는 빛이다.

역사와 지리로 만나는

바울이야기

11

고린도

두 바다가 만나는 길목, 지중해 세계의 교차로

AD ROMANOS
SERVVS JESV

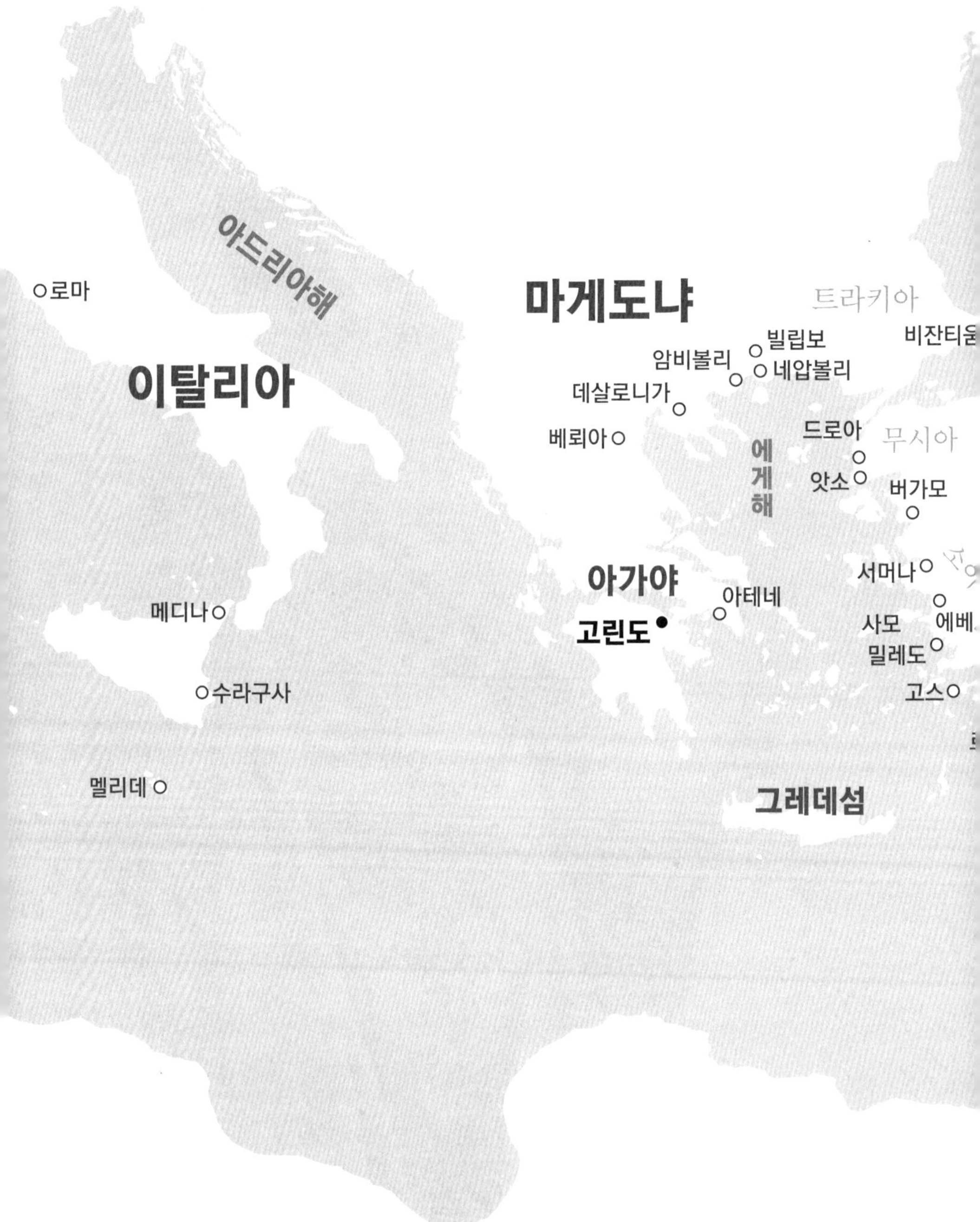
아드리아해
로마
이탈리아
마게도냐
트라키아
빌립보
암비볼리
네압볼리
데살로니가
베뢰아
드로아
무시아
에게해
앗소
버가모
아가야
아테네
고린도
서머나
사모
밀레도
고스
메디나
수라구사
멜리데
그레데섬

고린도
두 바다가 만나는 길목, 지중해 세계의 교차로

고린도(Corinth)에서 바울은 환상 가운데 주님의 음성을 들었다. "두려워하지 말며 침묵하지 말고 말하라"(행 18:9). 유대인들의 거센 반발 속에서도, 그는 회당을 떠나 디도 유스도의 집을 새로운 복음의 거점으로 삼았다. 바로 그곳에서 회당장 그리스보와 많은 고린도 사람들이 세례를 받았고, 복음은 제국의 상업과 향락의 중심지 한복판에서 새로운 길을 열었다. 고린도는 방탕과 권력의 도시였지만, 동시에 주님이 친히 격려하시며 복음을 뿌리게 하신 자리였다.

고린도는 고대부터 신화와 상업, 종교와 방탕이 뒤섞여 있던 도시였다. 전승에 따르면 시시포스의 후손에서 도시의 기원을 설명하고 있으며, 아프로디테 여신 숭배가 도시 전체에 깊숙이 뿌리내리고 있었다. 특히 아크로코린토스(Ἀκροκόρινθος)라 불리는 언덕 위에는 아프로디테 신전이 서 있었는데, 고대 자료에 따르면 많은 여성들이 '제의적 봉사자' 혹은 '성전 노예'(ἱερόδουλος

히에로둘로스)로 있었다고 전해진다. 이 때문에 '코린티아제스타이'(Κορινθιάζεσθαι)라는 표현이 생겨났는데, 이는 직역하면 '고린도 사람처럼 살다'이지만, 실제로는 '방탕하게 살다, 음란하게 살다'라는 속어로 사용되었다. 그만큼 고린도는 고대 세계에서 향락과 쾌락의 도시라는 이미지로 각인되어 있었다.

BC 7세기 무렵 고린도는 해상 무역으로 막대한 부를 축적하며 그리스 세계에서 가장 강력한 도시국가 가운데 하나로 성장했다. 그러나 로마의 확장 과정 속에서 BC 146년 철저히 파괴되었고, BC 44년 율리우스 카이사르의 계획에 따라 식민지 도시로 다시 세워졌다. 실제 재건은 그의 뒤를 이은 아우구스투스 시대에 본격화되었으며, 새롭게 태어난 고린도는 다시금 지중해 상업의 요충지로 부상했다. 동서 교역의 중심지로 국제적 성격을 띠게 된 이 도시는 아크로폴리스 아래 상점과 시장이 즐비했으며, 유통되는 음식 가운데 상당 부분은 신전 제사에서 비롯된 제물과 관련이 있었다. 사회적으로도 독특한 구성이 나타났다. 많은 인구가 해방된 노예 출신 상인이나 장인들이었는데, 이들은 로마의 지배문화와 황제 숭배에 적극 호응하며 제국 권력의 눈에 들고자 했다. 도시 전체가 로마적 질서 속에서 부와 영향력을 추구하는 열기로 가득 차 있었다.

바울은 아테네에서의 아쉬운 경험을 뒤로하고 아가야 속주의 수도 고린도에 도착했다(행 18:1). 그때는 마침 로마 황제 클라우디우스의 명령으로 유대인들이 로마에서 추방되던 시기였고, 바울은 이 과정에서 본도(Pontus) 출신 유대인 아굴라와 그의 아내 브리스길라를 만났다(행 18:2). 그는 그들과 함께 천막을 만드는 일을 하며 생계를 유지했고(행 18:3), 한동안 안정된 시간을 보냈다. 그러나 그의 마음속에는 여전히 복음을 전하려는 열망이 불타고 있었다. 바울은 곧바로 고린도의 회당을 찾아 유대인과 그리스인 모두에게 예수의 복음을 전했고, 안식일마다 말씀을 풀며 청중과 소통했다(행 18:4).

그러나 고린도의 유대인 공동체는 그의 메시지에 강하게 반발했다. 그들은 바울을 공개적으로 비방하며 배척했고, 바울은 결국 회당을 떠나 이웃집, 곧 디도 유스도의 집을 복음의 새로운 거점으로 삼았다(행 18:6-7). 뜻밖에도 회당장 그리스보와 그의 온 가족이 주를 믿게 되었고, 많은 고린도 사람들이 세례를 받으며 바울의 말씀에 반응했다. 또한 바울은 환상 가운데 주님의 음성을 듣는다. "두려워하지 말며 침묵하지 말고 말하라"(행 18:9). 이 격려를 힘입어 그는 1년 6개월 동안 머물며 말씀을 가르쳤다(행 18:11).

그러나 갈등은 다시 고조되었다. 유대인들은 바울을 아가야 총독 갈리오에게 고소했는데, 그의 재임 시기(AD 51~52년)는 바울의 고린도 체류 연대를 확정할 수 있는 중요한 역사적 기준점이 된다. 그러나 갈리오는 이 문제를 유대인의 내부 종교 분쟁으로 보고 개입을 거부하며 사건을 기각했다(행 18:12). 바울은 이 사건을 통해 로마 행정 체제의 관용을 체험했지만, 동시에 고린도라는 도시가 안고 있던 사회적 긴장과 종교적 갈등을 더욱 선명하게 체감했을 것이다.

고린도에서 바울은 이렇게 고백했다. "내가 너희 중에서 예수 그리스도와 그가 십자가에 못박하신 것 외에는 아무것도 알지 아니하기로 작정하였음이라"(고전 2:2). 그러나 그 길은 결코 평탄치 않았다. 그는 "내가 너희 가운데 거할 때에 약하고 두려워하고 심히 떨었노라"(고전 2:3)라고 솔직히 밝힌다. 그럼에도 불구하고, 그는 로마적 문화와 종교적 혼란이 뒤엉킨 도시 한복판에서 "내 말과 내 전도함이 설득력 있는 지혜의 말로 하지 아니하고 다만 성령의 나타나심과 능력으로 하여"(고전 2:4)라며 복음을 전했다. 그곳에서 복음의 씨앗은 심겨졌고, 다양한 배경을 지닌 사람들이 그 부름에 응답했다. 고린도는 제국의 상업과 향락, 권력의 욕망이 집약된 도시였지만, 동시에 그리스도의 길이 새롭게 열려가는 현장이기도 했다.

신화와 제국이 교차한 도시, 고린도

고린도는 신화와 제국이 교차하는 자리였다. 이 도시는 땅과 바다가 맞닿는 요충지이자, 인간의 야망과 신의 질서, 그리고 그리스 도시국가와 제국의 권력이 충돌하는 무대였다. 펠로폰네소스 반도와 그리스 본토를 잇는 좁은 지협에 자리한 고린도는 북쪽으로 고린도만, 남쪽으로 사로닉만과 연결되었고, 동쪽의 겐그레아 항구와 서쪽의 레카이온 항구를 통해 두 바다를 오갈 수 있었다. 이 드문 입지는 고린도를 일찍부터 지중해의 요충지로 만들었으며, 사람과 문화, 야망이 끊임없이 몰려들게 했다. 고고학은 이미 BC 10세기 무렵 도리아계 그리스인들이 정착하여 도시의 기틀을 마련했음을 보여주며, BC 9세기에는 바쿠키다이 가문이 지배하는 안정된 귀족 사회가 형성되었다. 그러나 고린도의 정체성은 단순히 사람들이 모여 살게 된 역사만으로 설명되지 않는다. 이 도시는 처음부터 신화적 이야기와 전승 속에서 특별한 의미를 부여받은 상징적 공간이었다.

전승에 따르면 '고린도'라는 이름은 시시포스의 후손으로 여겨지는 영웅 고린토스(Corinthos)에서 비롯되었다. 고대인들은 도시의 이름에 신화적 기원을 부여함으로써, 그 땅의 정체성을 신과 인간의 이야기 속에 묶어 두었다. 시시포스는 죽음을 두 번이나 속여 신들의 질서를 어지럽힌 대가로 저승에서 영원한 형벌을 받았다. 그는 끝없이 바위를 언덕 위로 밀어 올려야 했고, 바위는 꼭대기에 다다르기 직전마다 굴러 떨어졌다. 이 끝없는 수고는 인간의 야망과 허무, 그리고 신적 질서에 맞선 도전 정신을 상징했다. 고린도와 연결된 또 다른 전승은 영웅 벨레로폰의 이야기였다. 일부 전승에서 그는 고린도와 연관된 인물로 여겨지며, 날개 달린 말 페가수스를 길들여 괴물 키마이라를 무찔렀다고 전해진다. 아크로코린토스에는 페가수스가 발굽으로 샘을 터뜨렸다는 전승이 남아 있으며, 그 샘은 '페이레네 샘'이라 불렸다. 이러한 신화는 고린도가 단순히 쾌락의 도시가 아니라, 영웅성과 신성한 질서가 맞부딪히는 공간임을 보여준다. 고린도는 바로 이러한 신화적 이미지 위에서 현실의 강력한 도시국가로 성장했다.

BC 7세기, 키프셀로스와 그의 아들 페리안드로스는 귀족 지배를 무너뜨리고 고린도를 상업과 기술, 예술의 중심지로 변화시켰다. 이 시기에 두 항구를 잇는 디올코스(Diolkos, '끌어 옮기다'라는 뜻)가 설치되었는데, 이는 단순한 길이 아니었다. 배를 육지 위로 끌어올려 지협을 가로질러 다른 바다로 옮길 수 있게 만든 운송로였다. 돌로 포장된 길 위로 바퀴 달린 받침대가 움직이며 선박을 실어 나를 수 있었고, 사실상 '운하 없는 운하' 역할을 했다. 디올코스는 이오니아해의 고린도만과 에게해의 사로닉만을 가로지르는 지협을 직접 연결함으로써, 항로가 불과 6km 남짓으로 단축되었다. 이를 이용하지 않으면 최소 320km 이상을 돌아 말레아 곶을 지나야 했으므로, 이는 단순한 시간 절약을 넘어 항해의 안전과 무역 비용 절감이라는 혁신적 효과를 가져왔다. 그 결과 고린도는 동서 무역의 거점 도시로 부상했다. 동쪽에서 온 상인들은 겐그레아 항구로, 서쪽에서 온 상인들은 레카이온 항구로 모여들었고, 디올코스를 따라 두 바다가 연결되면서 물품이 교환되었다. 곡물과 목재, 도기와 직물, 향료와 금속이 이곳을 거쳐 이동했고, 고린도는 자연스럽게 지중해 무역의 관문이자 중계 무역의 중심지로 자리매김했다. 디올코스는 고린도를 상업·문화·정치 권력이 교차하는 국제적 허브로 만든 핵심 기반이었다.

이처럼 고린도는 무역과 문화가 꽃피우는 도시로 발전했다. 도기 공예, 조각, 건축에서 두각을 나타냈고, 특히 꽃잎이 풍성하게 펴진 장식으로 유명한 고린도 양식 기둥은 이후 그리스와 로마 건축 전반에 큰 영향을 끼쳤다. 고린도 양식은 도리아 양식의 단순함과 이오니아 양식의 우아함을 이어받아, 아칸서스 잎을 화려하게 조각한 기둥머리로 구별되었다. BC 5세기 후반부터 사용되기 시작했으며, 헬레니즘 시대에 이르러 본격적으로 확산되었다. 로마인들은 이 양식을 특히 선호하여 신전, 공회당, 개선문, 원형극장 등 제국 전역의 기념비적 건축에 널리 채택했다. 오늘날까지도 서양 건축의 상징적 장식 요소로 자리한 고린도 양식은, 고린도가 단순한 교역 도시를 넘어 예술과 미의 기준을 제시한 도시였음을 보여준다.

아프로디테 숭배는 고린도의 정신적 중심이었다. 아크로코린토스 언덕 꼭대기에는 아프로디테 신전이 자리했고, 여신은 사랑과 미, 풍요와 감각을 주관하는 도시의 상징이었다. 스트라본에 따르면, 이곳에는 많은 여성들이 제의적 봉사자(ἱερόδουλος 히에로둘로스)로 섬겼다고 전해지는데, 실제 숫자는 과장된 수사로 보는 견해가 많다. 그러나 이 전승은 고린도의 사회·경제·성 문화 전반에 아프로디테 숭배가 깊이 스며 있었음을 보여준다. 동시에 고린도에는 아폴론 신전과 포세이돈, 아테나를 위한 성소도 존재했다. 고린도는 다신교적 풍경 속에서 신전과 시장, 항구와 공적 공간이 긴밀히 맞물린 종합적 도시였다. 고대인들에게 고린도는 경외와 경계가 동시에 깃든 장소였다. '모든 배가 고린도로 가는 것은 아니다'라는 속담은 본래 누구나 고린도의 쾌락을 누릴 수 있는 것은 아니라는 풍자였지만, 동시에 고린도가 부와 무역의 중심지였음을 암시한다고 해석되기도 한다.

BC 6세기 후반, 고린도는 과두정 체제로 전환된 뒤 스파르타와 손잡고 아테네에 대항하는 펠로폰네소스 동맹의 중심 도시가 되었다. BC 5세기 페르시아 전쟁 때에는 그리스 연합군의 일원으로 싸웠으며, 펠로폰네소스 전쟁(BC 431~404년)에서는 아테네와 맞서 전면전에 나섰다. 그러나 전쟁은 무역과 해상력을 크게 약화시켰고, 고린도의 영향력은 회복되지 못한 채 쇠퇴의 길을 걸었다. 이 시기의 지도자 페리안드로스는 일부 전승에서 일곱 현인 가운데 한 사람으로 꼽히며, 고린도가 단순히 방탕의 도시가 아니라 정치와 지혜의 공간으로도 평가받았음을 보여준다. BC 4세기 중반, 마케도니아의 필리포스 2세는 그리스 도시국가들을 하나로 묶고자 했고, BC 337년 고린도에서 '고린도 동맹'을 결성했다. 명목상으로는 페르시아 원정을 위한 공동 전선이었으나, 실제로는 마케도니아 패권을 제도화하는 장치였다. 고린도는 동맹의 회합지이자 행정 중심지가 되었지만, 독립적 자율성은 잃은 채 마케도니아 질서에 종속되었다. 그러나 이 동맹은 곧 알렉산더의 동방 원정으로 이어지며, 고린도가 신화의 도시에서 제국의 도시로 넘어가는 역사적 전환점이 되었다.

이처럼 고린도는 헬레니즘 이전부터 신화와 제국이 교차하는 무대였다. 시시포스가 밀던 바위는 끝없는 야망을, 벨레로폰과 페가수스는 영웅적 도전을, 아프로디테 신전은 유혹과 쾌락을, 아폴론 신전은 다신교적 풍경을, 디올코스는 두 바다를 잇는 상업적 힘을 보여주었다. 각각은 고린도라는 도시가 지닌 다층적 얼굴을 드러내는 상징이었다. '모든 배가 고린도로 가는 것은 아니다'라는 속담 역시 이 도시가 지닌 풍요와 위험, 번영과 타락의 양면성을 잘 표현한다.

바로 이 도시, 신화와 제국이 뒤엉킨 현장에서 사도 바울은 복음을 전했다. 제국의 상업과 향락의 심장부였던 고린도에서, 그는 세상의 권력과 욕망을 따르지 않고 오히려 십자가에 못 박히신 예수 그리스도만을 알기로 작정하며 전혀 다른 길을 열어갔다.

지중해의 관문, 로마 제국의 고린도

BC 146년, 로마 공화정 장군 루키우스 뭄미우스는 아가야 동맹을 진압하는 과정에서 고린도를 철저히 파괴했다. 아가야 동맹(Achaean League)은 펠로폰네소스 반도의 주요 도시국가들이 자치와 민주정의 이상을 지키기 위해 결성한 마지막 그리스 도시 동맹이었다. 그러나 로마가 마케도니아를 정복하고 그리스 지역을 속국화하자, 아가야 동맹은 로마의 지배에 저항하는 상징적 정치 세력이 되었다. 이 충돌의 절정이 바로 BC 146년의 전쟁이었고, 고린도는 그 중심 무대였다. 그는 도시를 불태우고 주민들을 학살하거나 노예로 팔아버렸으며, 그리스 문화의 상징이던 수많은 예술 작품을 로마로 가져가 전리품으로 삼았다. 고린도는 그리스 본토에서 군사적·경제적으로 핵심적인 위치에 있었기에, 로마는 이 도시를 짓밟음으로써 다른 그리스 도시들에게 뼈아픈 경고를 남겼다. 이후 약 한 세기 동안 고린도는 폐허로 남아 있었다.

그러나 무너진 도시는 율리우스 카이사르(BC 100~44년)에 의해 다시 살아났다. 그는 BC 44년, 베테랑 군인들의 정착지를 마련하고 정치적 기반을 강화하기 위해 고린도 재건을 계획했다. 암살로 인해 실행에 옮기지 못했지만, 그의 뒤를 이은 아우구스투스에 의해 그 계획은 본격적으로 실현되었다. 새 도시는 콜로니아 라우스 이율리아 코린티엔시스(Colonia Laus Iulia Corinthiensis)라는 이름으로 세워졌고, 로마 시민권을 지닌 식민지로 정비되었다. 이곳에는 퇴역 군인, 해방 노예, 자유민, 상인 등 다양한 출신의 사람들이 이주했고, 그들의 사회적 배경은 이후 고린도 교회의 복잡한 계층 구성을 형성하는 밑바탕이 되었다. 고린도는 곧 지중해 동서 무역의 요충지가 되었으며, 동부에서 가장 번화하고 풍요로운 도시 가운데 하나로 부상했다.

고린도의 전략적 가치는 지리에 있었다. 도시는 북쪽의 그리스 본토와 남쪽 펠로폰네소스 반도를 잇는 지협 위에 자리 잡았고, 동쪽의 겐그레아 항구와 서쪽의 레카이온 항구를 통해 에게해와 이오니아해를 동시에 아우를 수 있었다. 덕분에 고린도는 육상과 해상의 물류가 교차하는 관문이 되었고 이탈리아, 소아시아, 수리아, 이집트와 활발히 연결되었다. 초대 황제 옥타비아누스 아우구스투스는 고린도를 아가야 속주(Provincia Achaia)의 수도로 지정했고, 이로써 도시는 단순한 상업 중심지를 넘어 행정·사법·교육의 거점으로 로마화되었다. 지리학자 스트라보는 '고린도에서 화물을 부리는 것은 이탈리아와 아시아 상인들에게 말레아 곶을 돌아가는 긴 항해를 피할 수 있는 대안이었다'라고 기록했다(『Geographica』 8.6.20).

실제로 고린도 지협에는 일찍부터 배와 화물을 육상으로 옮겨 다른 바다로 이어주는 운송로, 디올코스가 활용되었다. 이 길 덕분에 배들은 험난한 말레아 곶을 돌아가지 않고도 이오니아해와 에게해를 오갈 수 있었고, 고린도는 자연스럽게 지중해 무역의 관문으로 자리매김했다. 로마 시대에는 이 지협을 아예 운하로 관통하려는 시도가 반복되었는데, 그중 가장 극적인 장면은 네로 황제였다. 그는 AD 67년 직접 고린도 지협을 찾아 금으로 된 삽으로 첫 삽을 뜨고, 수천 명의 포로와 병사들을 동원해 굴착을 시작했으나 기술적 한계로 곧 중단되고 말았다. 네로의 실패는 이 땅이 가진 난공불락의 자연조건을 보여주었지만, 동시에 제국의 야망이 얼마나 이 짧은 지협에 응축되어 있었는지를 드러낸 사건이었다.

그러나 외적 번영의 이면에는 도덕적 방종의 이미지가 뒤따랐다. 로마의 정치가 키케로는 항구도시가 외국의 물품뿐 아니라 생활방식까지 수입하기에 고유문화를 지키기 어렵다고 지적하며, 고린도를 퇴폐의 상징으로 언급했다(『De Republica』 2.7-9). 플리니우스는 고린도 청동을 사치와 향락의 상징으로 꼽았고(『Naturalis Historia』 34.6-7), 폴리비오스는 BC 146년 루키우스 뭄미우스에 의해 고린도가 완전히 파괴된 사건을 두고 '그리스의 눈을 뽑아버린 것과 같다'라고 탄식했다(『Historiae』 39.2). 그는 고린도가 지녔던 문화적 위상을 강조했다. 특히 아크로코린토스의 아프로디테 숭배와 관련된 전승은 풍요와 다산, 항해의 안전을 기원하는 종교적 봉헌으로 이해되기도 했지만, 성적인 방탕의 이미지로 이어져 고린도를 타락한 도시로 낙인찍는 중요한 배경이 되었다. 다만 실제로 이 제도가 제도화되었는지는 여전히 논란의 여지가 있으며, 분명한 사실은 이러한 전승과 평가들이 고대 세계 속에서 고린도를 부와 화려함의 중심이자 동시에 타락의 대명사로 각인시켰다는 점이다.

고린도는 로마 제국의 중요한 노예 거래 거점 가운데 하나였다. 전쟁 포로, 채무자, 동방에서 끌려온 이들이 항구를 통해 유입되어 농업·상업·가사·노동·성매매 전반에 사용되었다. 당시 인구의 상당 부분이 노예이거나 해방 노예였을 것으로 추정되며, 이들은 단순한 노동력을 넘어 도시 경제의 핵심 기반을 이루었다. 자유민 가운데서도 상당수는 한때 노예였다가 풀려난 해방 노예였고, 이들은 여전히 사회적 제약을 지닌 채 살아갔다. 여성들 역시 제도적 권리에서 제한을 받았으나, 상업과 종교 활동에서는 눈에 띄는 역할을 하기도 했다.

이러한 불평등한 사회 구조 속에서 바울의 메시지는 단순한 수사적 장치가 아니었다. 그는 "네가 종으로 있을 때에 부르심을 받았느냐 염려하지 말라 그러나 네가 자유롭게 될 수 있거든 그것을 이용하라 주 안에서 부르심을 받은 자는 종이라도 주께 속한 자유인이요 또 그와 같이 자유인으로 있을 때에 부르심을 받은 자는 그리스도의 종이니라"(고전 7:21-22)라고 말하며, 노예와 자유인, 남성과 여성, 부자와 가난한 자를 모두 그리스도 안에서 새로운 정체성으로 부르셨다. 이 말씀은 사회 제도의 즉각적인 변혁을 선포한 것은 아니지만, 복음이 인간을 규정하는 기존 경계를 근본적으로 뒤흔든 선언이었다. 그럼에도 당시 교회 안에서도 현실의 긴장은 고스란히 드러났다. 고린도전서 11장에서 보듯, 성찬 자리조차 부자와 가난한 자가 갈라져 있었고, 부유한 자들이 먼저 먹고 마시는 동안 가난한 자들은 굶주린 채 남아 있었다. 이에 대해 바울은 성찬이 공동체의 하나 됨을 드러내는 자리임을 강조하며, 그리스도의 몸을 분별하지 못한 태도를 강력히 질책했다.

고린도의 문화적 영향력은 제국 전역에 확산되었다. 유대의 헤롯 대왕은 예루살렘 성전을 재건하면서 회랑과 기둥 일부에 고린도 양식을 도입했다고 전해진다. 이는 유대교 신앙의 중심 공간조차 그리스-로마 건축 언어로 새롭게 포장되었음을 보여준다. 그는 또한 가이사랴 마리티마(Caesarea Maritima)를 건설해 아우구스투스 황제에게 헌정했고, 이 항구도시는 고린도식 기둥을 갖춘 극장·신전·원형경기장을 포함한 유대 최초의 로마식 도시가 되었다. 사마리아의 고대 도시를 재건해 세바스테(Sebaste)라 이름 붙인 것도 같은 맥락이었다. 이곳 역시 황제 신전과 공공건물에 고린도 양식을 도입해 제국 충성의 상징으로 삼았다. 그의 후손들 또한 이 흐름을 이어갔다. 헤롯 안티파스(재위 BC 4~AD 39년)는 갈릴리에 티베리아스를 건설했고, 헤롯 아그리파 2세(재위 AD 48~92년)의 궁전 역시 고린도식 기둥과 장식으로 꾸며졌다. 나아가 로마 제국 전역의 신전·법정·원형경기장에서 고린도 양식은 가장 널리 사용되는 건축 언어로 자리 잡았다. 고린도 양식은 단순한 미적 장식이 아니라 제국의 권위와 결속을 상징하는 건축 언어였으며, 고린도는 제국 전역에 건축과 문화의 기준을 제공하는 중심지였다. 유대 땅의 성전과 신도시, 왕궁과 공공건물 속에 깊이 스며든 고린도 양식은 제국의 힘이 얼마나 일상 공간 속에 새겨졌는지를 보여준다.

바울은 바로 이 도시에서 이렇게 고백했다. "내가 너희 중에서 예수 그리스도와 그가 십자가에 못박히신 것 외에는 아무것도 알지 아니하기로 작정하였음이라 내가 너희 가운데 거할 때에 약하고 두려워하고 심히 떨었노라"(고전 2:2-3). 제국의 권력과 철학의 지혜가 교차하던 고린도 한복판에서, 바울은 인간의 수사와 힘이 아니라 하나님의 능력에 기초한 복음을 선포했다. 바로 그 고백이 고린도 교회를 세운 기초였고, 오늘날까지도 신앙의 길을 밝히는 빛이 되었다.

고린도에서 드러난 복음과 제국의 충돌

바울이 고린도에 머문 시기는 대략 AD 50~52년 사이로 추정된다. 당시 고린도에는 이미 상당한 규모의 유대인 공동체가 자리 잡고 있었다. 직접적인 증거는 많지 않지만, 알렉산드리아 출신 유대 철학자 필론(BC 20년경~AD 50년경)의 저서 『가이우스에게 보낸 사절단』(Legatio ad Gaium)은 제국 전역에 광범위하게 흩어져 있던 유대인 공동체의 조직적 성격을 보여준다. 고린도 역시 이러한 보편적 흐름 속에 있었음을 짐작할 수 있다. 실제로 바울 당시 로마제국 전역에는 약 400~600만 명, 즉 전체 인구의 7~10%에 해당하는 유대인들이 디아스포라 공동체를 이루고 있었던 것으로 추정된다. 고린도의 유대인 사회는 클라우디우스 황제(재위 AD 41~54년)의 추방령으로 로마에서 쫓겨난 이들이 정착하면서 크게 확장되었다(행 18:2). 여기에 더해, AD 70년 예루살렘 함락 이후 로마 전역으로 흩어진 유대인 포로들 가운데 일부가 고린도에 머물렀을 가능성도 배제할 수 없다. 이들은 유대인 회당을 중심으로 예배와 교육, 재판 기능을 유지하며 종교적·사회적 정체성을 이어갔다.

바울은 고린도에 도착하자마자 관례대로 회당을 찾아 복음을 전했다. 이 과정에서 중요한 전환점이 된 인물이 바로 회당장 그리스보였다. 그는 회당의 최고 책임자 곧 '아르키시나고고스'(ἀρχισυνάγωγος)로 불렸는데, 바울의 메시지를 듣고 예수를 메시아로 받아들이며 세례를 받았다(행 18:8, 고전 1:14). 이 사건은 고린도 유대인 사회 전체에 큰 파문을 일으켰고, 유대인들의 격렬한 반발로 이어졌다. 반발은 곧 재판으로 발전했다. 유대인들은 바울을 아가야 속주의 총독 갈리오(재임 AD 51~53년)에게 고발했다. 이는 단순한 신학 논쟁을 넘어, 제국의 행정 체계를 활용해 자신들의 종교적 입장을 방어하려는 시도였다. 갈리오는 로마 황제 네로의 스승 세네카의 형으로, 정치적 입지와 철학적 교양을 두루 갖춘 인물이었다. 재판은 고린도 중심 광장 아고라에 자리한 '비마'에서 열렸다. '비마'는 원래 공적 연설이나 논쟁을 위한 연단이었으나, 로마 시대에는 재판석을 뜻하게 되었고 신약성경에서도 '법정' 혹은 '심판석'으로 번역된다(마 27:19, 요 19:13, 행 25:10, 롬 14:10). 회당 안에서 율법을 낭독하는 연단도 같은 단어에서 유래한 '비마'라 불렸으며, 이는 그리스 문화의 영향이 회당 제도 안에 스며든 예라 할 수 있다.

갈리오는 바울에 대한 고발을 기각했다. 그는 바울의 문제를 유대인 내부의 종교 논쟁으로 규정하며 개입을 거부했다. 그 결과 바울은 로마 당국의 직접 제재 없이 사역을 이어갈 수 있었고, 이는 그가 제국의 도로망과 행정 체계 안에서 비교적 자유롭게 선교를 전개할 수 있는 배경이 되었다. 그러나 이 사건은 단순한 무죄 방면이 아니었다. 제국의 심장부라 할 수 있는 총독 관저 앞, 고린도의 공적 광장에서 열린 이 재판은 곧 복음과 제국 권력이 정면으로 충돌한 역사적 현장이었다.

이 재판은 예수 그리스도의 재판과 대조될 때 더욱 의미가 깊어진다. 예수께서는 총독 빌라도 앞에서 무죄가 분명했음에도 군중의 압력과 제국 권력의 이해관계 속에서 십자가형을 선고받으셨다(마 27장, 요 19장). 진리 자체이신 분이 억울하게 희생당하신 것이다. 반면 바울은 총독 갈리오 앞에서 고발당했으나, 총독의 개입 거부로 사건은 종결되었다. 예수의 재판이 제국 권력이 진리를 짓밟은 사건이었다면, 바울의 재판은 로마 법체계 속에서 복음이 일정한 여백을 확보한 사건이었다. 두 재판은 결말은 달랐으나, 모두 복음과 제국 권력이 충돌한 자리였다.

바울에게 이 재판은 자신을 변호하기 위한 자리가 아니었다. 그는 그곳에서도 복음이 세상의 언어로 증언될 수 있음을 보았다. 법정은 단순한 심판의 공간이 아니라, 하나님의 진리가 인간의 권력 앞에서 선포되는 또 하나의 강단이었다. 그래서 그는 고린도 교인들에게 "내가 너희 가운데 거할 때에 약하고 두려워하고 심히 떨었노라"(고전 2:3)라고 고백하며, 자신의 선교 자체가 십자가의 길을 따르는 행위임을 분명히 했다. 또 다른 서신에서는 "나는 이제 너희를 위하여 받는 괴로움을 기뻐하고 그리스도의 남은 고난을 그의 몸된 교회를 위하여 내 육체에 채우노라"(골 1:24)라고 말하며, 예수의 수난이 자신 안에서 계속 재현되고 있음을 증언했다. 고린도에서의 재판 역시 그러했다. 그것은 단순한 무죄 판결이 아니라, 십자가의 길이 제국의 한복판에서도 계속 이어지고 있음을 드러내는 장면이었다.

교회는 두 재판을 함께 기억했다. 예수의 십자가가 권력에 의해 짓밟힌 진리였음을, 그러나 동시에 그 죽음이 부활로 이어졌음을 기억했다. 또한 바울의 재판을 통해 복음이 제국의 심장부에서도 선포되고 확장될 수 있음을 기억했다. 이 두 사건은 초대 교회가 세상의 권력과 어떻게 마주해야 하는지를 보여주는 거울이 되었고, 교회는 여기서 권력과 타협하지 않으면서도 그 한복판에서 복음의 자리를 확보해야 한다는 역설적 사명을 확인하게 되었다.

분열을 넘어 하나됨으로, 고린도 교회의 도전

바울은 고린도에서 디아스포라 유대인 부부 브리스길라와 아굴라를 만나 천막 제작 일을 함께 하며 자급했고, 안식일마다 유대인 회당에서 예수 그리스도의 복음을 전했다(행 18:3). 고린도는 로마의 식민도시로 재건된 뒤 유대인 공동체를 비롯해 다양한 인종과 계층이 공존하는 다문화 도시로 자리 잡고 있었다.

유대인들은 회당을 중심으로 율법과 전통을 지키며 생활했고, 장인이나 상인으로 활동하며 독립적인 경제 기반을 이루었다. 회당은 단순한 예배 공간이 아니라 교육과 재판, 공동체 운영까지 담당하는 자치 중심지였다. 실제로 고린도 아고라 북서쪽에서 발견된 비문 조각에는 '히브리인의 회당'(Συναγωγὴ Ἑβραίων 수나고게 헤브라이온)이라는 글자가 새겨져 있어, 당시 이곳에 실제 회당이 존재했음을 강하게 시사한다. 회당 안에서는 율법 낭독과 해설, 시편 기도, 토론이 중심을 이루었고, 남녀와 노예, 심지어 유대교에 매료된 이방인들까지 '하나님을 경외하는 자들'로 참여할 수 있었다. 바울은 이런 예배와 교육의 장에서 복음을 전했지만, 대부분의 유대인들은 이를 거부하고 강하게 반대했다. 한편 AD 49년 클라우디우스의 유대인 추방령 이후 로마에서 옮겨 온 유대인들은 고린도 교회의 기초를 강화하는 역할을 했다. 따라서 고린도 회당은 단순한 종교 공간을 넘어 제국 사회 속에서 유대인의 정체성을 지키고 전승을 이어가는 중요한 교육기관이자 공동체 결속의 중심이었다.

바울은 회당 옆에 살던 '하나님을 경외하는 사람' 디도 유스도의 집을 새로운 복음 전파의 거점으로 삼았다(행 18:7). 여기서 교회가 형성되기 시작했는데, 이들은 단순히 회당에서 분리된 유대인이나 하나님을 경외하던 이방인들만이 아니었다. 바울이 전한 복음은 회당 바깥에서도 퍼져 나갔고 로마 시민, 그리스 상인, 장인, 여성, 노예까지 다양한 계층을 포함하게 되었다. 고린도 교회는 사회적·문화적으로 매우 다양한 배경을 가진 사람들이 함께 모인 공동체였고, 이들은 유대인 사회로부터는 이단으로, 이방 사회로부터는 낯선 집단으로 인식되었다. 그러나 바로 그 '경계 밖'에서 그들은 복음 안에서 새로운 형태의 공동체를 만들어 가기 시작했다. 유대인과 이방인, 남자와 여자, 자유인과 노예가 한자리에 모였고, 교회는 제국 도시의 질서를 넘어서는 새로운 삶의 가능성을 실험하는 공간이 되었다.

하지만 이러한 다양성은 곧 내적 긴장과 갈등으로 이어졌다. 바울이 에베소에 머물던 시기에 고린도에서 들려온 소식은 교회의 문제들을 드러냈다. 고린도전서에는 의붓어머니와의 동거, 창녀와의 성행위, 부부간의 분리, 우상 제물 논쟁, 성찬식의 불평등, 은사 경쟁, 부활에 대한 혼란 등 공동체를 위협하는 사건들이 기록되어 있다. 특히 "나는 바울에게", "나는 아볼로에게", "나는 게바에게", "나는 그리스도에게"라는 파벌 다툼은 교회를 심각하게 분열시켰다(고전 1:12). 이는 단순한 개인 취향의 문제가 아니라, 로마 제국의 위계적 사회 구조가 교회 안으로 스며든 결과였다. 부유한 그리스도인들은 성찬식에서 먼저 모여 배불리 먹고 마셨으나, 가난한 자들은 늦게 도착해 굶주린 채 남은 음식만을 나눠야 했다. 심지어 교회 안에서도 사회적 지위에 따라 은사와 역할이 서열화되었고, 그리스도인들끼리 이방 재판정에서 서로를 고소하기도 했다.

이런 상황에서 바울은 교회를 "그리스도의 몸"이라 선포했다(고전 12장). 각기 다른 은사는 모두 성령에게서 왔고, 모든 지체가 함께 어우러져야 한다는 것이다. 나아가 그는 "사랑이 없으면 내가 아무것도 아니요"(고전 13:2)라며, 모든 은사와 지혜, 봉사의 기초가 되는 것은 사랑이라는 점을 강조했다. 교회는 은사와 신분의 서열에 따라 나뉘는 공동체가 아니라, 사랑 안에서 하나로 묶이는 그리스도의 몸이었다. 또한 성찬은 단순한 식사가 아니라 '주의 몸을 분별하는'(고전 11:29) 자리였고, 그 공동 식탁은 사회적 장벽을 무너뜨리고 모두를 하나로 모으는 상징적 공간이었다.

여성과 노예 역시 교회에서 수동적인 존재가 아니었다. 여성들은 기도와 예언으로 예배에 참여했지만(고전 11:5), 동시에 머리에 쓴 것에 관한 규정과 같은 긴장도 있었다. 노예들도 자유인과 함께 성찬에 참여하며 복음 안에서 동등한 존재로 인정받았다. 물론 바울은 고린도의 체면 문화를 고려해 공동체 질서에 대한 권면을 주었지만, 그 중심에는 사랑과 상호 섬김이라는 새로운 원리가 자리했다. 바울 자신의 삶도 이 비전을 실천하는 모델이었다. 그는 고린도에서 천막을 만들며 자비량으로 사역했고, 복음을 상품처럼 팔지 않기 위해 당대 철학자들이 의존하던 후원자·클라이언트 관계를 거부했다. 그의 노동은 복음의 진정성과 교회의 독립성을 드러내는 신학적 실천이었다.

고린도 교회는 외부와의 갈등만이 아니라 내부에서도 긴장을 겪었다. 바울이 유대인들에 의해 총독 갈리오 앞에 고발되었을 때(행 18:12-17), 공동체 내부에서는 아마도 엇갈린 반응이 있었을 것이다. 일부는 로마 법정 앞에 선 바울 때문에 교회가 불법 집단으로 낙인찍힐까 두려워했겠지만, 다른 이들은 오히려 복음이 제국 권력 앞에서 공개적으로 선포될 기회로 보았을 가능성도 있다. 특히 사회적 지위를 가진 그리스도인들은 바울이 문제를 일으킬 경우 자신들의 명예와 안전이 손상될까 염려했을 것이고, 사회적 경계선에 있던 이방인 개종자들과 노예들은 바울의 담대한 증언 속에서 교회의 정체성을 더 강하게 확인했을 것이다. 갈리오는 이 사건을 종교 논쟁으로 규정하고 기각했지만, 그 경험은 교회에 중요한 깨달음을 주었다. 복음을 따른다는 것은 단순한 개인적 신앙 행위가 아니라, 제국 권력과 부딪히는 사회적 선택이었다. 고린도 교회가 경험한 분열과 갈등, 그리고 바울이 제시한 연합과 사랑의 길은 오늘날 교회에도 여전히 주어지는 도전이다. '분열을 넘어 하나됨으로' 나아가는 길, 바로 그것이 고린도 교회의 시도였고 지금도 이어져야 할 복음의 과제이다.

고린도의 갈등을 넘어, 겐그레아의 소망으로

고린도에서의 사역은 바울에게 풍성한 결실과 동시에 깊은 갈등을 안겨주었다. 교회는 유대인과 이방인, 남자와 여자, 자유인과 노예가 함께 모인 다문화 공동체였지만, 그 다양성은 곧 내적 긴장으로 이어졌다. 파벌 다툼과 성찬식의 불평등, 은사 경쟁과 부활 논쟁, 성적 문란 등은 교회를 위협했고, 바울은 "그리스도의 몸"이라는 신학적 선언을 통해 분열을 넘어 연합을 촉구해야 했다. 그러나 그 과정은 순탄하지 않았으며, 고린도는 바울에게 복음의 열매이자 동시에 가장 격렬한 갈등의 현장이었다.

이러한 긴장을 마무리하며 바울이 향한 곳은 고린도 동쪽 약 10km 거리에 있는 겐그레아 항구였다. 고린도는 두 개의 항구로 세계와 연결되어 있었다. 서쪽의 레카이온은 고린도만을 통해 아드리아해와 로마로 이어졌고, 동쪽의 겐그레아는 에게해를 통해 아테네와 마케도니아, 소아시아와 수리아로 나아가는 관문이었다. 겐그레아는 단순한 부속 항구가 아니라, 동서 지중해가 만나는 전략적 요충지이자 다양한 민족과 종교, 상업이 교차하는 국제적 공간이었다.

사도행전은 바울이 고린도를 떠날 때 겐그레아에서 머리를 깎았다고 전한다(행 18:18). 성경은 그 이유를 명시하지 않지만, 많은 학자들은 이를 나실인 서원(민수기 6장)과 관련해 해석한다. 본래 나실인의 서원은 일정 기간 자신을 하나님께 구별해 헌신하는 약속으로, 기간이 끝나면 머리털을 깎아 예루살렘 성전에서 제물과 함께 봉헌했다. 그러나 바울의 경우, 이 행위가 서원의 마무리였는지, 새로운 서원의 시작이었는지는 분명치 않다. 또한 반드시 성전에서만 할 수 있었는지 여부도 논쟁이 있다. 따라서 겐그레아에서의 머리 깎기는 지난 사역을 감사로 봉헌하거나, 새로운 헌신을 다짐하는 상징적 결단으로 이해될 수 있다. 민수기 규례에 따르면 머리 깎음은 두 가지 의미를 지닌다. 첫째는 서원 기간을 지켜주신 은혜에 대한 감사이고, 둘째는 부정에 닿아 서원이 더럽혀졌을 경우 새롭게 시작한다는 정결의 의미이다. 바울의 경우, 혼란스러운 고린도의 문화 속에서 자신을 다시 정결하게 구별하려는 의도, 마케도니아와 아가야 사역의 결실에 대한 감사, 더 넓은 선교 지경을 향한 새로운 결단이 함께 담겨 있었을 가능성이 있다.

후대 랍비 전승은 성전이 없는 상황에서의 서원 실천 가능성을 보여준다. 『미쉬나』는 성전이 없는 시대에 나실인의 서원을 다 지키지 못했을 경우 유예하거나 다시 시작할 수 있다고 말한다(Nazir 3:6). 『바빌로니아 탈무드』는 디아스포라 상황에서 지역적 관습도 율법적 지침처럼 존중되어야 한다고 전한다(Pesachim 50b). 물론 이 전승들은 바울보다 후대의 기록이지만, 성전이 없는 현실 속에서 유대인들이 율법을 유연하게 적용하며 정체성을 유지하려 했음을 보여준다. 바울의 겐그레아 사건도 이 맥락에서, 디아스포라 유대인으로서 가능한 자리에서 신앙을 실천한 예로 이해될 수 있다.

겐그레아는 또한 바울에게 경계와 전환의 장소였다. 그는 고린도의 고된 사역을 마치고, 에베소를 거쳐 안디옥로 향하는 길목에서 있었다. 겐그레아는 과거 사역을 마무리하고 새로운 사명을 준비하는 전환 지점이었다. 바울은 이곳에서 과거를 감사로 봉헌하고, 미래를 향해 새 서원을 드리며, 자신을 다시 하나님께 구별했다. 이 항구는 물리적 출항의 자리였을 뿐 아니라, 영적 결단의 출발점이기도 했다.

사도행전은 머리 깎기와 갈리오 재판(행 18:12-18)을 직접 연결하지 않는다. 그러나 두 사건은 같은 맥락에서 읽힐 수 있다. 바울은 로마 총독 갈리오 앞에서 고발당했으나, 총독은 이를 유대인 내부의 종교 문제로 규정하며 개입을 거부했다. 이로 인해 초기 기독교는 일정 부분 유대교의 법적 지위 안에서 보호를 받았고, 바울은 선교의 새로운 기반을 마련할 수 있었다. 바로 이런 배경 속에서 겐그레아에서의 머리 깎기는 과거 사역에 대한 감사와 앞으로의 사명에 대한 결단을 상징했을 가능성이 있다. 더욱이 겐그레아에는 이미 교회가 있었다. 로마서 16:1에서 바울은 "겐그레아 교회의 일꾼" 뵈뵈를 언급한다. 이는 겐그레아가 단순한 출항지가 아니라 초대 교회의 중요한 터전이었음을 보여준다. 따라서 바울의 결단은 개인적 신앙 행위일 뿐 아니라, 공동체 안에서 드러난 신앙적 갱신이기도 했다.

겐그레아는 바울에게 고린도의 갈등을 넘어서는 소망의 자리였다. 그는 이곳에서 지난 사역의 상처를 하나님께 봉헌하며 새로운 부르심을 향해 자신을 다시 세웠다. 성전이 없는 디아스포라 현실 속에서도 하나님께 헌신할 수 있음을 보여준 그의 행위는 신앙이 제의의 한계를 넘어 삶 전체로 확장될 수 있음을 드러냈다. 그곳에서 바울은 과거와 미래의 경계에 서 있었다. 지나온 길의 무게와 다가올 부르심이 그를 감싸고 있었지만, 그는 멈추지 않았다. 복음의 길은 언제나 과거를 봉헌하고 미래를 향해 나아가는 순례의 길이었다.

겐그레아의 바다 앞에서 바울이 본 것은 새로운 출발의 수평선이었다. 그 바다는 지금도 우리를 부른다. 신앙은 머무름이 아니라 다시 일어나는 힘이며, 복음은 새 출발을 요구한다. 세상의 혼란과 분열 속에서도 하나님은 여전히 우리를 부르신다. 겐그레아에서 열린 소망의 길, 그 길을 바울이 걸었듯 우리도 걸어야 한다. 복음은 지금도 우리를 세상 속으로 부르며, 교회는 그 부르심 속에서 다시 길 위의 공동체로 살아난다.

역사와 지리로 만나는
바울이야기

12

로마

팍스 로마나와 하나님 나라

AD ROMANOS
SERVVS JESV

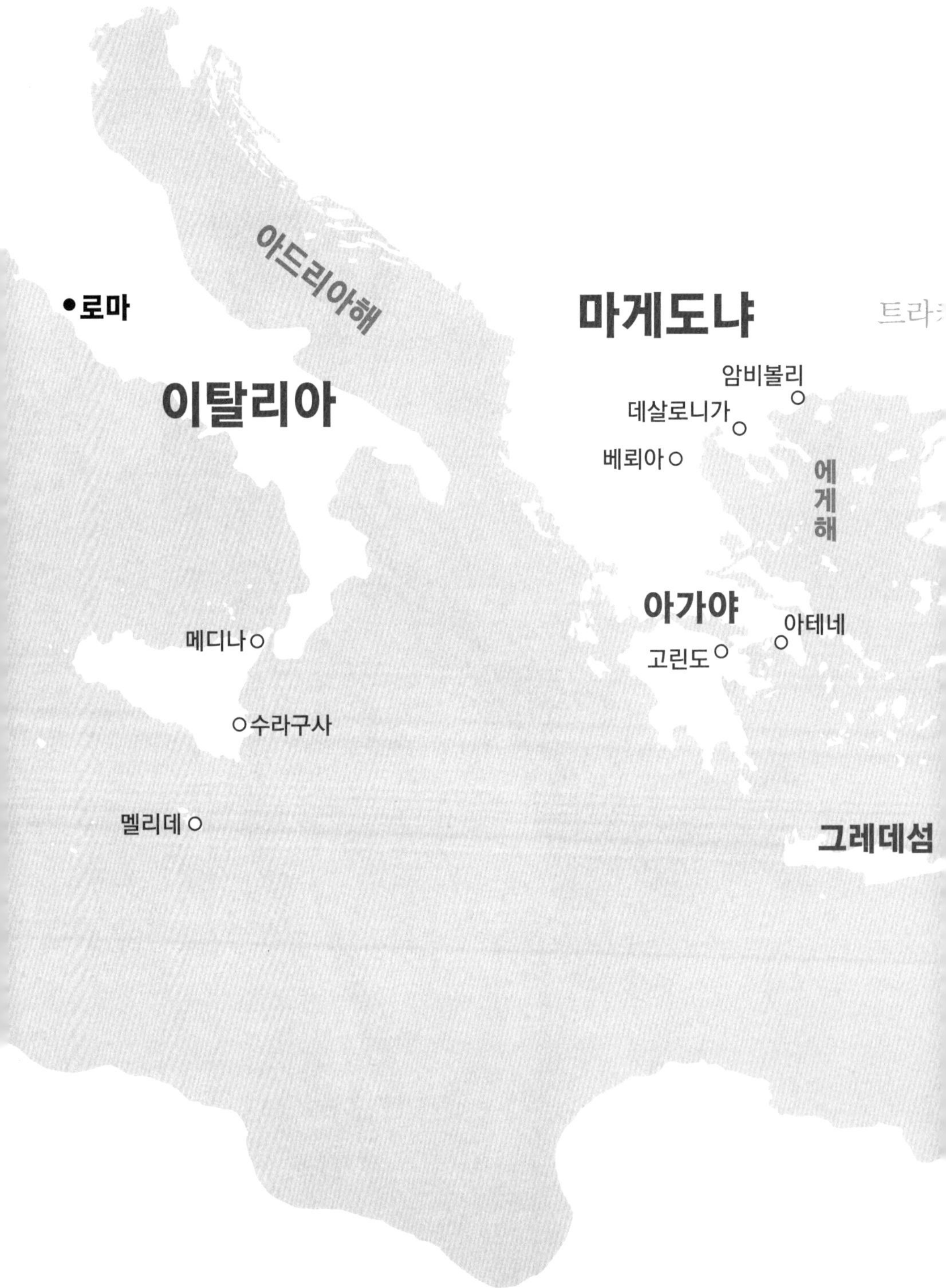

아드리아해
로마
이탈리아
마게도냐
트라키
암비볼리
데살로니가
베뢰아
에게해
아가야
아테네
고린도
메디나
수라구사
멜리데
그레데섬

로마
팍스 로마나와 하나님 나라

바울은 로마(Rome)의 한 작은 집에 머물며 날마다 하나님 나라를 가르쳤다(행 28:23, 30-31). 쇠사슬은 그의 손목을 묶었지만, 복음의 길을 막을 수는 없었다. 제국의 심장부, 황제 숭배와 법의 권위가 지배하던 그 한가운데서 바울은 결박 속에서도 담대히 복음을 증언했다. 로마의 감금은 그에게 갇힘이 아니라, 복음이 제국의 중심으로 스며드는 새로운 시작이었다.

고대 로마는 지중해 세계의 수많은 도시들 가운데서도 독특한 성격을 지니고 있었다. 기원은 오래되었지만 아테네처럼 신화적 상상력에 기대지 않았고, 알렉산드리아처럼 신비로운 종교에 물들지도 않았다. 로마를 구별짓는 힘은 인간의 이성과 정치, 그리고 질서 정연한 법에 있었다. 그렇다고 종교가 부재했던 것은 아니다. 로마는 황제를 신격화하는 황제 숭배를 통치의 중요한 장치로 삼았고, 그것은 단순한 신앙이 아니라 제국의 정치 이념과 제의가 결합된 체제였다. 시민의 충성을 묶어내고 황제의 권위를 공고히 하는 장치였던 것이다. 그래서 로마는 '무엇이 신성한가'보다 '무엇이 정당한가'를 묻는 도시였다. 곧 '종교의 도시'라기보다는 '정치와 행정의 도시'이자 '법의 도시'였다.

바울이 로마에 도착한 것은 AD 60년경이었다. 예루살렘에서 체포된 그는 가이사랴 감옥에서 2년간 구금된 뒤, 로마 시민권자의 권리로 황제에게 상소하였다. 이로 인해 군사 호송을 받아 지중해를 건너 로마에 이르게 된다. 그러나 그를 기다린 것은 차가운 감옥이 아니라, 로마 시내의 한 작은 집이었다(행 28:23). 물론 그는 감시병과 함께 지내야 했으나(행 28:16), 이는 당시 로마 당국이 시행하던 '가택연금'의 한 형태였다. 완전한 자유는 아니었지만, 그는 방문자를 맞이할 수 있었고, 복음을 전할 수 있었으며, 편지를 쓸 수 있었다. 일부 학자들은 그가 머물렀던 곳이 카피톨리노 언덕 인근이었을 가능성을 제기한다. 지금도 그 지역을 거닐다 보면 로마 행정과 사법의 중심지였던 포룸 로마눔(Forum Romanum)이 내려다보이고, 그 언덕과 거리는 바울이 지냈던 공간을 실감케 한다.

제국의 심장에서 바울은 재판을 기다리며 나날을 보냈다. 예루살렘에서 그를 고소했던 유대인들이 로마까지 와서 재판에 참여했는지는 확실치 않다. 그러나 바울은 그 속에서도 복음을 멈추지 않았다. 그의 관심은 자기변호가 아니었다. 그는 로마에 있는 유대인 지도자들을 불러 율법과 예언서를 근거로 예수 그리스도가 하나님의 약속된 메시아임을 전했다. 그의 집은 방문자들로 붐볐고, 바울은 날마다 하나님 나라를 가르쳤다(행 28:23-31). 제국의 심장부 한복판에서, 그는 자신의 결박을 복음 전파의 기회로 삼았다. 이 시기 바울 곁에는 마가, 아리스다고, 오네시모, 에바브라 같은 동역자들이 함께 있었다(골 4장). 그들과 더불어 그는 교회에 편지를 보냈고, 소식을 나누었으며, 여전히 사도의 소명을 감당했다. 전승에 따르면 이 시기에 바울은 에베소서, 빌립보서, 골로새서, 빌레몬서를 기록했다. 다만 이른바 '옥중서신'이 로마에서 쓰였는지, 혹은 에베소나 가이사랴에서 쓰였는지를 두고 학계의 논쟁은 여전히 남아 있다. 그러나 분명한 것은, 이 편지들 속에 복음의 깊은 진리와 풍성한 신학이 응축되어 있다는 점이다. "우리가 살아도 주를 위하여 살고 죽어도 주를 위하여 죽나니 그러므로 사나 죽으나 우리가 주의 것이로다"(롬 14:8). 로마에 머물던 바울의 태도는 이 말씀 그대로였다. 그는 황제 앞에 서는 피고인이었으나, 동시에 하나님의 복음을 전하는 사도였고, 하나님 나라의 시민이었다.

사도행전은 그의 재판 결과를 전하지 않는다. 그러나 이후의 행적에 대해서는 여러 전승이 전해진다. 디도서 1:5은 바울이 디도를 크레타(그레데)에 남겨 둔 이유를 언급하며, 디도서 3:12는 그가 니고볼리에서 겨울을 보내려 했음을 전한다. 이를 근거로 일부 학자들은 바울이 첫 번째 로마 구금에서 풀려난 뒤 마케도니아를 방문하는 길에 크레타에 들러 디도를 남기고 다시 니고볼리로 이동했을 가능성을 제시한다. 또 다른 전승은 바울이 데살로니가를 방문했다고 말한다. 한편 로마의 클레멘스와 이레네우스 같은 초기 교부들은 바울이 서쪽 끝 곧 서바나까지 복음을 전했다고 전한다. 그러나 이 전승은 구체적인 경로나 시기를 제시하지 않아, 동방 지역 사역에 관한 기록에 비해 문헌적 근거가 약하다. 어쨌든 바울은 결국 두 번째로 로마에 압송되었고, 네로의 박해 속에서 순교한 것으로 전해진다. 로마는 그의 여정의 종착지였으나, 바울에게 그것은 끝이 아니었다. 제국의 심장에서 뿌려진 복음의 씨앗은 세기를 넘어 제국 전체를 흔드는 변화의 시작이 되었다.

오늘날 로마의 석조 도로, 원형경기장, 황제를 기리는 개선문은 여전히 장엄하게 남아 있다. 그러나 그 모든 유산보다 깊은 흔적은, 감시병과 함께 머물던 작은 집에서 바울이 남긴 발자취였다. 그는 그곳에서 담대히 복음을 전하며 결코 중단하지 않았다. 그 울림은 로마의 심장을 넘어, 마침내 세상을 향해 뻗어 나갔다.

신화와 역사 위에 세워진 제국, 로마의 등장

바울이 마지막 여정을 밟게 된 로마는 단지 한 도시가 아니었다. 로마는 세계사에서 유례를 찾기 어려울 만큼 장구하고 정교한 제국의 상징이었으며, 인류 문명에 깊은 흔적을 남겼다. 로마라는 이름은 단순한 지명이 아니라 질서와 권위, 문명과 확장의 정점이었다. 바다를 사이에 두고 흩어져 있던 도시와 민족을 하나의 도로망과 하나의 법 아래 묶어낸 로마는 곧 새로운 질서를 상징했다. 그러나 그 기초에는 군사력이나 행정 능력만이 아니라, 자신을 신이 선택한 도시라 믿은 신화적 상상력과 치밀한 정치적 설계가 놓여 있었다.

로마의 뿌리는 두 겹의 시간 위에 서 있었다. 하나는 신화의 시간이고, 다른 하나는 역사의 시간이다. 신화의 시간은 먼 동방, 트로이(Τροία)의 폐허에서 시작된다. 트로이 전쟁에서 살아남은 아이네아스(Αἰνείας)는 아버지 안키세스(Ἀγχίσης)와 아들 아스카니우스(Ἀσκάνιος)를 데리고 불타는 도시를 떠나 지중해를 유랑한 끝에 라티움에 도착했다. 그는 원주민 라비니아(Lavinia)와 결혼하여 새로운 민족의 조상이 되었고, 그의 아들 아스카니우스는 알바롱가(Alba Longa)를 세웠다고 전해진다. 그 후손 가운데서 로물루스(Romulus)와 레무스(Remus)가 태어나 BC 753년경 테베레 강가 팔라티노 언덕에 로마를 세웠다는 것이 로마의 전승이다.

이 이야기는 전설로 머물지 않았다. 로마인들은 자신들의 도시를 토착 공동체의 산물로 여기지 않았다. 그들은 트로이 영웅의 혈통 속에 자신들의 기원을 두었고, 곧 신의 뜻 안에 있다고 믿었다. 이러한 신화는 공화정 시대 내내 로마의 정체성을 지탱했으며, 아우구스투스 옥타비아누스(BC 63~AD 14년)는 이를 제국의 이데올로기로 새롭게 재편했다. 그는 혈통을 아이네아스로 소급하며 자신의 통치가 신이 예정한 역사적 귀결임을 선포했다. 이때 국민시인 베르길리우스(BC 70~19년)가 집필한 서사시 『아이네이스』(Aeneis)는 트로이의 멸망이 곧 로마의 시작임을 선언하며 제국과 황제의 권위를 정당화하는 신화적 기초가 되었다.

그러나 로마는 신화만으로 세워진 도시는 아니었다. 역사 속의 로마는 BC 8세기 중엽 테베레강 유역의 작은 라틴족 촌락에서 시작되었다. 농경과 목축에 기초한 부족 공동체였던 로마는 사비니족과의 동맹, 에트루리아인과의 결합을 통해 새로운 피와 문화를 받아들였고, 왕정이 무너진 뒤에는 공화정 체제로 전환되었다. 공화정의 성립은 단순한 권력 교체가 아니었다. 귀족과 평민의 갈등 속에서 BC 5세기에는 '12표법'이 제정되었고, 이는 사회를 관습이 아니라 성문화된 법 위에 세운다는 점에서 획기적이었다. 집정관과 원로원, 민회와 호민관은 서로 권력을 견제했고, 평민들은 끊임없는 신분 투쟁을 통해 정치적 권리를 넓혀갔다. BC 287년 호르텐시우스 법에 이르러 평민회의 결의가 법적 효력을 갖게 되었고, 귀족과 평민의 정치적 평등은 제도적으로 보장되었다. 군사 제도 역시 변화했다. 처음에는 토지 소유 시민이 자비로 무장을 했으나, BC 4세기 이후에는 중장보병 중심의 군단제(legio)가 정착했다. 로마 군단(legio)은 약 5,000명 규모로 구성되었으며, 그 내부에는 약 120명으로 이루어진 소부대 단위 '마니풀루스'(manipulus)가 편성되어 있었다. 이 체계 덕분에 군단은 지형과 전황에 따라 신속히 대열을 조정할 수 있었고, 그리스의 팔랑크스 전열보다 훨씬 유연한 전투 운용이 가능했다. 로마는 또한 이탈리아 도시들과 동맹을 맺어 병력을 보충했으며, 이 동맹 도시 체제는 로마를 이탈리아 전역의 군사적 중심으로 세웠다.

로마가 지중해의 패권을 쥔 결정적 계기는 카르타고와의 세 차례 전쟁 곧 포에니 전쟁이었다. 제1차 전쟁(BC 264~241년)에서 로마는 해군을 새로 건설해 카르타고의 지중해 지배를 무너뜨리고, 시칠리아를 최초의 속주로 삼았다. 제2차 전쟁(BC 218~201년)에서는 카르타고 장군 한니발(BC 247~183년)이 알프스를 넘어 이탈리아를 침공해 칸나에 전투에서 대승을 거두었으나, 로마는 동맹 체제를 지켜내며 장기전에 성공했고, 결국 스키피오 아프리카누스(BC 236~183년)가 BC 202년 자마 전투에서 승리하며 이베리아반도와 카르타고의 해외 영토를 확보했다. 제3차 전쟁(BC 149~146년)에서는 로마가 카르타고 자체를 완전히 파괴하고 그 땅을 아프리카 속주로 편입했으며, 같은 해 동지중해의 고린도까지 정복해 마침내 지중해 전역을 하나의 질서 아래 두었다. 포에니 전쟁 이후 지중해의 질서는 근본적으로 달라졌다. 로마는 속주를 확대하여 이탈리아 외의 영토를 직접 지배했고, 곡물과 노예, 광물이 로마로 쏟아져 들어왔다. 도시 경제와 사회 구조는 급격히 변했고, 로마인들은 지중해를 '우리의 바다'(Mare Nostrum)라 부르며 자신들의 패권을 자부했다. 군사력과 행정력, 법과 도로망이 결합된 새로운 질서가 형성된 것이다.

끊임없는 정복은 내부의 위기를 불러왔다. 부와 노예가 넘쳐나면서 사회적 불평등이 심화되었고, 귀족과 평민, 원로원과 장군들 사이의 갈등은 점점 더 격렬해졌다. 그라쿠스 형제(티베리우스, BC 163~133년/가이우스, BC 154~121년)의 개혁, 술라(BC 138~78년)와 마리우스(BC 157~86년)의 내전, 스파르타쿠스의 반란(BC 73~71년), 그리고 율리우스 카이사르(BC 100~44년)의 등장과 암살은 공화정 말기의 혼란을 보여준다. 혼란 속에서 옥타비아누스(BC 63~AD 14년)가 부상했다. 그는 카이사르의 양자이자 후계자로서 마르쿠스 안토니우스(BC 83~30년)를 꺾고 내전에서 승리했으며, BC 27년 원로원으로부터 '아우구스투스'라는 칭호를 받으며 사실상 초대 황제가 되었다. 공화정의 형식을 유지한 채, 실제로는 황제의 절대 권력이 자리 잡으면서 로마 제국이 시작되었다.

아우구스투스는 내전을 끝내고 질서와 평화를 회복했으며, '팍스 로마나'라 불리는 황금기를 열었다. 그는 행정 체제를 정비하고 도로망과 군사 제도를 체계화했으며, 종교와 도덕의 회복을 내세워 사회 개혁을 추진했다. 이로써 로마는 정치적으로 제정 체제를 확립하고, 군사적으로 국경을 안정시키며, 문화적으로는 헬레니즘과 로마 전통이 융합된 새로운 문명을 꽃피웠다.

바울이 도착한 AD 60년경의 로마는 이렇게 신화와 역사, 정복과 제도의 결실이 하나로 모인 제국의 수도였다. 도시 외곽에는 대리석 신전과 공중목욕탕, 황제를 기리는 개선문이 있었고, 네로(AD 37~68년) 시대의 궁전과 원형극장이 도시를 장식했다. 중심에는 여전히 포룸 로마눔이 로마인의 삶을 지휘했고, 황제를 '주님'(κύριος)으로 높이는 관습이 점점 확산되며 제국의 이념을 드러내고 있었다. 그러나 바울이 그 한가운데서 선포한 메시지는 전혀 다른 세계였다. 그것은 인간의 통치가 아닌 하나님의 나라, 정복과 법이 아닌 은혜와 진리의 통치, '로물루스의 도시'가 아닌 '하늘의 도성'에 관한 선포였다. 그는 "예수는 주님이시다"라고 고백했으며, 이는 단순한 신앙 고백이 아니라 제국의 이념과 정면으로 맞서는 복음이었다.

로마는 처음에는 그 이야기를 무시했으나 곧 경계했고, 마침내 두려워했다. 그러나 바울의 복음은 로마가 닦아놓은 도로를 따라, 도시망을 따라, 제국이 구축한 언어와 법과 제도를 타고 세상 끝까지 퍼져 나갔다. 아이네아스가 세운 신화적 로마가 제국의 운명을 품고 있었다면, 바울이 선포한 복음은 인류의 새로운 기원을 품고 있었다. 하나는 피로 세워진 나라였고, 다른 하나는 십자가로 세워진 나라였다. 바로 거기서 바울의 길은 로마의 길과 교차한다.

팍스 로마나, 제국이 설계한 이데올로기

바울이 마지막 여정을 향해 들어선 로마는 수 세기에 걸쳐 다듬어진 문명의 정점이자, 인류 역사상 최초로 광대한 지역을 하나의 질서로 묶어낸 초국가적 구조였다. 로마는 자신을 세상의 중심으로 여겼고, 황제는 그 세계를 평화로 다스리는 존재로 신격화되었다. 그러나 바로 그 한복판에서 바울은 정반대의 선언, 즉 "예수는 주님이시다"를 외쳤다. 이 고백은 제국의 정치 질서를 지탱하던 황제 숭배 언어 곧 황제를 '주님'(κύριος)이라 부르는 관습과 정면으로 충돌하는 선포였다.

팍스 로마나는 본래부터 존재한 안정된 질서가 아니었다. 그것은 오히려 피와 내전이 만든 산물이었다. 공화정 말기에 로마는 격렬한 권력 투쟁과 지중해 패권 전쟁, 그리고 속주 질서 회복의 과정을 거쳐야 했다. 그 혼란의 서막은 BC 1세기 초, 폼페이우스(BC 106~48년)와 율리우스 카이사르(BC 100~44년)의 부상으로 열렸다. 두 사람은 크라수스(BC 115~53년)와 함께 제1차 삼두정치(BC 60년)를 구성했으나, 크라수스가 파르티아 원정에서 전사하자 균형은 깨졌다. 곧 카이사르와 폼페이우스 사이에 내전이 벌어졌고, 카이사르는 루비콘강을 건너며 공화정을 무력화시켰다. 폼페이는 이집트로 도주했으나 BC 48년에 암살당했고, 카이사르는 독재자가 되었지만 BC 44년 3월 15일에 브루투스(BC 85~42년)와 카시우스(BC 85~42년) 등의 칼끝에 쓰러졌다. 그러나 공화정을 되살리려 했던 그들의 시도는 오래가지 못했다. 카이사르의 후계자 옥타비아누스(BC 63~AD 14년)와 안토니우스(BC 83~30년)는 연합하여 브루투스와 카시우스를 마케도니아 빌립보 전투에서 꺾었고(BC 42년), 공화정의 불씨는 완전히 꺼졌다. 남은 것은 두 권력자의 경쟁뿐이었는데, 이 경쟁은 악티움 해전(BC 31년)에서 옥타비아누스의 승리로 마무리되었고, BC 27년 그는 원로원으로부터 '아우구스투스'라는 칭호를 받으며 사실상 초대 황제가 되었다.

아우구스투스가 세운 평화(Pax)는 단순히 내전을 끝내는 데서 그치지 않았다. 그는 공화정의 형식을 유지하면서도 실질적으로 모든 권력을 집중시켰다. 스스로 '프린켑스'(Princeps, 로마 제일의 시민)라 불러 전통적 제도의 틀을 존중하는 듯 보였지만, 군사와 외교, 속주와 행정을 모두 장악했다. 그는 제국의 안정을 황제가 보장한다는 인식을 퍼뜨리며, 평화를 황제가 제공하는 질서로 제시했다. 로마 시민은 더 이상 공동체의 자유에 기대지 않고, 황제의 권위와 능력에 평화를 의탁했다. 이로써 평화는 단순한 사회 상태가 아니라 황제가 제국에 내려주는 선물로 이해되었다.

군사적으로 그는 군단을 황제에게 충성하도록 만들고, 제대 군인들을 속주의 식민지에 정착시켜 국경을 방어하며 로마 질서를 퍼뜨렸다. 상설 군단은 라인강과 다뉴브강, 수리아와 이집트 같은 요충지에 배치되어 제국의 평화를 보장했다. 경제적으로는 세제를 정비하고, 속주에서 거둔 조세를 군사 재정과 국고로 나누어 관리했다. 곡창 이집트를 직할지로 삼아 로마 시민에게 곡물을 안정적으로 공급했는데, 이는 도시 빈민을 달래고 사회적 불안을 완화하는 중요한 장치였다. 사회적으로는 결혼법과 도덕법을 제정해 전통적 가치를 강조했지만 실제 효과는 제한적이었다. 그럼에도 그는 로마의 정체성을 회복하려는 의지를 보여주었다. 대규모 건축 사업은 도시의 외형을 바꾸었다. '나는 로마를 벽돌의 도시로 물려받아 대리석의 도시로 남겼다'라는 그의 말처럼, 신전과 개선문, 포룸과 극장이 세워지며 제국의 위엄이 시민들의 눈앞에 드러났다.

종교적으로는 대제사장(Pontifex Maximus)의 직위를 차지하고 전통 신들의 제의를 부흥시켰으며, 동시에 황제의 가문은 신격화되었다. 속주와 도시마다 황제 숭배 제단이 세워졌고, 황제는 단순한 정치 지도자가 아니라 제국의 평화를 보장하는 구원자(Salvator)로 숭배되었다. 바울 시대에는 황제를 '주님'(κύριος)으로 높이는 언어가 이미 제국 전역에 퍼져 있었지만, '도미누스'(Dominus)라는 칭호가 공식화된 것은 후대의 일이다. 따라서 바울이 맞닥뜨린 황제 숭배는 점차 제도화되어 가는 과정의 한가운데 있었다고 볼 수 있다.

이렇듯 아우구스투스가 만든 평화는 군사와 정치, 경제와 사회, 종교를 아우르는 새로운 질서였으며, 팍스 로마나는 단순히 전쟁의 부재가 아니라 제국이 설계한 거대한 이데올로기였다. 이 평화는 내전의 종식만으로 얻어진 것이 아니었다. 이미 BC 2세기부터 로마는 헬레니즘 세계와 패권을 다투고 있었다. 셀레우코스 왕국의 안티오코스 3세(재위 BC 241~187년)는 광대한 동방을 장악하고 그리스 본토로 세력을 넓혔으나, 로마는 테르모필레 전투(BC 191년)와 마그네시아 전투(BC 190년)에서 승리했고, 이어 아파메아 조약(BC 188년)을 통해 안티오코스 3세를 소아시아 밖으로 몰아냈다. 이로써 로마는 동방 패권을 굳혔고, 헬레니즘 세계를 제국 질서 안에 끌어들이는 데 성공했다. 이러한 군사적 승리는 단지 영토 확장에 머물지 않았다. 로마는 그리스 도시들과 동맹 체제를 유지하며 자신을 질서의 수호자로 내세웠고, 헬레니즘 세계는 점차 로마의 지배를 받아들이게 되었다. 속주 아시아와 수리아는 제국의 부를 불러들이는 보고가 되었고, 이집트는 로마의 곡창으로 기능했다. 지중해 전역의 곡물과 세금, 노예와 광물이 로마로 집결하면서 제국의 경제적 토대는 이전과 비교할 수 없을 만큼 풍요로워졌다.

팍스 로마나는 사회와 문화 전반에도 깊이 스며들었다. 도로망은 군단의 이동로였지만 동시에 상업과 복음이 전해질 길이 되었고, 화폐 체계는 경제적 교류와 더불어 정치적 선전의 수단이 되었다. 황제의 초상이 새겨진 동전은 속주 곳곳에서 황제의 존재를 각인시켰다. 공중목욕탕과 극장은 시민의 일상을 채우며 로마 질서가 개인의 삶까지 파고들었고, 라틴어와 그리스어는 제국 전역에서 공용어로 쓰이며 언어의 통합을 통한 지배를 실현했다. 무엇보다 이 평화는 황제의 통치와 직결된 이데올로기였다. 황제는 주님이자 구원자로 불렸고, 신전과 제단은 그의 통치가 신의 뜻임을 선포했다. 팍스 로마나는 제국의 길과 신전, 법정과 군단, 그리고 시민들의 일상에 이르기까지 스며든 거대한 체계였다.

바울이 로마에 도착했을 때, 그는 바로 이 팍스 로마나의 심장부와 마주했다. 포룸 로마눔은 여전히 행정과 정치의 중심이었고, 개선문과 신전은 제국의 승리를 기념하며 황제를 찬미했다. 네로(AD 37~68년)의 치세 아래 로마는 화려한 건축과 사치로 치장되어 있었지만, 당시 바울이 머물던 시기에는 아직 대화재와 그 이후의 황금 궁전 건설 이전이었다. 황제를 주님이라 부르는 제국의 언어가 지배하는 가운데 바울은 "예수는 주님이시다"라고 고백했다. 이 고백은 단순한 개인의 신앙이 아니라, 제국의 언어와 질서를 넘어서는 급진적 선언이었다. 그는 로마가 닦아놓은 도로와 세운 도시,

그리고 법과 제도를 따라 복음을 전했지만, 제국이 자랑하는 평화 속에서 전혀 다른 왕국, 곧 하나님 나라를 선포했다. 로마의 평화(Pax)가 전쟁과 권력으로 만들어진 질서였다면, 바울이 선포한 평화(Shalom)는 십자가와 부활로 세워진 새로운 질서였다. 바울이 마주한 로마의 현실은 제국의 절정이자, 동시에 복음이 도전해야 할 세속 권력의 심장이었다.

로마의 유대인 공동체, 디아스포라의 중심에 선 사람들

사도 바울이 마지막 여정으로 도착한 로마에는 이미 수 세기에 걸쳐 뿌리내린 유대인 공동체가 있었다. 그들은 단순한 이주민이 아니었다. 제국의 심장부 한가운데에서 율법과 조상의 전통을 붙들고 살아가는 사람들, 디아스포라 유대인의 대표적 전형을 보여주는 존재들이었다. 한편으로는 제국 사회의 하층민을 이루었지만, 다른 한편으로는 종교적·문화적 정체성을 지켜내며 로마 질서 속에서 자신들만의 경계를 유지했다. 무엇보다 이 공동체는 단순히 로마 한 도시의 집단이 아니라, 지중해 세계 전체에 흩어진 디아스포라 유대인 사회와 긴밀히 연결된 중심지였다.

이 공동체의 기원은 대체로 BC 2세기 중반으로 거슬러 올라간다. 마카비 항쟁의 군사적 절정은 BC 164년 성전 탈환과 정결을 기념하는 절기 곧 수전절(요 10:22)과 함께 지나갔으나, 셀레우코스 왕국과의 갈등은 계속되었다. BC 161년, 유다 마카비의 뒤를 이은 요나단 마카비는 셀레우코스 왕국의 압박을 돌파하기 위해 로마에 사절단을 보냈다. 마카비상 8:17-32은 이 사절단이 로마 원로원과 우호 조약을 맺었다고 전하며, 요세푸스 역시 『유대 고대사』 12권 10장 6절에서 같은 사실을 기록한다. 이는 유대의 지도자들이 이미 부상하는 로마의 힘을 의식하고, 국제적 정당성과 정치적 후원을 얻고자 했음을 보여준다. 이는 단순한 외교 행위가 아니라, 안티오코스 4세 에피파네스(재위 BC 175~164년)가 일으킨 종교 박해와 그 여파 속에서 유대인들이 새로운 돌파구를 찾으려 한 시도였다. 당시 로마는 이미 마케도니아와 셀레우코스를 차례로 굴복시키며 동지중해 패권을 장악하고 있었고, 요나단 아페스는 유다 마카비의 동생으로, 마카비 항쟁 이후 유대 자치를 이끈 하스모니아 왕국의 초기 지도자였다. 그는 로마와 외교 관계를 맺어 유대인의 자치를 인정받았고, 요세푸스는 이 사건을 로마에서 유대인의 존재를 확인할 수 있는 가장 이른 문헌 증거로 기록한다(『유대 고대사』 12.10.6).

같은 시기, 유대인은 스파르타에도 사절단을 보냈다. 마카비상 12:5-23은 유대와 스파르타 왕 아레우스 1세(재위 BC 309~265년) 사이에 오간 외교 서한을 전하면서, 두 민족이 '같은 조상을 둔 형제'라는 전승을 담고 있다고 전한다. 그러나 실제로는 아레우스 1세의 재위 시기와 마카비상의 기록 시점 사이에는 약 한 세기의 간격이 있어, 역사적 사실이라기보다는 외교적 정당성을 강조하기 위해 전승된 문서로 이해하는 것이 타당하다. 이 전승은 유대인들이 그리스 세계 속에서 자신들의 정체성을 설명하고, 정치적 동맹을 모색하려는 시도의 한 단면을 보여준다. 요세푸스도 이 서신을 인용하며, 유대 지도자들이 스파르타와의 동질성을 근거로 외교적 동맹을 시도했음을 기록한다(『유대 고대사』 13.5.8).

여기서 중요한 점은 유대인들이 로마와 스파르타라는 두 강국과 동시에 연결을 모색했다는 사실이다. 이는 유대인들이 그리스-로마 세계의 한가운데서 고립되지 않고 국제 정치의 장에 참여하려 했음을 보여준다. 이후 상인, 외교관, 노예, 전쟁 포로 등 다양한 경로를 통해 유대인의 유입이 이어졌다. 특히 BC 63년, 로마 장군 폼페이우스가 예루살렘을 점령하면서 유대는 로마에 예속된 왕국으로 바뀌었고, 이 사건은 유대 사회가 로마의 질서 속에 편입되는 과정을 더욱 가속화 했다. 전쟁 포로로 끌려온 유대인들 가운데 일부는 해방 노예가 되어 시민권을 얻었고, 테베레강 서쪽 트란스테베레에 정착지를 형성했다. 이곳은 상인, 장인, 자유 노동자가 모여 살기 좋은 환경이었고, 비문과 묘지, 전승을 통해 당시 공동체의 흔적을 확인할 수 있다.

일부 학자들은 이보다 앞선 헬레니즘 시대, 즉 BC 3세기에도 유대인 상인이나 이주민이 이미 로마나 이탈리아 남부 해안에 도착했을 가능성을 제기한다. 알렉산더 대왕의 정복 이후 동지중해 전역으로 확산된 디아스포라 유대인은 교역과 용병 활동을 통해 서방으로 퍼져 나갔다. 그러나 이 시기의 증거는 불확실하며, 현재 확인 가능한 가장 이른 문헌은 마카비 시대 사절단 기록이다. 어쨌든 BC 1세기 초 로마의 유대인은 보수적으로 2만 명, 많게는 4~5만 명에 이르렀을 것으로 추정된다. 이는 당시 로마 인구의 약 5% 전후에 해당하며, 예루살렘을 제외하면 지중해 세계 최대 규모의 유대인 공동체 중 하나였다. 로마 공동체는 따라서 단순한 분산된 집단이 아니라, 디아스포라 전체를 연결하는 구심점이었다.

요세푸스는 로마 유대인들이 율법에 따라 회당을 중심으로 살아갔음을 전한다(『유대 고대사』 14.10.8). 로마는 일정한 종교적 자율권을 인정했고, 유대인들이 성전세를 예루살렘에 송금하는 것도 허용했다. 알렉산드리아의 필로(BC 20~AD 50년)는 『인 플라

쿰』과 『대사대사절단』에서 주로 알렉산드리아 유대인의 상황을 다루었지만, 황제와 유대인 공동체 사이 갈등을 보여주며 로마 유대인의 처지를 간접적으로 이해할 단서를 남겨준다. 그는 칼리굴라 치하 유대인 박해 당시 황제에게 탄원하기 위해 로마에 파견되었고, 이를 통해 로마 유대인들이 예루살렘 성전과 긴밀히 연결되어 있음을 간접적으로 증언했다. 그러나 로마 엘리트 사회는 유대인을 곱게 보지 않았다.

플루타르코스(AD 46~125년경)는 『미신에 대하여』에서 직접 유대인을 언급하지는 않았다. 그러나 그는 외래 종교가 로마의 전통적 관습과 조화를 이루지 못한다고 보았고, 신을 두려움에 사로잡혀 따르는 미신(superstitio)은 오히려 시민적 덕성과 상충한다고 비판했다. 로마인들에게 superstitio란 단순한 속설이 아니라, 정상적 종교(pietas)에 대비되는 과도하고 맹목적인 신앙을 뜻했다. 이러한 시각은 로마 사회에서 유대교가 '미신적이고 배타적인 종교'로 인식되던 분위기를 간접적으로 보여준다. 타키투스(AD 56~120년경)는 유대인을 '이방인과 어울리지 않고, 풍습이 외부인에게 혐오감을 준다'라고 기록하며(『Historiae』 5.5), 그들이 율법을 절대화해 로마 질서에 적응하지 않는다고 비판했다. 이러한 부정적 시선은 칼리굴라(재위 AD 37~41년)가 예루살렘 성전에 자신의 동상을 세우려 했던 사건에서 극명히 드러났다. 이는 유대교 신앙의 핵심을 모욕하는 것이었고, 대규모 항의를 불러일으켰다. 이 사건은 유대인을 제국 질서에 불순응하는 집단으로 낙인찍는 계기가 되었으며, 이후의 긴장을 더욱 심화시켰다.

이런 상황에서도 로마 유대인들은 회당을 중심으로 강한 공동체성을 유지했다. 고대 문헌과 고고학은 AD 1세기 로마에 10여 개 이상의 회당이 있었음을 보여준다. 회당은 단순한 예배 장소가 아니라 율법 교육, 자선 활동, 성전세 송금, 자치 운영의 중심이었다. 오스티아 항구, 아피아 가도, 트란스테베레 지역 등 유대인 밀집지에는 회당과 공동묘지 흔적이 남아 있어, 공동체의 종교적 지속성과 견고한 조직을 증언한다. 성전이 없는 땅에서 회당은 '작은 성소' 역할을 하며 유대인의 정체성을 지켜내는 방파제가 되었다.

로마에 거주하던 유대인의 사회경제적 배경은 매우 다양했다. 다수는 상인과 장인, 노동자로 생계를 이어갔으며, 해방 노예 출신 가운데 자유민으로 성장한 이들도 있었다. 이처럼 다양한 계층으로 구성된 유대 공동체는 점차 제국 수도 안에서 눈에 띄는 존재가 되었지만, 그 존재감은 때때로 정치적 긴장으로 이어졌다. 티베리우스 황제(AD 14~37년) 시대에 일어난 사건이 그 단적인 사례다. 귀족 여성 풀비아는 유대교로 개종한 뒤 회당에 헌금을 바쳤으나,

일부 유대인들이 이를 성전을 위한 기부라 속이고 사적으로 착복했다. 단순한 개인의 범죄였음에도 불구하고, 풀비아의 남편 사투르니누스를 통해 황제에게 보고되면서 일이 커졌다. 결국 티베리우스는 분노하여 AD 19년 로마 전역의 유대인과 이집트인들을 추방했고, 수많은 유대 청년들을 군 복무라는 명목으로 사르디니아 섬에 강제 이송했다. 이는 로마에서 유대 공동체가 집단적으로 축출된 첫 번째 사건으로 기록된다. 개인의 일탈이 공동체 전체에 대한 불신으로 번지면서, 유대인의 종교적 정체성이 언제든지 정치적 갈등의 원인이 될 수 있음을 보여 준 사건이었다. 이후에도 긴장은 반복되었다. 클라우디우스 황제(재위 AD 41~54년) 치세인 AD 49년에는 이른바 '크레스투스'(Chrestus) 문제로 유대인들이 다시 추방되었다. 이 사건으로 브리스길라와 아굴라 부부는 로마를 떠나 고린도에서 바울을 만나게 되었고, 훗날 다시 로마로 돌아가 교회의 중요한 협력자로 자리 잡았다(롬 16:3-5).

로마 제국은 기본적으로 피지배 민족에게 일정한 종교적 관용을 허용했다. 유대인도 예외는 아니어서, 할례와 안식일, 음식 규정을 지킬 수 있었고, 예루살렘 성전에 성전세를 송금하는 것도 허락되었다. 황제 숭배가 제국 전역에서 강요되었지만, 유대인만큼은 특별히 예외를 인정받았다. 그러나 이 관용은 언제나 불안정했고, 반란이나 분쟁이 일어날 때면 당국은 즉각 강경하게 대응했다. 티베리우스와 클라우디우스 치세의 추방 조치들은 바로 그 긴장과 불신을 드러내는 대표적 사례였다. 이러한 배경 속에서 로마 사회는 유대인을 곧잘 부정적으로 인식했다. 그들은 '미소크세니아'(μισοξενία, 이방인 혐오자), '미스안트로포스'(μισάνθρωπος, 인간 혐오자), '아믹시아'(ἀμιξία, 섞이지 않음·비사교성) 같은 이름으로 불리며, 종종 폐쇄적이고 배타적인 집단으로 낙인찍혔다.

이와 같은 긴장된 상황 속에서 AD 60년경 포로의 몸으로 로마에 도착한 바울은 먼저 유대인 지도자들을 불러 복음을 전했다. 사도행전 28장은 그들이 "이에 우리가 너희 사상이 어떠한가 듣고자 하니 이 파에 대하여는 어디서든지 반대를 받는 줄 알기 때문이라"(행 28:22)라고 말하며 신중히 경청했음을 전한다. 예수 운동은 로마 유대인 사회 안에서도 논쟁적이었다. 바울은 로마 교회를 직접 세우지 않았지만, 오순절에 예루살렘을 찾았던 로마 출신 순례자들이 복음을 듣고 돌아가 초기 공동체를 이루었을 가능성이 크다(행 2:10). 처음에는 유대교의 한 분파처럼 여겨졌으나, 이방인 교우가 합류하면서 교회의 정체성은 새로운 방향으로 변화하기 시작했다.

로마의 심장에서 울려 퍼진 마지막 고백

바울의 여정은 단순한 지리적 이동이 아니었다. 그것은 복음이 유대 변두리에서 유럽의 심장으로, 그리고 마침내 제국의 정점인 로마에 이르기까지 확장되는 신학적·역사적 전개였다. 바울의 길은 곧 복음의 길이었고, 그의 발걸음이 닿는 곳마다 하나님 나라는 로마 제국의 질서와 충돌하거나 대화했다. 그 여정의 절정은 로마 제국의 수도에서 맞이한 마지막 순간으로 이어진다. 그러나 바울의 마지막에 관한 기록은 단일하지 않다. 사도행전, 디모데후서, 초대 교회 전승과 교부 문헌은 서로 다른 목소리를 전하며, 이를 통해 복합적인 바울의 최후를 재구성할 수 있다.

첫 번째 견해는 사도행전 28장에 전해지는 연금 생활을 바울의 마지막 장면으로 본다. 바울은 가이사랴에서 황제에게 상소한 뒤, 험난한 항해 끝에 로마에 도착했다(행 27-28장). 그는 테베레 강변의 셋집을 자비로 임대하여 2년 동안 비교적 자유로운 연금 상태에서 사람들을 맞이하며 복음을 전했다. 누가는 "하나님의 나라를 전파하며 주 예수 그리스도에 관한 모든 것을 담대하게 거침없이 가르치더라"(행 28:31)라고 기록하면서 이야기를 마친다. 여기서 결말은 열린 구조를 남긴 채 황제 재판 결과나 이후 행적을 전하지 않는다. 학자들은 이 시기를 대체로 AD 60~62년으로 추정하며, 누가가 로마 도착 자체를 복음 전파의 상징적 완성으로 이해했다고 본다.

두 번째 견해는 디모데후서와 교부 문헌이 전하는 증언을 따른다. 바울은 첫 재판에서 석방되었다가 다시 로마로 압송되어 두 번째 투옥 후 순교했다는 것이다. 디모데후서 4장에서 그는 "나의 떠날 시각이 가까웠도다"(딤후 4:6)라고 고백하며, 믿음을 지켰다고 선언한다. 그는 오네시보로가 로마에서 자신을 찾아다녔다고 회상하며(딤후 1:16-17), 외로운 상황에서도 복음의 사명을 끝까지 붙들었다. 이 두 번째 투옥은 AD 64년 로마 대화재 이후 시작된 네로 황제의 기독교 박해와 연결되어 이해된다. 유세비우스(AD 260~340년)와 제롬(AD 347~420년)는 디모데후서를 바울 순교 직전의 기록으로 보았다.

세 번째 견해는 가장 널리 전승된 해석이다. 바울이 첫 재판 후 석방되어 서쪽 끝 서바나(스페인)까지 복음을 전한 뒤 다시 로마로 돌아와 순교했다는 것이다. 로마서 15:24에서 그는 서바나 선교의 열망을 분명히 밝혔다. 로마의 클레멘스(AD 96년경)는 바울이 '서쪽 경계선까지' 복음을 전했다고 증언했고, 무라토리 정경과 이레니우스(AD 130~202년)도 바울의 서바나 선교를 언급한다. 그러나 실제로 서바나까지 갔는지는 불확실하다. 다만 이 전승은 초대 교회가 바울을 단지 로마의 사도만이 아니라, 세계 끝까지 복음을 전한 보편적 사도로 기억했음을 보여준다.

전승에 따르면, 바울이 순교한 장소는 로마 남쪽 외곽 오스티아 가도(Via Ostiensis) 근처의 아쿠아에 살비에(Aquae Salviae), 오늘날 트레 폰타네(Tre Fontane)였다. 로마 시민권자에게 허락된 가장 명예로운 처형 방식인 참수형이 집행되기에 적합한 곳이었다. 후대 전승은 바울이 세 번 칼에 베였고, 그 자리에 세 개의 샘이 솟았다고 전하며 '세 개의 분수'라는 이름이 붙었다. 역사적 사실로 받아들이기보다는, 그의 피가 복음의 샘물로 흘러 교회와 세계를 적셨다는 신앙적 해석으로 읽는 것이 더 적절하다.

바울의 마지막 고백은 단순한 죽음의 서사가 아니라 신학적 선언이었다. 그는 "예수는 주님이시다"라는 고백으로 "카이사르가 주님이시다"라는 제국의 이데올로기에 정면으로 맞섰다. 그리스어 'κύριος'(퀴리오스)와 라틴어 'Dominus'(도미누스)는 황제 숭배의 핵심 용어였으나, 바울은 그것을 예수께 속한 고백으로 바꾸었다. 황제는 옥타비아누스 이래 '신의 아들' 칭호를 사용했고, 도미티아누스(AD 81~96년) 시대에는 '주님'과 '신'이라는 호칭이 제도적으로 정착되었다. 바울 시대에는 아직 공식적 칭호는 아니었으나, 이미 황제를 '주님'이라 높이는 언어가 속주와 도시 제의에서 널리 퍼져 있었다. 바울의 입술에서 터져 나온 고백은 한 개인의 최후 진술이 아니라, 초대 교회 전체가 세상 권력 앞에서 선포한 복음의 공적 증언이었다.

이러한 그의 증언은 로마의 종교적 풍경 속에서 더욱 선명해진다. 로마는 제국의 심장이었다. 도로망이 사방에서 모여들고, 황제의 칙령이 발효되는 행정의 중심이었으며, 수많은 신전과 제단이 제국 권위를 상징하는 종교적 무대였다. 라레스, 판, 이시스, 아폴론, 디오니소스와 같은 신들이 숭배되었고, 황제 숭배는 제국 권위를 신성화하는 제도적 체계였다. 황제를 '주님'과 '신'으로 높이는 것이 점차 확산되는 가운데, 복음은 "예수 그리스도는 주님"이라는 선언으로 제국 이데올로기에 맞서는 해방의 메시지가 되었다.

바울은 제3차 선교 여정의 마지막 단계에서 고린도에 머물며 이 공동체를 위해 로마서를 기록했다(AD 57년경, 행 20:2). 그는 아직 가보지 못한 로마 교회에 자신을 소개하고, 서바나까지 이르려는 선교적 비전을 밝히며, 동시에 교회가 하나 되기를 바라는 목소리를 담았다. 당시 로마 교회는 클라우디우스 추방령 이후 다시 돌아온 유대인 신자들과 이미 자리를 잡은 이방인 신자들 사이의 긴장이 여전했기에, 바울의 메시지는 곧 공동체를 하나 되게 하는 복음의 호소였다. 로마서는 교리 문서가 아니라, 인간의 죄와 하나님의 의, 아브라함의 믿음과 그리스도 안에서의 새로운 삶, 성령의 역사와 이스라엘의 구원 문제까지를 포괄하는 복음의 대헌장이었다. 전체 구조로 보면, 앞부분(1-11장)은 하나님의 의와 구원의 신학적 깊이를 설명하고, 뒷부분(12-16장)은 그 복음을 살아내는 공동체적 실천을 제시한다. 무엇보다 바울은 유대인과 이방인의 갈등을 넘어, 복음이 모든 민족의 경계를 허무는 하나님의 의와 자비임을 선포했다. “하나님은 다만 유대인의 하나님이시냐 또한 이방인의 하나님은 아니시냐 진실로 이방인의 하나님도 되시느니라”(롬 3:29)라는 그의 고백은 로마 권력의 심장에서 울려 퍼진 복음의 핵심이었다.

바울의 마지막 길은 단지 한 사도의 순교로 끝나지 않았다. 그것은 그의 신앙을 말이 아니라 삶과 죽음으로 증언한 여정이었다. 그는 제국의 도로를 따라 걸었지만, 제국의 질서에 순응하지 않았다. 로마의 법과 제도를 빌려 쓰면서도 그 권위 앞에 무릎 꿇지 않았고, 오히려 그 길 위에서 복음의 자유를 선포했다. 팍스 로마나(Pax Romana)가 제국의 힘과 질서를 상징했다면, 바울의 발걸음은 그 질서 한가운데서 전혀 다른 평화 곧 하나님의 나라가 가져오는 참된 평화를 증언했다. 제국이 무력으로 평화를 세우려 했다면, 바울은 십자가의 사랑으로 이루어지는 평화, 하나님의 샬롬(Shalom)을 선포했다. 제국의 신전과 궁전이 권력의 위엄을 드러내던 그 자리에서, 그는 사람의 손이 아닌 믿음과 사랑으로 세워지는 공동체를 일으켰다.

그의 순교는 복음이 제국을 넘어 세계로 퍼져 나가는 씨앗이자 예언적 사건이었다. 예루살렘 성전의 멸망을 불과 몇 해 앞둔 시점에 흘린 그의 피는, 율법과 제의 중심의 시대가 저물고 그리스도와 그의 몸 된 교회가 새로운 성전으로 세워지는 전환을 예고했다. 바울의 고백은 바로 그 거대한 변곡점의 심장에서 터져 나온 선언이었다. 로마의 거리에서 흘린 그의 피는 한 사도의 죽음을 넘어, 무너질 성전을 대신해 영원한 성전이신 그리스도를 증언하는 마지막 고백이었다.

바울의 죽음 이후에도 복음은 멈추지 않았다. 로마의 길을 따라 복음은 모든 세상으로 퍼져 나갔고, 그가 걸은 길은 곧 교회의 길이 되었다. 제국이 권력으로 평화를 세우려 할 때마다, 교회는 십자가의 사랑으로 세상을 향한 다른 질서와 다른 평화를 선포해야 했다. 오늘 우리에게 로마는 여전히 묻는다. "너희는 제국의 언어와 질서 속에 머물고 있는가, 아니면 바울처럼 복음의 자유를 따라 걷고 있는가?" 바울의 마지막 길은 그렇게 끝나지 않았다. 그 길은 여전히 이어지고 있다. 복음은 권력의 도시를 넘어, 모든 세대와 모든 인간의 심장으로 향해 가고 있다.

연대표

고대 메소포타미아 문명

우바이드 시대	BC 6500~4000년대
우르크 시대	BC 4000~3100년대
초기 왕조 시대(수메르 문명)	BC 2900~2334년
아카드 제국	BC 2334~2154년
구티 왕국	BC 2154~2112년
우르 제3왕국	BC 2112~2004년
아모리 시대(도시국가 분열기)	BC 2000~1800년대
고대 바빌로니아(아모리 왕조)	BC 1894~1595년
고대 아시리아	BC 2025~1378년

히타이트 제국(재위 연도)

고왕국	라바르나 1세	BC 1650~1500년경
	하투실리 1세	BC 1620~1590년경
	무르실리 1세	BC 1590~1560년경
	단명한 왕들	이후
중왕국	텔리피누	BC 1525~1500년경
	여러 왕들	BC 1500~1420년경
신왕국(제국)	투드할리야 2세	BC 1420~1400년경
	수필룰리우마 1세	BC 1350~1322년경
	무르실리 2세	BC 1321~1295년경
	무와탈리 2세	BC 1295~1272년경
	하투실리 3세	BC 1267~1237년경
	투드할리야 4세	BC 1237~1209년경
	이후 여러 왕들	이후
신히타이트	카르켐미시 왕가 등	BC 1180년 이후 앗수르 제국에 합병

아람-다메섹 왕국(재위 연도)

르손	BC 980~950년경
벤하닷 1세	BC 885~865년경
벤하닷 2세	BC 865~842년경
하사엘	BC 842-796년경
벤하닷 3세	BC 796-770년경
르신	BC 750~732년

바빌로니아 제국(재위 연도)

나보폴라사르	BC 626~605년
느부갓네살 2세	BC 605~562년
아멜-마르둑	BC 562~560년
네리글리사르	BC 560~556년
라바시-마르둑	BC 556년
나보니두스	BC 556~539년

앗수르 제국(재위 연도)

아다드 니나리 2세	BC 911~891년
아슈르나시르팔 2세	BC 883~859년
살만에셀 3세	BC 858~824년
삼시아다드 5세	BC 823~810년
아다드 니나리 3세	BC 810~783년
살만에셀 4세	BC 783~773년
아슈르단 3세	BC 773~755년
아슈르니나리 5세	BC 755~745년
디글랏빌레셀 3세	BC 745~727년
살만에셀 5세	BC 727~722년
사르곤 2세	BC 722~705년
산헤립	BC 705~681년
에살핫돈	BC 681~668년
아슈르바니팔	BC 668~627년
아슈르에틸리라니	BC 627~623년
신사리스쿤	BC 623~612년
아슈르에틸리라니	BC 627~623년

페르시아 제국

아케메네스	BC 705년
테이스페스	BC 640년
고레스 1세	BC 580년
캄비세스 1세	BC 550년
고레스 대왕	BC 559~530년
캄비세스 2세	BC 530~522년
바르디야	BC 522년
다리우스 1세	BC 522~486년
크세르크세스 1세	BC 486~465년
아르타크세르크세스 1세	BC 465~424년
크세르크세스 2세	BC 424년
소그디아누스	BC 424~423년
다리우스 2세	BC 423~405년
아르타크세르크세스 2세	BC 405~358년
아르타크세르크세스 3세	BC 358~338년
아르타크세르크세스 4세	BC 338~336년
다리우스 3세	BC 336~330년

나바테아 왕국(재위 연도)

아레타스 1세	BC 168~150년경
오보다스 1세	BC 120~96년경
아레타스 2세	BC 96~85년경
아레타스 3세	BC 85~62년경
오보다스 2세	BC 62~60년경
오보다스 3세	BC 30~9년경
아레타스 4세	BC 9~AD 40년경
말리쿠스 1세	AD 40~70년경
라벨 2세	AD 70~106년경

셀레우코스 왕국(재위 연도)

셀레우코스 1세 니카토르	BC 305~281년
안티오쿠스 1세 소테르	BC 281~261년
안티오쿠스 2세 테오스	BC 261~246년
셀레우코스 2세 칼리니쿠스	BC 246~225년
셀레우코스 3세 세라우누스	BC 225~223년
안티오코스 3세 메가스	BC 223~187년
셀레우코스 4세 필로파토르	BC 187~175년
안티오코스 4세 에피파네스	BC 175~164년
안티오코스 5세 에우파토르	BC 163~161년
데메트리우스 1세 소테르	BC 161~150년
알렉산드로스 1세 발라스	BC 150~145년
데메트리우스 2세 니카토르	BC 145~138년
안티오코스 6세 디오니수스	BC 145~140?년
디오토투스 트리폰	BC 140~138년
안티오코스 7세 시데테스	BC 138~129년
데메트리우스 2세 니카토르	BC 129~126년
알렉산드로스 2세 자비나스	BC 129~123년
클레오파트라 데아	BC 126~121년
셀류레우코스 5세 필로메토르	BC 126/125년
안티오코스 8세 그리푸스	BC 125~96년
안티오코스 9세 시지세누스	BC 114~96년
셀레우코스 6세 에피파네스 니카토르	BC 96~95년
안티오코스 10세 에우세베스 필로파토르	BC 95~92년
데메트리우스 3세 에우케루스	BC 95~87년
안티오코스 11세 에피파네스 필라델푸스	BC 95~92년
필리포스 1세 필라델푸스	BC 95~84/83년
안티오코스 12세 디오니수스	BC 87~84년
셀레우코스 7세 키비오사크테스	BC 83~69년
안티오코스 13세 아시아티쿠스	BC 69~64년
필리포스 2세 필로로메우스	BC 65~63년

프톨레마이오스 왕국(재위 연도)

프톨레마이오스 1세 소테르	BC 303~285년
프톨레마이오스 2세 필라델푸스	BC 285~246년
프톨레마이오스 3세 유에르게테스	BC 246~221년
프톨레마이오스 4세 필로파테르	BC 221~203년
프톨레마이오스 5세 에피파네스	BC 203~181년
프톨레마이오스 6세 필로메토르	BC 181~164년, 163~145년
프톨레마이오스 7세 네오스 필로파토르	BC 145~144년
프톨레마이오스 8세 피스콘	BC 170~163년, 145~116년
클레오파트라 2세 필로메토라 소테이라	BC 131~127년
클레오파트라 3세 코케	BC 116~101년
프톨레마이오스 9세 라티로스	BC 116~107년
프톨레마이오스 10세 알렉산더	BC 107~88년
베레니케 3세 필로파토르	BC 81~80년
프톨레마이오스 11세 알렉산더	BC 80년
프톨레마이오스 12세 네오스 디오니소스	BC 80~58년
클레오파트라 5세 티리파에나	BC 58~57년
클레오파트라 7세 필로파토르	BC 51~30년

페르가몬 왕국(재위 연도)

필레타이로스	재위 BC 281~263년
에우메네스 1세	재위 BC 263~241년
아탈로스 1세 소테르	재위 BC 241~197년
에우메네스 2세	재위 BC 197~159년
아탈로스 2세 필라델포스	재위 BC 159~138년
아탈로스 3세 필로메토르	재위 BC 138~133년
	로마의 아시아 속주(Provincia Asia)로 편입

마카비 가문과 하스모니아 왕국(재위 연도)

맛다디아	BC ?~166년
유다 마카비	BC 165~162년
요나단 마카비	BC 152~142년
시몬 마카비	BC 142~134년
요한 히르카누스 1세	BC 134~104년
아리스토불루스 1세	BC 104~103년
알렉산더 얀네우스	BC 103~76년
히르카누스 2세	BC 75~66년
알렉산드리아 살로메	BC 76~67년
아리스토불루스 2세	BC 66~63년
히르카누스 2세	BC 63~40년
안티고누스 맛다디아스	BC 40~37년
헤롯 왕조의 시작, 헤롯 대왕	BC 37~4년

헤롯 왕조

안티파트로스(안티파스 1세)	BC 114~43년
헤롯대왕	재위 BC 37~4년
헤롯 아켈라오(유대의 분봉왕)	재위 BC 4~AD 6년
헤롯 안티파스(갈릴리의 분봉왕)	재위 BC 4~AD 39년
헤롯 빌립(이두래와 드라고닛의 분봉왕)	재위 BC 4~AD 34년
헤롯 아그립바 1세	재위 AD 37~44년
헤롯 아그립바 2세	재위 AD 48~92 혹은 100년

로마 제국(재위 연도)

옥타비아누스	BC 27~AD 14년
티베리우스	AD 14~37년
칼리굴라	AD 37~41년
클라우디우스	AD 41~54년
네로	AD 54~68년
베스파시아누스	AD 69~79년
티투스	AD 79~81년
도미티아누스	AD 81~96년
트라야누스	AD 98~117년
하드리아누스	AD 117~138년